KISSINGER
基辛格传

（美）杰里米·苏瑞◎著　卫昱　陈子博　姜贻娴◎译

长江出版传媒　长江文艺出版社

作者介绍

  杰里米·苏瑞,基辛格权威传记作家。美国德克萨斯大学全球领导力、历史学、公共关系学教授,并获得马克·布朗学会杰出教授殊荣。同时还是林登·约翰逊国际公共关系学院的知名教授。2007 年获得"美国顶尖人物奖"。杰里米·苏瑞多次采访过基辛格、布什等美国政要与领导人,成为国际关系研究领域最为活跃的学者之一。同时,杰里米·苏瑞还是美国各大电视台国际关系热点问题的特邀时事评论员,近期有关 2016 年美国大选的直播节目中总能见到他的身影。其国际政治领域主要的权威著作有《基辛格传:基辛格与美国时代》《逝去的权势:历史与治国之本》《历史性时刻:外交的胜利》《自由的卫士:从开国者到奥巴马,美国的立国者们》《从 1898 年至今美国的外交关系》《1968 年全球革命》《权力与坚守》。

内容简介

"有关基辛格的著作不胜枚举,甚至还包括基辛格自己的回忆录,但杰里米·苏瑞的《基辛格传》无疑是其中最权威的著作。书中客观准确地再现了二十世纪最具权势的外交家基辛格精彩、睿智、跌宕起伏的传奇生涯。"《基辛格传》一经出版就获得美国三十多家媒体的盛赞,杰里米·苏瑞也因为本书获得"美国顶尖人物"奖。

从九十年代初开始,杰里米·苏瑞历经十多年跟踪采访基辛格数百次,并就书中涉及的300多个敏感问题在采访中多次与基辛格激烈交锋。在全书的写作过程中,杰里米·苏瑞研究参阅了3500份基辛格档案、苏联冷战时期的解密文件、美国越战档案,并通过各方渠道采访到洛克菲勒家族、小布什家族、尼克松总统的家人、福特总统的家人、以色列前总理梅厄夫人的家人、苏联外交部的工作人员、秘密访华期间中方的接待人员等各类与基辛格有过交往,并共同亲历历史的人们,全方位多角度地还原了基辛格。全书以纳粹的兴起、战后德国的重建、冷战、越战、中美建交、中东战争等历史性的事件,再现了缔造历史、构建当今国际外交格局的"美国历史上最伟大的国务卿"——基辛格。

现年93岁高龄的基辛格,八十多次访华,跟新中国成立以来的每一代中国领导人都有交往。习近平主席常常称其为"亲爱的基辛格博士""中国人民的老朋友"。作为开启中美关系的第一人,基辛格成为中美外交风云的"活化石"。在国际政要中,没有人比他更了解中国。

从犹太移民到连续两任美国国务卿,再到诺贝尔和平奖获得者,基辛格历经十位美国总统,每一位总统都要向他寻求建议;纵横国际外交六十年,基辛格还在继续着他的穿梭外交,大师生涯。

图书在版编目（CIP）数据

基辛格传 / （美）杰里米·苏瑞著；卫昱，陈子博，姜贻娴译. -- 武汉：长江文艺出版社，2016.11
（一世珍藏名人名传精品典藏）
ISBN 978-7-5354-9170-1

Ⅰ. ①基… Ⅱ. ①杰… ②卫… ③陈… ④姜… Ⅲ. ①基辛格（Kissinger，Henry Alfred 1923- ）—传记 Ⅳ. ①K837.127=6

中国版本图书馆 CIP 数据核字(2016)第 231626 号

HENRY KISSINGER AND THE AMERICAN CENTURY
Copyright©2007,Jeremi Suri
All rights reserved

责任编辑：彭姗姗	责任校对：陈 琪
封面设计：天行云翼	责任印制：左 怡　刘 星

出版：长江出版传媒　长江文艺出版社
地址：武汉市雄楚大街268号　　邮编：430070
发行：长江文艺出版社
电话：027—87679360
http://www.cjlap.com
印刷：湖北恒泰印务有限公司

开本：970毫米×710毫米　　1/16　　印张：20.125　　插页：17页
版次：2016年11月第1版　　2016年11月第1次印刷
字数：205千字

定价：39.80元

版权所有，盗版必究（举报电话：027—87679308　　87679310）
（图书出现印装问题，本社负责调换）

亨利·基辛格和他最小的弟弟瓦特拍摄于20世纪30年代。

1935年新天鹅堡,基辛格家族所在地的犹太正统教堂。

基辛格的父母和朋友们一起在菲尔特欢度犹太人的传统节日。最后一排，左边第二个是路易斯·基辛格；第二排，右边第一个葆拉·基辛格。

亨利·基辛格（右）和儿时伙伴海因茨（梅赫纳姆）莱昂于 1937 年在德国拍摄。

纳粹集会,基辛格年轻时曾在德国亲眼见过类似的集会。照片是1937年11月慕尼黑的一次游行,阿道夫·希特勒和赫尔曼·戈林也在其列。这次游行是为了纪念1923年纳粹夺取政权失败。

1945年美国军队进驻德国本斯海姆。基辛格担任本斯海姆军事行政官员10个月,负责当地及周边地区的重建工作。

身穿美军制服的亨利·基辛格,拍摄于1945年。二战期间,基辛格曾回到德国。在美军对他的祖国进行占领和重建的过程中,基辛格起到了很重要的作用。

哈佛大学1950年年鉴中基辛格的照片。二战结束之后，大量犹太移民进入常春藤院校就读，基辛格就是他们当中的一员。在这一全新的社会风气当中，基辛格在职业道路上快速上升，却始终只能以局外人的身份被排除在传统精英圈子之外。

1950年代末,学生徜徉于哈佛校园。在当时的学生群体中,白人仍占绝大多数,无论是学生还是教职员工,都与非白人的少数族群联系很少。

1957年的基辛格。1954年,基辛格拿到博士学位,之后先后在哈佛、洛克菲勒兄弟基金会以及位于纽约的外交关系协会等机构担任一系列重要的临时性职位。1959年,基辛格获得哈佛永久教职。

洛克菲勒和基辛格私交不错。洛克菲勒系出名门,是含着金汤勺出生的世家弟子;而基辛格只是一位正努力在政坛有所作为的普通学者。

1968年12月16日,基辛格加入尼克松政府前在哈佛参加最后一次研讨会。

这是基辛格职业生涯中最为骄傲的时刻之一。1973年9月22日,他的父母和孩子观礼第一位外籍移民美国国务卿的就职宣誓仪式。在仪式中提到了他的德裔犹太背景,他解释称:"世界上找不到第二个国家可以接受我这样身份的人站在总统旁边。"

1973年，基辛格和理查德·尼克松总统摄于白宫。

会议间歇,亨利·基辛格在飞机上工作。为了事业,基辛格不辞辛劳往返于各个国家,处理各种各样的社会关系,并且长时间处于工作状态。

黎德寿（右），越南民主共和国领袖，基辛格最频繁的谈判对象。二人1970年至1973年密集地会面，进行具体而私密的通常充满争议的谈判。虽然所持意见不同，基辛格与黎德寿互敬互重，且怀抱着相同的使命，希望通过谈判促成美军从越南南部撤军。二人于1973年1月23日达成最终协议，并以此获得诺贝尔和平奖。

这张 1975 年 4 月 29 日最后一批美国人乘坐直升飞机逃离西贡的落败照片,让许多美国人质疑基辛格的努力是否真正维护了美国在全球的势力及信誉。一些观察者认为这一画面是美国在二十世纪七十年代衰弱的证据。

亨利·基辛格与埃及外交部长伊斯梅尔·法赫米,1975年8月。基辛格的"穿梭外交"改变了中东,并且确定了这个地区当代的政治轨道。在谈判中,基辛格的犹太民族背景一直都是无法忽略的存在。

埃及总统安瓦尔·萨达特成为美国在中东地区最重要的外交合作伙伴。基辛格认为萨达特是强悍而有远见的领导人,可以通过谈判将和平带到这一地区。基辛格与萨达特频繁会面,发展出亲密无间、相互信任、充满感情的个人关系。萨达特认为基辛格的犹太身份是资本;这位埃及领导人相信基辛格可以促成以色列做出退让,而其他非犹太的美国领导人则无法做到。在这一点上,基辛格并没有让萨达特失望。

赎罪日战争期间及之后,基辛格与以色列总理果尔达·梅厄夫人保持着争议性的来往。梅厄夫人希望美国政府向犹太国家提供更多支持;而基辛格则认为梅厄夫人要求过度。利用与以色列的个人关系,基辛格推动以色列就阿拉伯国家提出的要求予以退让,以便在该地区各国领导人间达成外交和解。

福特总统和基辛格交谈着穿过白宫草坪。

里根和基辛格。

基辛格离任后仍旧是决策圈有影响力的人物。美国和国外的许多政党都向他寻求指导。2001年对美国的9·11恐怖袭击后,基辛格在乔治·W·布什政府的影响力不断扩展。他为美国的中东地区政策提供建议,并且指导了远距离的战争。

基辛格在约翰逊图书馆。

基辛格在福特的葬礼上发表演讲。

序　言

美国世纪的诞生

　　冷战为美国带来了不少好处。经历了经济萧条时期的民生凋敝和世界大战中的血流成河之后，美国的社会财富迅速积累，权力迅速扩张，其速度让同时期的其他任何国家都望尘莫及。美国公民们以一种几年前都无法想象的速度把钱花在汽车、衣服、电影和食物上。与此同时，美国人也开始以世界领袖自居——他们热衷于传播政治改革和经济开放的思想。对象是德国、日本等发展了有些年头的国家，以及印度、以色列和越南这类新兴社会。在美国国内，财富和权力的分配并不均衡，但即使是那些曾经遭到歧视的群体也过上了比以前舒适的生活。虽然少数民族依然会遭遇暴力和排斥，但他们多多少少也在这次空前的社会变迁中得到了益处。自二战伊始到2001年9月11日的那场恐怖袭击为止，这个时期承载了整个国家的巨大期望，也见证了巨大的成就。正如《时代周刊》创始人亨利·卢斯所预见的那样，美国成了"企业的聚集地"，"培养一流服务人员的摇篮"，并自封为世界"慈善基地"。这就是"美国世纪"。

　　这也是亨利·基辛格的世纪。他的职业生涯轨迹恰好与这个非比寻常的时代相吻合。他是在社会政治变迁的时代大潮中登上政治舞台的。他政策概念化的行为恰好反映了他的成败起落。基辛格与卢斯持同样的观点："对于这个我所入籍的国家,我相信它的道德意蕴。作为一个自由的国家,美国有足够的力量去对抗暴政,确保世界的安全。美国同时具备足够的实力和慷慨的胸怀去激励其他民族为获得认同、进步和尊严而斗争。"基辛格的这番话反映了20世纪30年代民主遭遇重大危机时他内心的绝望,也体现了他个人的使命感。基辛格是他所处的时代的产物,是美国世纪所培养出来的孩子。

基辛格让各种力量凝聚在自己的周围,但是他并不具备传统的影响力,因为美国社会最典型的力量——选举政治、商业成就、精英家庭——并没有被吸引。基辛格依靠的是支撑美国社会发展的新资源和新环境。他属于冲锋陷阵的一代人,他们投身新的军事机构,希望摧毁法西斯,占领敌军的领土,主导新的学术项目以迎接战后的挑战,建立新的专家团队以制定全球战略,并组建新的决策机构以满足冷战的需求。美国的成长意味着其影响力的扩散。基辛格支持着新权力中心的运作,为美国世纪做出了自己的贡献。

基辛格的形象在人们眼中往往是夸大的——要么是英雄,要么是反派,要么是救世主,要么是战犯。但实际上这些都不是真实的基辛格。他并没有像某些载入史册的"伟大人物"那样改变时代,恰恰相反,他让自己适应了环境的变化,并抓住了脱颖而出的机会。他的事业与整个美国世纪一样,并非由内而外受到驱动。它受外界影响很深,有时甚至会因外部因素而扭曲。这些外部因素中就包括远离北美的军事冲突,别国社会的崩塌,以及激进政权的兴起。美国世纪是国际变革的结果;这是一个全球化的时代。

同时这也是一个极端的时代。卢斯曾写道:"今天我们所面临的矛盾比以往都要尖锐,但整个时代却比以往更好……我们可以看到贫穷和饥饿——但总的来说整个社会是富足的。我们经历了空前残酷的战争,但整个社会对战争的憎恨也是最广泛、最深入也最坚决的。我们会遭遇暴政和独裁——但只有当全世界绝大部分民众把民族理想主义作为信仰时才会发生。"即便"美国世纪"反映了再多的积极意义,在基辛格看来,这个时代仍是一个"疲倦的时代"。领袖们必须以有限的精力去调和无限的期望。

历史环境是一个至关重要的因素。基辛格面对的是巨大的社会和政治压力。他对压力并非一味抵触,因为他知道如何利用它们实现自己的目标。他认为压力应该为他所用,而不是与之纠缠不清。他解释说,"领导力是一门贯通过去经历与未来愿景的艺术。所以许多了不起的政治家并不以专业知识著称(虽然还是有几个例外的),而是以善于抓住历史机遇而闻名。"

基辛格的领导力依靠的是直觉和经验,而不是什么死板的模式或巨细无遗的理论。这就是基辛格作为一个战略家的天赋。对于某些核心信念,他在坚守的同时也知道如何将它们灵活运用。他的思想总是能够适应不断变化的环境。他心怀壮志,但同时他也承认个人力量的局限性。基辛格并不想为自己的人生旅程开辟什么新的海域,他只想借着现在的风浪航行。魏玛政权、德国纳粹、美国大萧条、二战、欧洲重建、冷战、越战以及水门事件,一次又一次惊涛骇浪,他都经历过了。尽管所有的风暴都会留下永恒的创伤,但他并没有被击垮。

本书并不是关于亨利·基辛格的传统传记，也不是关于美国冷战的历史叙述。本书主要想讲述的是全球的发展，并研究社会和历史的变迁是如何成就我们现在的世界的。从孩提时代开始直到成为白宫官员，基辛格一直都与这些变迁有着直接的联系。他的人生就是一扇窗户，透过窗户，我们可以看到他那个时代纷繁复杂的国际环境。想要了解不同的甚至是相互冲突的发展方向之间有什么样的交际，就必须要关注国际环境。基辛格职业生涯的发展阶段，他所关注的焦点在于法西斯兴起、种族屠杀以及民主的低效。同时，民族身份、教育、社会关系等问题也是他职业生涯中的重要因素。他的活动大多与国家制度和公民身份定义有关。他的思想印证了观念、记忆和偏见在日常生活中的影响。基辛格是德国人，是犹太人，也是美国人。他既是理想主义者，又是现实主义者；既是国际主义者，又是爱国主义者。他是成就美国社会的重要因素，让人觉得熟悉又陌生。

本书认为，基辛格的个人经历和美国国力的发展应当被看作是全球化进程的组成部分，是不同社会的思想、人格和制度互相渗透的过程。全球化刷新了公民、领袖、民主主义者和个人信仰的定义，也在国家和民众之间重新分配了权力。美国的政治和文化设定促进了战后欧洲社会的形成，而他们需要假基辛格等年轻人的手来实现这一目的。与此同时，"旧世界"的思想也对美国产生了明显的影响——基辛格们又在其中扮演了桥梁的角色。虽然这样的影响并不平均，但它是多方向的，也是多维度的。它涉及社会政要的政治观点，也覆盖了当地居民的日常生活；它囊括了专业学术和大众知识。最关键的是，这些影响也是通过以基辛格为代表的桥梁式人物的言行来传递的。亨利·基辛格是全球化的中间人，但他的影响来自一个变迁中的世界的边缘地带，而非来自某个一成不变的权威体系的中心区域。

不少作者在自己的书里对基辛格的思想家和决策者身份提出过批评，但很少有人把他放到全球背景下去理解。把关注焦点放在基辛格在白宫运筹帷幄的各种细节上，这确实不无裨益，但也难免会让人以偏概全地看待问题。如果非要考察各种关于他的日常活动的记录，包括他取得成就的辉煌时刻，也包括他因为谎言而陷入黑暗的时期，那么读者很容易便会只见树木不见森林。为什么基辛格要在越南、中国和其他第三世界国家推行特殊政策？他如何看待权力？他的终极目标是什么？他的宏观战略又是什么？基辛格在当下能带给我们什么？

书读得越多，就越难回答这些问题。基辛格的回忆录就有3500页。历史学家们也争相效仿，写出来的都是鸿篇巨制。虽然本书也参考了不少文献资料，还采访了基辛格本人和其他同在这个时代深刻影响了"美国世纪"的全球政要，但它并不是一部基辛格人生经历的编年史。我要阐述的重点并非他做了什么，而是他为什么要这么做。这种方式也要求我刨根问底地去探寻为什么基辛格可以走到那样一个位置，为什么那么多人会把权力交付给这样一个德国犹太移民。

如果我们想要了解近现代的历史，并对未来有所思考，这些都是我们必须要弄明白的问题。基辛格和外国领导人谈了些什么并不重要，重要的是世界权力的本质是如何在他职业生涯中发生改变的。如果我们埋头解读基辛格那些很难不让人提出质疑的行为——这些行为还不少——那么我们得出的结论必然流于肤浅。当然，基辛格任期内对越南、柬埔寨、智利、安哥拉的暴行确实值得谴责，他在这些地区推行的政策也显然没能缓解甚至还加深了当地的困境。擅长记叙事件的人很容易会基于这样的事实做出简单的判断。

但是,基辛格为什么要推行那些特殊的政策呢?为什么那么多人支持他?这些才是更难理解的问题,想要解答这些问题,就需要知道背后的动机、思想以及环境。即便是在战争结束多年后,这些问题依然具有意义。

基辛格被贴上的负面标签通常是"罪人""战犯"一类。但是,一旦探究为什么他会这么做,当时的社会和政治变革的背景又是什么,这些标签便站不住脚了。他们被一些先入为主的观念误导了,根本不去分析行为背后的原因,他们可以原谅所有人,就是不能赦免始作俑者。如果到头来数万人死亡的罪过都可以归咎到基辛格一人身上,那我们的自我感觉就好多了,我们可以通过谴责他来满足自己的道德优越感。

这显然太简单化了。如果只有邪恶的人才会为恶,那么我们很容易就能把领袖候选人中的害群之马揪出来。关键的问题是,为什么好人也会为恶——为什么大卫·哈伯斯塔姆所谓的"出类拔萃的人才"有时却会造成最坏的后果。领袖们必须对结果负责,但结果本身并不能说明领袖的行为和人格。读史应尽量避免把历史当成道德寓言,而忽略了其中复杂的背景。即便是最强大的个人,也需要放到社会和政治的大环境下去评价。

优秀的人可以在美国世纪成为决策者,基辛格就是其中之一。他们的成败并不是天生注定的。他们很少以私人身份示人。政策可以反映植根于国际社会土壤下的思想、压力和认知。冷战的环境以及对这些环境的共同理解促使优秀人才制定出特殊的措施——不管结果是好是坏。他们不是时代的工具,而是时代的强大产物。只要我们去了解一下基辛格等人对他们那个时代的希望和恐惧做出了怎样的回应，便能明白他一切举动背后的原因。基辛格承认，在踏入政坛之前，他们就已经是戴罪之身了。美国世纪就是在经历了关键的历史时刻和主流权力思想转变节点以后才形成的。

民主的弱点

美国世纪是从魏玛政权倒台的时候开始的。20世纪20年代的德国，那是最有活力、最复杂，也最多样化的社会之一。那个时代诞生了不少杰出的思想家——托马斯·曼恩、马丁·海德格尔、西奥多·阿多诺、贝尔托·布莱希特及阿尔伯特·爱因斯坦等。当时的政党也不计其数——社会民主党、保守党、中立派、共产党以及国家社会主义党——全国上下一时百家争鸣。魏玛德国是西方文明的中心之所在，也是20世纪民主的希望之所寄。相比之下，那时的美国还是一潭死水。

然而纳粹几乎毫不费力就夺取了政权，可见这些希望不过是些虚无缥缈的东西。已经有些经验的公民支持仇恨和暴力。民主社会就如同一个良民，根本无力反抗粗暴的独裁统治。国外社会寄希望于政府能遵循人道主义原则——包括英国、法国和美国——但是谁也没有对纳粹种族屠杀做出强有力的反对。

基辛格亲眼见证了这些事件，所以在他看来，民主在强敌面前会显得格外软弱无用。民主政府反应迟钝，因为权力过于分散而无法进行有效抵抗，在使用武力问题上又显得太过理想化而无法做出果断决策。这就是绥靖带给人们最深刻的教训——魏玛体制对纳粹党的绥靖，以及国际社会对纳粹德国的绥靖。民主社会需要有决断力的领袖，而且它们最需要防范的正是它们自己。解决的办法不是将民主整体抛弃，而是在政府内部建立起有魄力、有前瞻性以及与民主相对的决策机制。英美两国走的正是这样的路线，在丘吉尔和罗斯福的带领下，英美最终参与了反法西斯战争。这也是基辛格和他那代人所惯用的英雄主义政治模式。

基辛格把美国打造成了救世主和避难所的形象，不是因为美国民主，而是因为它有足够的权力资源可供支配，虽然行动得晚了，但它毕竟对保护人类和西方文明做出了贡献。尽管美国社会充满偏见、暴力、不公，但是，对于法西斯嗤之以鼻的自由，美国社会还是尊重和珍惜的。对基辛格和其他许多欧洲人来说，美国是一个不可或缺的保护者，但不是一个理想的领路人。通常它只能摧毁潜在的威胁，而不能根据自己的意愿去改变世界。

欧洲、亚洲和世界其他地区的公民需要寻求庇护时总会想到美国，并鼓励美国文化去影响自己所在的社会。这就是美国世纪的基础。你甚至可以将之称为异邦对美国世纪发出的邀请。这就是基辛格的想法。二战期间，美国在本国社会的巨大压力之下开始承担起更多的责任，许多时候这与它最初的倾向相悖。毕竟帝国的范围不是只有一个华盛顿。

美国也不是民主的帝国。起初人们要求美国承担责任，实际是希望它的保护范围扩大——人们希望美国能保护公民人身安全、自由以及岌岌可危的西方文明。像魏玛时期那样赋予社会过多的民主只会创造问题，而不会解决问题。许多人担心，像德国、日本和意大利这样的国家，民主会把权力拱手让给极权威的其他敌对势力。于是，在美国的带领下，许多国家纷纷采取行动，以阻止这种情况发生。为了对抗威胁，美国频频以牺牲自己或其他国家的民主为代价。很明显，民主非常软弱，魏玛政权的倒台和纳粹的兴起就是最好的证明,而美国的措施就是对民主软弱的必要回应。正是由于民主遭到质疑,而公众又希望能通过强有力的领导来阻止民主的软弱特质继续发展,因此,冷战时期的决策才得到了巩固。

美国世纪反映了从民主的理想主义向权威的现实主义的转变。这一转变又反映了社会与政治边缘地带权力的影响,尤其是对经历过法西斯威胁和破坏的公民来说,影响尤其明显。虽然美国的国际权力加强了,但"现实主义"又对管理的合理性提出了质疑。它奠定了美国外交关系以及政治举动的新基调。民主语言的范围扩大了,但民主实践的范围却缩小了。

当基辛格这代人长大成人时,他们对民主信仰提出了质疑,并为美国的权力下了定义。基辛格强调,一个属于美国世纪的理想需要有个限度,从而缓和它的那种"传教士的精神"。根据他自己在魏玛德国时期的经历,基辛格告诫世人:"正义感是盲从和狭隘的源头。"

犹太世界主义

美国世纪不是民主的世纪,而是犹太的世纪。虽然这个论断让包括基辛格在内的很多人都觉得很不舒服,但这是事实。犹太人很快便从世界权力的边缘转移到了中心。20世纪30年代以前,在美国和许多其他国家,能进入精英大学深造、在公营公司任重要职位或为政府做决策的犹太人寥寥无几。但是大屠杀和二战之后,阻拦犹太人的这堵墙倒塌了。到了60年代,犹太人在主流社会取得了杰出的成就,越来越多的犹太人进入了大学、公司和政府机构。虽然偏见和排挤没有彻底消失,但犹太人已经成了美国世纪不可忽视的群体。

亨利·基辛格是这个故事的组成部分。他的事业发展历程反映了公众态度和职业需求的变化，这不仅让犹太人有机会提升自己的社会地位，也可以去施展自己的政治抱负。基辛格的德国犹太身份让他无法成为一名美国军医，但是同样也是这个身份让他踏进了情报机构的大门，让他穿着美国制服回到德国，并在占领区担任较高的职位。二战末期，美国迫切需要管理它所占领的大片欧洲领土，因此基辛格的德语技能以及他对欧洲社会的了解便成了很大的优势。虽然在美国的时间不长，但基辛格的犹太民族背景又保证了他不会对纳粹抱有同情心。

这种优劣并存的模式贯穿了基辛格的整个职业生涯。二战后，高等学府开始接纳退役军人，展示自由社会的开放特质，于是基辛格被哈佛大学录取。基辛格这样的人可以走进哈佛，正印证了美国社会所提倡的"犹太基督"价值观，这与纳粹德国的反犹太主义和苏联的无神论形成了鲜明对比。在这样的背景下，高校变得更加国际化，更加开放，也不像过去那样与政治毫不相干，而犹太人正是这些高校的全新形象的代表。为了实现这一目标，美国政府颁布了退伍军人法，并给各大私立和公立学院提供了资金援助。

但基辛格从来都没真正成为"哈佛人"。他和许多犹太同龄人并没有融入其他学生群体。他们无法进入精英社团，别的同学也没有完全接纳他们。相反，他们被战场所吸引——其中包括国际事务——因为他们在那里才有用武之地，才能为高校学术大师和白宫的决策者所重视。美国要扩大国际影响力，就需要对其他国家和社会有更多了解，而这正是基辛格和其他犹太移民所具备的知识。他们与其他国家的联系能够帮助美国扩大海外影响力。最重要的是，他们对维护美国的国力有一种使命感，觉得只有这样才能对抗他们在故国所经历的暴力和仇恨。犹太移民既是世界主义者，又是爱国主义者，这种结合是冷战正确决策的关键。

基辛格和其他犹太人是在传统机构内部开始受到重视的，因为他们的"局外人"身份在一些特定的"局内人"眼里具有独特的价值。借助非正式的影响力渠道，他们获得了巨大的权力，这些渠道包括高校的新项目、不同政府部门出资赞助的国际交流活动、高校与白宫之间新建立的联系以及新的决策机构。但是有影响力不等于被接纳。虽然基辛格声名与权力皆备，他依然游离在美国主流社会之外。他和其他犹太人要依靠非犹太赞助人的资助，他们仍然是反犹太主义者的眼中钉，而反对的声音通常还来自当初拉了他们一把的那些人。

基辛格的犹太背景所带来的优势与美国世纪对他的排挤一经结合，便成就了他的事业。他的德国犹太社会背景对他的事业发展至关重要，但同时又给他的社会角色造成了负面的影响。这一背景让他周身散发着一圈复杂的、国际化的光环，这是美国的决策者们喜闻乐见的。但这也让他更难取得普通美国公民的信任。他是一个完美的全球主义者，但他与美国主流社会所认同的领袖形象还是相去甚远。基辛格清晰地意识到了这个矛盾。为了维护自己的美国人身份，基辛格采取的办法是与一部分美国女性名人合影。但此举却更加彰显了德国犹太人在美国社会的社交尴尬局面。基辛格的少数族群身份既增强也削弱了他的权力。

基辛格从来没有在公众场合谈及自己的犹太社会背景。对这个话题保持沉默的并非基辛格一人。尽管如此，本书还是会向读者阐述"犹太人流散过程中，互相联系的经济、政治和文化环境"——以及对这些环境所做出的回应——是如何对基辛格的事业产生深刻影响的。基辛格的犹太背景并没有给他的决策带来任何决定性影响,但它的确左右了他的机遇和抉择,决定了他所希望和畏惧的事情。最重要的是,它影响了基辛格对权力和如何正确使用权力的理解。美国世纪不仅仅是犹太人的奋斗史,但基辛格的人生经历说明,这一话题是全球变革的核心之一。

我需要声明,我并不是在论证什么犹太人对国际社会的阴谋。这完全是一派胡言,也缺乏最基本的尊重。我要说明的是,了解犹太人社会地位的变迁对理解基辛格的事业、国际政策和过去80年的历史非常有帮助。在讨论犹太身份与国际权力关系的时候,我们应该找到适当的措辞。基辛格从未谈到过这个话题,而我希望给这种沉默的状态画上一个句号。

外交政策

关于美国世纪、民主软弱和犹太身份的讨论,对外交政策有什么意义呢?它又是怎样影响外交决策的呢?

基辛格给出了答案。他承认包括他自己在内的决策者在上任前都非常依赖自己固有的"信念"。他在书中写道:"任何政界人士从某种程度上来说都会受到历史必然性的约束。他所遇到的环境并不是他自己创造的,而是在他之前就已成形,但他又无法改变的。有些人认为,领袖在积累经验的同时也会变得更有深度,这是一种错觉。"谈及自己争分夺秒般的日程,基辛格说:"领袖几乎没有时间去反思。他们都陷入了一场无休无止的战争,永远有紧急事件来填补头等大事的榜单。政客暴露在公众眼前的生活就是一场永远持续着的挣扎,为了在环境压力下争取些许选择的权力。"

外交政策会受利益、威胁和国力的左右。庞大的计划一般不会受到直接关注，因为决策者们已诸事缠身，无暇他顾，但是他们处理日常事务的方式却与他们的基本思路和核心价值观息息相关。思想不能决定利益、威胁和国力，但它带来的影响是巨大的。这不是一个需要证明的命题。这是许多公民因为共同的经历而形成的共识。它是日常决策形成的前提和基础。

基辛格和其他决策者并无不同。他把深入人心的思想带进了工作中。如果一定要说他有什么与众不同之处，那大概就是他比其他人更有战略眼光，并且有更坚定的决心把战略落到实处。和许多人一样，基辛格对世界的认知源自他任职之前的人生经历。要理解他的政策，我们就必须先理解他的这些经历，以及以这些经历为基础的思想。要理解他为什么要这么做，就必须先明白他从哪里来。基辛格的生存环境就是他做出决策的前提。

虽然许多人指责他在道德方面有不足之处，但基辛格坚信自己从没有逾越道德的界限。的确如此，所有的政策都需要考虑道德的因素。探究基辛格所谓的道德边界可以为研究他的动机和目的提供基础，同时明确那个时代的伦理氛围——即美国世纪土壤中的更深层次的价值观。

即便基辛格有许多不同于众人的特征，他依然是芸芸众生中的一员——是20世纪30年代社会和政治变迁的产物。作为一个移民，他在战后的美国取得了不少成就；作为一个思想家，他主动接受了社会的变革，同时又维护着西方文明的传统观念；作为一个国际主义者，他一贯强调忠诚和国力的重要性。最重要的是，基辛格是一个有激情的人，他抉择果断，希望能为给这个世界带来些益处——"帮助我的第二祖国治愈她的创伤，维护她的信仰，前方等待她的是建设的重任，我要让她能够重新投身这一大业"。

基辛格亲眼看见了一个充满道德优越感的社会是如何"崩溃"的，他的事业就是由此带来的一种反应。"有些人觉得他们唯一应该做的就是粉饰太平"，他对这些人很难保持耐心。基辛格解释道："我的意思是，我见过世界的阴暗面，我知道罪恶是客观存在的，我明白有些东西你必须努力去捍卫，你不能一味坚持让所有的事情根据你所设想的框架发展。"这是20世纪30年代这段岁月给人们上的最重要的一课，它引导了数百万人度过了冷战时期，并且仍在影响着外交政策。

也许基辛格对民主和人权的道德宣言太没耐心，也许他太急于争取，至于公众到底能接受相较道德准则多大程度的偏差，他在这个问题上又过于相信自己的判断。这些谴责的声音一直纠缠着基辛格和整个美国世纪。我问基辛格，在道德妥协问题上，必要和过度的界限在哪里，他并没有给出明确的答复：

作者：您的核心道德准则——也就是您绝对不会去破坏的准则是什么？

基辛格：我还没想好应该怎么回答你。

这个问题一直困扰着基辛格。他因为道德原因踏入了政界，他不知疲倦地工作，希望能把这个世界变得更加美好。但是他的举措并不总是能给世界带来更多的自由和公正，有时往往适得其反。和我们所有人一样，基辛格也意识到好心往往会办坏事。他必须去处理一些意料之外的后果。

亨利·卢斯鼓励美国在它的世纪当一个全世界的"好心人"。于是美国人都在尽力扮演好这个角色，有时成功，有时失败。基辛格的事业发展正是利用了这一矛盾。它指明了用善意来协调权力的难度，并提醒我们，我们需要的不是单纯的口号，而是更大程度地参与到政治妥协的繁复工作中去。

目录

第一章 民主与民主的缺陷 1
　巴伐利亚的犹太人 7
　魏玛共和国 12
　国内流亡 28
　逃亡纽约 33
　回忆、情感和政治 38

第二章 大西洋两岸 42
　融入美国 49
　回到德国 58
　占领德国 65
　德国领导力 71
　美国社会的扩大和权力范围的缩小 82

第三章 冷战大学 87
　冷战大学 89
　犹太人的阶级流动 92
　二战前的哈佛 96
　打造冷战高等学府 99

社会局外人，冷战戏中人	108
冷战时期的网络	116
冷战爱国主义	129
国际事务中心	133
知识和力量	138

第四章　有限战争战略　143
有限理论	150
关于遏制策略的评论	158
谈　判	166
发挥想象	173
联邦外交政策	178
基本原则	201
越　南	205
沉　默	210

第五章　政治家的革命　215
从洛克菲勒到尼克松	220
公信力	232

苏联的秘密渠道 245
北越谈判 250
"中国是亚洲的领导者" 256
争 议 265
基辛格革命历程回顾 270

第六章 从德国到耶路撒冷 273
阿拉伯国家与以色列的战争 282
萨达特与阿拉伯"温和派" 287
以色列与美国犹太社区 291
复杂的遗留问题 296

致 谢 301

第一章　民主与民主的缺陷

西格蒙德·弗洛伊德曾在1930年写下过这样的话:"文明能否控制住人类侵略和自我毁灭的本能,这是关于人类生死存亡的问题。人类已经拥有了能够支配自然的力量,而这种力量让人与人之间的互相杀戮变得轻而易举,最终会让他们走向毁灭。人类清楚这一点,这就是他们一切不安、不快和焦虑情绪的源头。"

预见到这场灾难的不止弗洛伊德一人,因为那时整个世界已经陷入了严重的经济萧条,而法西斯主义者们又蠢蠢欲动准备夺取整个欧洲的政权。第一次世界大战结束后的十年间,民主和暴力双双升级,这在德国尤为明显。1919年2月在魏玛宪法签署完之后,德国进入了多党制时代,其政治体系开始显露生机,总统和立法机关由选举产生,保护自由平等的权利法案出台。20世纪20年代的德国社会俨然一片文学艺术的乐土,人们的生活方式也发生了巨大转变。帝国时代随着第一次世界大战的终结而烟消云散,那时的德国堪称欧洲历史上最民主的国家。

在民主发扬光大的同时,暴力的因子也渗透到了德国的每一个角落。全国上下充斥着各种各样的准军事组织,这些组织的首要任务就是参与城市巷战,袭击政界人士;为了震慑敌对力量、恐吓市民,并伺机夺取政府权力,这些组织都组建了自己的民兵团队,而纳粹只是这诸多组织中的一个。此外,他们还会通过报刊,或者在酒吧聚会和公众演说现场发表煽动性言论,挑起暴力冲突,他们向市民灌输极端种族主义思想,强化民众的排外心理和反犹太主义心理。民主秩序沦为政客们的工具,他们借机煽风点火,找人刺杀他们口中所谓的卖国贼,声称一战期间就是这些人"在德国背后捅了一刀"。魏玛共和国的民主制度纵容了暴力文化的滋长。弗洛伊德意识到了这一点,因此他对当代文明提出质疑,称这些暴力行为为"侵略"和"自我毁灭"。此外,在分析中,他还预见到纳粹将夺取政权。1933年,在政治手段和暴力手段的双重压力之下,政权果然落入了纳粹手中。纳粹否定了个人自由这一基本的民主要素,却对各种异议加以保护,以争取公众支持。弗洛伊德指出,这样的事不仅仅发生在德国,一战之后,在西欧大陆的几个文明和民主程度最高的国家,诸如意大利、西班牙、法国、奥地利和德国,法西斯政党的力量变得越来越强大。荒谬的是,这些对民主产生威胁的暴力因素却恰恰就是民主的产物。

历史学家对纳粹上台的原因往往分析得过于复杂,但是很多人,尤其是亲身经历过20世纪30年代一系列恐怖事件的人都认为,魏玛共和国的民主制度与法西斯的暴力行为之间有着不可分割的联系。汉娜·阿伦特曾是纳粹德国的难民,她曾发表过著名的言论,称欧洲旧贵族的没落和"无阶级社会"的兴起让崇尚暴力的极权主义政权获得了民众的支持。阿伦特曾写道,"极权主义运动毫无节制地滥用民主自由,最终目的恰恰正是为了毁掉它。"同在纳粹时期流亡海外的西奥多·阿多诺非常反对阿伦特的论述,但他赞同阿伦特关于社会暴力的分析。在二战的阴霾之下,阿多诺进行了一项具有重大意义的研究,破译了隐藏在美利坚等国家人性自由光环背后的"权威人格"——这些国家的公民内心埋藏着的压抑与暴力倾向会让民主从内部瓦解。

人们对民主弱点的担忧恰恰加强了对他们民主暴力的恐惧。持这类观点的人认为,民主通常会纵容极端主义,阻挠政府做出回应。这也是许多观察者从20世纪30年代的经验里所总结出的观点。一次又一次遭遇欧亚法西斯国家的进攻,即便是更加强大的民主国家,比如英、法、美,都不知如何应对。法西斯的领袖们对他们长期的扩张目标毫不讳言,而民主社会却连使用必要的武力都很不情愿。当时民主国家都把关注焦点放在内需上,认为军事力量是靠不住的,而且生怕在经历了1914年到1918年的战火摧残之后,世界很快又要陷入另一次世界大战的泥沼,于是,它们决定向法西斯主义侵略让步,采取一种姑息纵容的绥靖政策。在这样的情形下,日本几乎没费什么力气就攻占了中国的东三省;意大利完全无视国际联盟的存在,对埃塞俄比亚发起进攻;德国则重新武装了莱茵兰,德国境内的犹太人遭到迫害,德军兵不血刃便占领了苏台德地区,而后是整个捷克斯洛伐克。所以,二战爆发前夕,希特勒将英美两国视作懦夫便也不足为奇了。

在纳粹日渐强大的史实背景下,历史学家们在分析民主国家的软弱政策时往往会把问题复杂化。诚然,在当时经济萧条、内乱频发的大环境下,英、法、美等国的军事力量的确有限,然而在那段岁月中挣扎着存活下来的人都清楚,那些民主国家并没有对法西斯的暴行采取任何有效的抵制措施,直到千百万人遭遇迫害的悲剧酿成,这时民主社会幡然醒悟,却为时已晚。20世纪30年代中期,纳粹德国的经济和军事资源依然非常有限,如若它的邻国们懂得早下手为强,那么拔去纳粹政权的獠牙也并不是什么难事。可惜这些民主国家选择了最低限度的抵抗,非要摆出仁义的姿态,放弃使用武力,毫无根据地幻想只要他们善待自己的敌人,那么对方自会有所收敛。丘吉尔在代表绥靖政策失败的见证者们讲话时曾一再表示,"道德有多软弱,邪恶就有多猖獗;不管是从国家架构上来看还是从传统上来看,民主国家都习惯于依赖结盟,一旦处于单打独斗的境地,它们便都缺乏恒心和信念,否则这些国家完全有能力保护自己的民众"。

虽然这番言论中充斥着对民主的质疑,但二战后美国的主要外交政策制定者们都怀着丘吉尔式的抱负,言谈措辞都会往那个方向靠拢。丘吉尔提出过警告,面对志在必得的敌人,民主国家的绥靖政策和软弱态度会将自身置于危险境地;冷战时期的总统和他们的顾问在分析外部威胁时常常会受到这番警告的影响。因此,面对对手,尤其是苏联的扩张,美国领袖们绝不会姑息容忍;相反,他们会巩固自己的力量,向对方展示自己的实力,以期震慑对手,让他们打消扩张的念头。他们认为,在双方剑拔弩张、地区冲突频发的情况下,维持历史学家所谓的"大国优势"才能有效将其威胁限制在可控的范围之内。

这就是遏制政策的本质——既非姑息让步,又不急于求战,唯一的目的就是阻止对手扩张。遏制理论最主要的奠基人之一乔治·凯南曾经呼吁,一旦发现苏联有任何威胁世界和平稳定的举动,就应该坚定不移地对其进行遏制。在对比了所谓"理智的长期战略"和"心血来潮的民主手段"

之后，凯南建议对苏联采用一种"耐心、坚定且谨慎的遏制手段以打压它的扩张趋势"。在凯南和美国其他冷战战略决策者眼中，遏制是需要"精神和政治领导力"的，民主社会常见的优柔寡断和缺乏团结的特质是不可取的。

鉴于遏制理论的本质，以及基于这个理论对民主做出的判断，二战后美国国防部、中情局以及总统办公室等机构都开始采取前所未有的集权化管理方式。虽然美国没有变成一个独裁国家，但美国的政治和军事机构已完全没有了老一辈美国公民想象中的民主特质。美国从未在和平时期如此重视自己的作战能力，也从未如此热衷于国际军事和经济援助。一位历史学家认为，这一战略性转变带来了美国民主结构和前景的变革。

亨利·基辛格的事业就是在这场变革中起步的。以20世纪30年代的眼光看，任何人都比他更有可能爬到美国社会的最上层，而站在21世纪往回看，在高层权力梯队中，又没有人能比他站得更稳。基辛格地位的转变正说明了从魏玛政权消亡到冷战时期，国际权力的结构与内容发生了多么巨大的变化。在一个用民主程度检验政治合理性的时代，对民主的质疑标志着基辛格和他身边那些人在职业上的成熟。

基辛格的传记作家们都无一例外地指责过传记主人公缺乏民主观念，这一评价不无道理。但拥有这一特点的并非基辛格一人。在当时的历史环境下，担心民主对社会和外交政策产生不良影响的大有人在。魏玛共和国分崩离析，纳粹上台，二战爆发，这一系列经历让当时包括基辛格在内的人相信，民主也有着黑暗的一面。

公民主体的政治化导致了国内的动荡与暴力冲突，也使得民主国家在面对国外威胁时更倾向于退缩和不作为。与基辛格生活在同一时期的年轻人因魏玛民主政权的倒台而被迫流亡他乡,又亲眼看见了20世纪30年代民主国家面对法西斯主义的软弱态度,因此他们必然会想要寻求一种新的政治模式来替代大众政治。这不仅仅是知识层面的问题,它更是一种内心深处的情绪,是这些被迫流离失所、时刻面临死亡威胁的人们看到自己的邻居正袖手旁观时必然会产生的情绪。民主政权是如何对抗希特勒的?在所谓的"文明"社会里,反抗的声音显得那么稀疏而且有气无力。弗洛伊德在描绘现代社会的侵略与自我毁灭的本质时就已预见到了这一点。基辛格和他那一代人都不会忘记这段惨痛的历史。

巴伐利亚的犹太人

20世纪30年代，纳粹军官在搜捕基辛格一家的过程中，发现亨利·基辛格的父亲路易斯·基辛格拥有"巴伐利亚"的公民身份。亨利和他的弟弟瓦特也一样。当然，巴伐利亚的政治身份不妨碍他们忠诚于德国，但是这一身份也确实象征着一种重要的历史特征。包括犹太人在内的许多公民在纳粹眼中都属于"德国人"，但像基辛格这样的家族却被他们称为"巴伐利亚人"。

纳粹分子意识到了一个相当明显却常常被20世纪和21世纪史学家们所遗忘的事实：巴伐利亚漫长的独立史以及它与德国其他州，尤其是普鲁士之间频繁的对抗对中欧地区的政治和社会发展有着深远的影响。1800年后，趁拿破仑重组德意志各邦，巴伐利亚王国扩大了疆域。巴伐利亚国王马克西米利安·约瑟夫与法兰西结盟，并因此获益。马克西米利安统治时期，被纳入巴伐利亚疆域的领土中包括了一些犹太人口众多的地方。巴伐利亚君主政体变得更加集权化，并实行了关于民权平等的新法，但同时也保留了对犹太人口流动的严格限制。新生的巴伐利亚成了开化与反开化思想并存的王国，在法兰西与普鲁士的双重影响下存活。

巴伐利亚政治的特殊性，尤其是针对犹太人的政策，在19世纪显得尤为突出。和当时许多其他联邦一样，巴伐利亚也追捧过一系列的"现代化"措施，但主要的措施与日后统一并入德意志的各邦所奉行的政策有着很大的不同。这些历史性的特殊政策对基辛格产生了挥之不去的影响，尤其是在他年轻时目睹了魏玛共和国的崩塌和纳粹政权的兴起之后。

在19世纪的巴伐利亚，所有现代化的标志，比如以城市工业为支柱的经济、标准化的教育体系以及高效的行政机构，都是依靠高度集权的君主制政府来建立的。1813年，为了发展经济，让社会趋于稳定，马克西米利安一世签署了一项"犹太人法令"，让这个弱小的、备受压迫的弱势民族有了一种全新的生存状态。这项法令依然限制犹太人居住和通婚的权利，对宗教信仰也保留了诸多壁垒。然而它明确承认犹太人是巴伐利亚的公民，受到巴伐利亚王国的保护。犹太人终于告别了长久以来的外国人的称谓，在那个迈向现代的社会里拥有了合法的身份。

1848年，武装革命席卷欧洲，当时的君王马克西米利安二世禁止国内推行代议制以及其他更加民主的执政形式。然而他也加强了对犹太公民的法律保护。马克西米利安二世的政府所颁布的法律宣布取消对犹太人居住、通婚和其他诸多方面的限制。这一改变至少在理论上先于德国法保证了犹太人在法律上的平等权利。从这次前所未有的变革中，不难看出巴伐利亚的统治阶级正努力试图弱化外来民族的异族形象以巩固国内的经济，因为巴伐利亚的经济发展在一定程度上依赖于犹太商贾。马克西米利安二世和他的顾问团队花了很大工夫说服众议院通过了这项提议，给予了犹太公民史无前例的自由。

犹太公民的解放是由集权、专制的巴伐利亚君主自上而下推行的，它体现的是独裁领袖的意愿。而犹太公民若想表达自己的意愿，通常需要借助大范围的甚至是暴力的抵制行动。而社会底层则滋生出了强烈的反犹情绪。公众借以表达民族意愿的渠道——尤其是各种政治俱乐部和报刊——成了怨恨与偏激情绪的载体。一位历史学家认为，"民主手段被用来为非民主的目标服务"。

对于犹太人解放的抵触力量明显来自自由主义群体，正是这个群体试图在巴伐利亚社会推行民主公开的执政形式，1848年，他们的意愿表现得尤为强烈。1849和1850两年间，巴伐利亚先后共有1700多个团体组织向政府请愿，要求撤销解放犹太人的一系列措施。这些组织中包括不少早年成立的"民主俱乐部"，它们的主要任务就是倡导政治改革。支持犹太人解放的地区只有三个，其中包括基辛格未来的家乡菲尔特。而黑尔茨的议会则更倾向于支持巴伐利亚多数人的意见：

> 虽然我们作为基督教徒理应将爱传递给我们的犹太同胞，而且应该尽最大努力去完成这项使命，但同时我们也意识到，我们也被赋予了自我保护这一同样神圣的使命，因此我们不得不尽同样的努力去反对犹太人的解放……我们认为赋予他们平等权利的提议是荒谬的，因为在生活中的方方面面，比如宗教节日、婚姻等等，犹太人都绝不可能融入我们的群体。

在民意和激进运动的双重压力下，马克西米利安二世收回了解放犹太人的许诺，因为当时全国上下反对的呼声一浪高过一浪，强烈的抵制情绪已经直接威胁到了权力主义的改革。在当时的千千万万名激进分子中，愿意站出来维护犹太人利益的寥寥无几。在这场愈演愈烈的反犹之战中，巴伐利亚统治阶级的举措不过是给党同伐异者们踩了一下刹车，但最终还是没能起到任何作用。绝大多数公民应该并不想伤害犹太人，但对于反犹太主义社会运动，他们都抱着袖手旁观的态度，有时甚至还会表示明确的支持，阿道夫·希特勒就是在这样的背景下登上政治舞台的。

像路易斯·基辛格和他的儿子亨利·基辛格这样生活在巴伐利亚的犹太人当然非常了解这段历史。他们亲眼看见了反犹运动的成果。一战以后，日常生活和娱乐场所依然采取隔离措施，犹太人群体在巴伐利亚仍然遭到排挤。他们也亲眼看见了反犹太主义者们的所作所为，这让他们意识到，指望民主激进分子去推动以公平进步为目标的变革根本就是天方夜谭。事实恰恰相反，巴伐利亚的大众舆论只会为怨怼心理和暴力倾向推波助澜。即便是在基辛格的家乡菲尔特这样相对包容的地区，情况也同样不容乐观。

巴伐利亚的犹太人很难对民主产生信任。一旦大众舆论占据了主导地位，这个有着深厚宗教和文化背景的弱小民族必然会损失掉很多东西。而且他们已经在狭隘的专制政权统治下挣扎着生存了很久。这一情形让犹太人进退两难，找不到任何解决的办法。基辛格家族的反应是我们能够料到的。当时马克思主义思潮主张将权力赋予大众，从而争取自由。对于这一思潮倡导下的运动，基辛格家族采取回避的态度。同样，他们也拒绝加入德国20世纪初期那些形形色色的右翼党派，这些党派都主张回归独裁统治。

亨利·基辛格的家庭和当时许多巴伐利亚犹太家庭一样，不愿掺和到政治中去。路易斯·基辛格曾支持过保守民族主义者，他们宣称要通过强有力的领导来改善所有德国公民的生活，而非依赖大众运动。亨利记得父亲把选票投给了中央党，因为中央党强调民权平等，而反对自由主义者们所倡导的个人至上。中央党向民众保证维持现有政权和传统，将道德观念灌注到政治中去；他们所建立的政府不会热衷于革命，他们所管辖下的社会必定是领袖英明，政治清明。中央党的政治蓝图在巴伐利亚和德国其他地区笼络了不少犹太教徒和基督教徒,纳粹分子的攻击和二战战火的洗礼都没能将它撕毁;相反,它在战后为西德杰出领袖康拉德·阿登纳以及他领导下的基督教民主主义联盟奠定了基础。

20世纪初的欧洲淹没在民主化的浪潮里,那时的民主还带着理想主义的意味,对集权式的治理模式很不信任。保守民族主义则截然不同。在巴伐利亚犹太人解放的问题上,集权政府的政策比民主主义的更为进步。全世界的改革家都指望着"人民"来推动社会做出一些积极的改变,但由于巴伐利亚的特殊性,那里的人民对这种普遍的期待抱着一种偏见。在巴伐利亚成长起来的年轻人更愿意关注统治阶层的举动,而不是一些由社会底层发起的运动。亨利·基辛格就认为,社会进步的推动者应该是高居庙堂之上的政治家,而绝不是街头巷尾那帮惹是生非的乌合之众。魏玛共和国时期的政治环境更加强化了他们的这种认知,因为当时的新型政治体制为经济社会的进步带来了机遇。

魏玛共和国

亨利·基辛格来到世上的时候，民主的世界里正交织着希望的光明和绝望的黑暗。亨利·基辛格生于1923年5月27日，父亲路易斯·基辛格是一位受人尊敬的教师，母亲葆拉·基辛格（她的娘家姓施特恩）则来自一个富裕的商贾之家。基辛格幼时的德国社会正处于一个文化经济都相对繁荣的时期；他的家乡菲尔特地处巴伐利亚境内地势相对平坦的中弗兰肯地区，东面就是纽伦堡。菲尔特是当时的农产品和小型工业产品的交易中心。这个地方人口不多，大约有70000人居住，基辛格出生的时候，包括他自己的家族在内，犹太居民共有2500人左右。当时整个国家75%的人都信仰基督新教，而犹太人这个小族群则拥有7所犹太教堂。与菲尔特的其他居民一样，生活在城镇的犹太人与他们在乡村地区乃至纽伦堡、慕尼黑等大城市的族人之间通过亲缘、宗教和贸易保持着紧密的联系。

从许多方面来说，菲尔特都是魏玛共和国时期民主政治的楷模。1920年到1932年间，每次议会选举，菲尔特都有超过80%的选民参与投票，这一比例远远高于巴伐利亚乃至整个德国的其他地区，更不用提其他西方国家了。每次都至少有4个不同的党派所获选票比例高于5%，这些党派中有些是极右的，有些是极左的。1932年之前，社会民主党一直是菲尔特最大的政党组织，但它还是占据不了主导地位，这与同时期美国的政治情形是截然不同的。而到了1932年，即便纳粹党在德国的支持率陡然攀升，社会民主党和包括德国共产党在内的其他政党的支持率也依旧能与纳粹抗衡。菲尔特的公民——不管是新教徒、天主教徒还是犹太教徒，不管是男是女——都积极地参与政治活动。于是不少有代表性的观念学说便在当时的民主土壤里生根发芽了。

基辛格回忆说,在童年时期,他的家庭属于典型的中产之家,日子过得还算惬意。他们既不属于精英阶层,也不是一贫如洗,他们有能力接受教育,有适当的经济来源,又有良好的文化修养。路易斯和葆拉有充分的理由相信,他们的儿子亨利和瓦特会过上更舒适、更体面的生活。菲尔特社会阶层的流动曾一度实现了民主化,甚至连犹太人都能感觉到。被迫离开家乡多年后,路易斯·基辛格仍回忆说,那是他"职业生涯中最快乐的几年"。作为20世纪20年代在菲尔特成长起来的孩子,基辛格家的子女很可能比巴黎、伦敦甚至纽约的同龄人拥有更好的前途。

通常,信仰不同宗教的群体会分别聚居在不同的地方,但是菲尔特的各种宗教群体的工作和娱乐场所是混合在一起的。基辛格一家信仰正统派犹太教,据亨利回忆,他的父亲对教规一向是严格遵守的。不过路易斯·基辛格供职的是一所非教会学校,这个学校大部分学生都不是犹太人。他在这个学校一直工作到1935年,《纽伦堡法案》出台后,他便没法留在那里了。亨利和瓦特最初上的也是非教会学校。他们自身的宗教信仰并不影响他们在德国文化社会中获得身份认同,这是菲尔特和其他城市里处于上升期的犹太家庭的共同特征。基辛格家的子女在学校里学的是歌德,在家中和犹太教圈子里学的则是塔木德(译者注:犹太教典籍,作者是塔木德)。

基辛格一家从未被德国社会完全接纳;他们居住在犹太社区,信仰犹太的宗教,交往的通常也都是正统派犹太教徒。但尽管如此,像基辛格这样的家庭在国籍、职业身份和文化身份上还是视自己为德国人。他们是德国犹太人，他们的居住环境既非完全犹太化，又非完全德国化。德国犹太人的这种中性状态正是不安的源头，但在魏玛共和国时期，社会主流群体还是接受甚至是尊重这样的中间状态的。虽然当时反犹太主义势头正劲，但犹太人在德国大众文化中还是能发出比较有力的声音的，他们的特殊性也被理解为一种文化上的创造力，因而能被德国社会所承认。

在亨利·基辛格的记忆里，他在这个中产阶级家庭的成长历程中既蕴藏着期望，又面临着束缚。他永远也不能成为一个真正的德国人，毕竟在德国的土壤里，他没有深厚的根基。他也永远不可能取得容克贵族们所能取得的成就，因为容克家族都有着大片的庄园，或是军功赫赫，这是基辛格所不具备的。一战期间，路易斯·基辛格没有服役资格，这更加强化了他们的"局外人"心理。基辛格的家族成员都热爱德国，然而在他们所处的时代，即20世纪初，德国依然是世袭贵族的天下，国家主义又相当盛行，在这种杂糅的文化环境下，基辛格的家族所缺乏的正是一种能为他们带来归属感的身份认同。

虽因少数民族身份而屡次受到排挤，但是经济社会地位正在上升的犹太人是根据文化而不是血统来定义自己的德国身份的。德籍犹太历史学家乔治·莫斯曾指出，像基辛格这样的家族是"为了融入德国社会而主动接受'教化'的"。所谓"教化"，直白地说就是一种"内在的培养"，它暗示着德国文化中最美好的一面。与通过血统因素定义身份的方式不同，这一理念强调对于学识、人格的全面培养，认为无论是谁，只要着力于通过努力改善自身，就能为德国社会所接纳。在理想的教化世界里，多数人都受过良好的教育，他们的努力都是为了争取合理的自我利益以及整个德国民族的福祉。

亨利·基辛格早年的成长便是以教化为目标的，长辈们希望他日后能成为一名学者或是能做决策的人物。路易斯·基辛格的薪水虽然不算很高，但要让他的家庭接触德国的高雅文化，让他的家人成为拥有一定精神追求和社会地位的公民，以他的收入水平还是不成问题的。基辛格一家的小公寓位于马里安街 5 号，从 1925 年开始，他们就住在这里，直到 1938 年秋天才搬走。他们家有不少书，多是德国经典文学作品，还有一架钢琴，家人们可以学着演奏高雅音乐。这些都是当时的中产阶级用以浇灌思想的养料，为了能在魏玛社会求得稳固的一席之地。在定义价值和归属方面，教化状态无疑是精英与其他社会阶层的分水岭，但这种划分方式仍是民主的，因为它的判定标准是学识与才智，而不是血统。教化理念认为，公民只要能适应文化，就能超越自身所处环境的诸多限制。

基辛格家中的文学典籍和钢琴都表明这个家庭与他们的邻居们一样，正试图挣脱 20 世纪初期菲尔特地区对他们的一系列限制。他们认为自己被歌德、席勒和瓦格纳等人所阐述的文化价值观所接纳。作为一名教师以及德国优秀文化的传承者，路易斯·基辛格把这样的价值观传递给了自己的孩子们，这就是亨利·基辛格记忆中的"家庭的精神导航"。

提到童年，比起学习经历，基辛格倒是更愿意谈谈踢足球的体会。但是很显然，他的家庭乃至整个知识分子群体都更看重文化上的自我提高，至于青春时期的快乐，他们并不怎么在意。德国社会比较认可这样的生活方式，两次世界大战中间的时期，菲尔特的民主环境让教化理念——注重文化传统，传承先人的卓越思想——成了处于上升期但又在德国社会缺乏稳定地位的人群的核心世界观。对基辛格和其他犹太家庭来说，教化理念不仅是学识的基础，也是归属感的保障。

基辛格的第一部学术著作就充分反映了当时德国的文化背景对他的思想造成了多么深远的影响。在逃离菲尔特将近12年,在美国服役结束将近4年的时候,基辛格在哈佛出色地完成了他的本科论文《历史的意义》。他的论文一共有388页,这也许是哈佛历史上最长的本科论文了。这篇论文行文晦涩,但它真实再现了20世纪初期德国独特的文化环境,描述了当时人们通过对伟大思想家们的深入研究来提升自我修养的情形。他论述的重点是奥斯瓦德·斯宾格勒、阿诺德·汤恩贝以及伊曼努尔·康德等人作品中的历史哲学,此外他在文中还提及了荷马、维吉尔、但丁、弥尔顿、斯宾诺莎、歌德、罗素、黑格尔、陀思妥耶夫斯基等人的主要思想观点。也许基辛格在哈佛短暂的求学期间并没能读到他们每一个人的作品,二战服役期间又没有足够的精力去消化他们作品中的观点,所以他论文中提出的各种概念以及他引经据典的行文方式应该都得益于他早年在菲尔特所受的教育。

基辛格在文中充分论述了教化理念在自由社会中的重要性,尤其是在论文终章《自由与必然性的中和——来自诗歌的线索》里,他的论点更加鲜明。基辛格写道:"诗歌比历史本身更加真实,因为体现的不仅仅是冷冰冰的史实,更有人的精神与灵性。"

> 任何行为都是在人的内在需求驱使下所做出的,特定的环境塑造特定的人,不同的人对同样的现象有不同的理解,所以客观需要对人的行为永远不可能具有引导性,任何行为最终所反映的还是人的性格。总结客观规律能够帮助我们理解我们所处的这个世界;理性的分析可以帮助我们建立体系,为内心的体验提供外在的条件。

但是没有任何外在力量能代替人类去履行他们自己的终极职责,去创造他们自己生命的意义,去追求超越基本生存需求的目标。

为了响应德国文学巨匠们的呼声,27岁的基辛格在文中总结道,"最根本的自由来自我们的内心,这是一种个体的、不可言传的体验"。

基辛格的论述重点在于文化和自由之间的关系——这是20世纪初期德国思想家们争论的焦点之一。基辛格认为,某一特定时期的思想、管理和体制是体现这一时期人类价值的唯一基础。对基辛格来说,自由所体现的并不是自主权利甚至个人权利(个人权利这个词在他的论文中鲜有提及),而是整个社会所传承的智慧以及人类对进步的追求当中的精华内容。文化有繁荣的时候,也不可避免地有衰落的时候,因为人类的智慧达到某个巅峰状态后,会出现一段时间的困顿期,而后便会被另一种文化所超越。自由就是"承认局限性",然后"依靠自己的精神力量去超越局限"。基辛格从心理学角度给"精神力量"下了一个比较通俗的定义,即内在的情绪,对人类灵性的追求,对人性的超越简单物质化愉悦的神秘渴望:

自由无法量化,因为它是生命的内在经历,是做出更有意义的选择的过程。我必须再次强调,它并不意味着无限的选择。每个人都是时代、民族和环境的产物……没有什么文化是永恒的,没有什么愿望能百分之百地实现。人无法选择他所处的时代,政治家也无法选择他所处时代的状况,因而每一代人都肩负着一个相同的任务,那就是以体制推动时代,用意义诠释生命。只有在自己的内心才能找到动力的源泉。

基辛格对文化和自由的看法也许有些难以理解，但它隐晦地传达出了一个讯息，即对于民主作为一种固有的政治价值的怀疑。在论文的注释部分，基辛格下了这样的论断："在一个没有真切地体验过自由的人眼里，判断民主与否的标准不过就是经济体系是否有效而已。"缺少深厚文化底蕴的民主是空洞的，不自由的。基辛格认为，必须先有文化繁荣，然后才有民主。而教化理念则为自由加上了约束。

与经历过魏玛共和国时期的其他思想家一样，基辛格把文化看作是政治和社会价值的源泉。他和他的家庭并不是靠财富或贵族式的忠诚才取得成就和自由的。他们的社会地位的变化反映了德国文化与生俱来的价值观，它博大精深，代代传承，任何人通过接受教育便可触及。

民主让教化成为可实现的目标，但同时也降低了基辛格这代人所崇尚的文化源泉的价值。与当时其他的民主社会一样，魏玛催生了太多标新立异的行为来挑战文化传统。比如贝尔托·布莱希特的戏剧，它们颠覆了真善美的定义，让观众对文化权威最基本的底线提出了质疑。类似的还有阿诺德·舍恩伯格的无调音乐，它们让听众的耳朵受到了新的洗礼，让他们接受了一种从未接触过的旋律与节奏。这些文化上的激进主义表现形式在政治中也能找到共鸣，尤其是在极左党派内部。政治激进主义威胁要推翻文化的"镇山之石"，而这所谓的"镇山之石"却正是基辛格这样的中产阶级德国犹太人在魏玛社会拼命想要抓住的东西。当时只有弗洛伊德和斯宾格勒看到了欣欣向荣的民主社会掩盖下的文化衰退。

魏玛民主还有一个更直接的影响，它允许类似纳粹这样最粗暴、最具破坏力的群体去恐吓那些最尊重德国文化传统的人。面对这样的压力，德国传统价值观和当时的民主体制显得尤为软弱，根本无法抵御来自德国内部的攻击。像阿道夫·希特勒这样老道的煽动者们深知如何利用一个战败民族的不安心理去破坏各种复杂的思想体系，颠覆原本非常周密的政治体制。亲耳听过这位国家元首的演讲后，基辛格总结出了自己的基本观点，他认为在成熟民主体系下，公民情绪并不稳定，同时他也提出了自己的质疑，认为对传统思想的简化理解是不可取的。他回忆说："拥有蛊惑人心的技巧是希特勒成为德国领袖的最主要的原因，也是他整个政治生涯中最重要的砝码。"

　　凭借着一个流亡者的本能以及一双能够看透人性弱点的眼睛，他一次又一次地让自己的对手处于不利的地位，直到对方彻底消沉并向他臣服……他演讲中的煽动性主要得益于他让人在一瞬间情感迸发或心灰意冷的能力。能与周遭环境以及普罗大众建立起一种几近感官上的联系，这就是希特勒的专长。

这样的煽动行为是对民主的一种利用。希特勒和其他纳粹领袖们意识到，要想让他们的极端主义思想变得名正言顺，只要让它与教化理念勉强沾点边就可以了。他们把自己的激进民族主义和种族纯化要求说成是向德国特有的文化本质的回归，而不是一场变革。而纳粹分子也不称自己为党派，而是一个德国文化固有价值观所催生的运动组织。纳粹分子们承诺，会通过先进的技术和周密的组织，让歌德、瓦格纳等大师们笔下伟大、纯粹的文明得以复生。他们会建立一个"德意志第三帝国"，它将成为第三个罗马，过去的关于精神、正义和民族的思想将成为这个新帝国的基石。他们的计划将成为文化复兴的一部分,他们将在目前这所谓停滞、衰败的形势之下力挽狂澜。

在不稳定因素比比皆是的政治环境下,一个崇尚多元文化的社会恰恰最容易受到极端主义文化的影响。基辛格所说的"心理软弱",一是由于魏玛德国党派分裂,二是因为20世纪20年代末期,没有哪个政府能够坚持执行一套连贯而有效的政策。当时全世界都面临着经济萧条的困境,政治体系又陷入了分裂的局面,真正的治国才能根本没有用武之地。强烈的情绪和挫败感为熟谙"催眠"之道的希特勒开辟了一条道路,因为只有他能够从文化入手,为社会深处的结构性问题提供简单的解决方案。

基辛格对民主煽动性的评价反映了菲尔特的犹太人群体在魏玛共和国时期的特殊经历。尽管犹太人在这个城市能看到提升经济社会地位的诸多希望,但他们的希望又因为各种偏见和排挤而变得有些虚无缥缈。巴伐利亚的弗兰肯地区,也是菲尔特的所在地,便是整个德国反犹太主义最猖獗的地方。造成这种现象的主要原因之一,是巴伐利亚地区绝大多数犹太人居住在这个区域,他们的存在让非犹太居民感觉受到了威胁。弗兰肯的犹太人虽没有足够的政治力量,但他们的经济和文化状况已足以招致非犹太居民的敌意。

许多公众人物揭露了犹太社会繁荣与脆弱并存的状态。这个地区一位非常著名的历史学家指出,当地许多极端主义者,尤其是教会内部的极端主义者通常会将反犹太主义歧视与宗教狂热结合在一起:

> 有人在犹太教堂纵火,有人破坏墓地,有人损毁犹太人的财物,

有人把犹太神像吊在半空，这一切的暴行不仅仅是源自对犹太人经济和社会地位的忌妒，同时也反映了基督教对犹太教的敌视态度。基督教认定是犹太人破坏了基督的礼制，加上犹太人自古便背负了不少恶名，比如"把耶稣送上十字架的人"或"谋杀耶稣的人"等等，而有时天主教的神父和清教的牧师们的只言片语也能煽动人们的情绪，因此整个19世纪都充斥着反犹的暴行。

犹太人不仅仅在经济上对其他种族的居民构成了威胁。此外，尽管受教化理念影响，但他们还是动摇了基督信仰的文化霸权地位。于是政客们便导演了一系列的宗教迫害行动，以支持基督教的名义实现他们反犹太主义的目的。

在基辛格居住的地区，绝大多数居民都不是什么恶贯满盈之辈，非要置犹太人于死地，但他们普遍都对犹太人抱有文化上的偏见，只要受到挑唆，便有可能对犹太人进行排挤、骚扰，甚至诉诸武力。虽然弗兰肯的大多数公民都没有参与反犹袭击，但他们也不会站出来抵制或声讨极端主义者。一战结束后的几年间，弗兰肯地区有不少工作岗位向犹太人敞开了大门，但同时反犹袭击行动的次数也在增加。包括希特勒在内的政客们在文化歧视的基础上又大肆贬低犹太人，称他们为低劣的种族，并宣传说他们背叛了德意志民族。这一招收效明显，大批公民迅速站到了希特勒一边，尤其是在基辛格的家乡，因为犹太人家庭所得到的东西早就让非犹太族的居民感到眼红了。

即使是犹太人中受人尊敬的成功人士也过着一种极不安定的生活，政客们所主导的文化歧视行动时刻都会对他们构成威胁。著名内科医生拉斐尔·米柏林解释说，一小部分反犹太极端主义者利用公众对犹太从业者的排斥心理去威胁他们的人身安全，赶走他们的潜在客户。米柏林说，某反犹太媒体对他本人进行了谴责后，一位与他建立关系多年的病人向他道歉说："医生，对不起，以后我不能来您的诊所了。"这位病人承认自己并不赞成反犹太主义者对米柏林的污蔑，但后者已然成了众矢之的，他怕自己因与米柏林走得太近而为大众所不容。魏玛德国给了米柏林成为医生的机会，但也让他深刻体会到了一个德国犹太人在事业上的风雨飘摇的境地。

路易斯·基辛格和儿子亨利也没能幸免于难。他们家附近就住着一位魏玛时期最嚣张跋扈的反犹太主义分子——尤利乌斯·施特莱彻。施特莱彻在邻城纽伦堡有一支由暴徒组成的民兵队伍，专门对这个地区的犹太居民进行恐怖袭击。从纽伦堡乘火车到菲尔特不过几分钟而已，因此在基辛格所居住的区域，施特莱彻也成了一个无处不在的威胁。他自己发行了一份名为《先锋报》的刊物，并利用魏玛媒体的宽松环境在巴伐利亚乃至整个德国对犹太人进行恶意诽谤和挑衅。无端污蔑拉斐尔·米柏林的正是这份《先锋报》。

自1923年4月（亨利·基辛格出生前一个月）第一次发行开始，《先锋报》便从不间断地刊登污蔑犹太人的报道，这些报道涉及一些不堪入目的色情内容，但毫无根据，比如犹太人骚扰德国妇女、虐待德国工人、把德国邻居引入腐化堕落的深渊等等。这些报道声情并茂地控诉着犹太人的罪行，指责他们冷酷无情，并称他们的行为为兽行。《先锋报》还会刊登一些手绘卡通，这些卡通把德国人画得轮廓分明，犹太人却被画得非人非猿，感情色彩如此鲜明，任何读者只要随手翻翻这份报纸，就有可能受到煽动。

《先锋报》一周发行一次，平均发行量达到了13000份，它成功挑起了民众对犹太人的敌意，呼吁纽伦堡、菲尔特乃至整个德国的公民加入武装袭击。从1927年年初开始，这份报纸的很多期都在封面上用放大的粗体字突显了这样一句话："犹太人是我们的灾难！"

施特莱彻利用了魏玛民主的种种弱点：整个社会反犹太主义盛行，极端主义者可以得到保护，公民们对破坏民主的行为视而不见。作为一个阴魂不散的存在，施特莱彻推动了排异与暴力文化的滋长，尤其是在1929年经济大萧条之后的几年内。纳粹执政前很久，《先锋报》一直是用来打击犹太人的武器。有研究人员表示，"从来没有哪份报刊像《先锋报》这样，对那么庞大的一个人群粗鲁而肆无忌惮地宣泄种族的仇恨。"

纳粹政党也是因为施特莱彻才得以成气候，在菲尔特和周边地区，他们据点众多，又有一小批起核心作用的追随者。虽然施特莱彻和希特勒的关系经常陷入剑拔弩张的境地，但这两个人会相互协调，为纳粹争取到最大限度的支持。他们会共同规划大规模的集会，编造新的谣言，并左右开弓击退一切可能向他们提出挑战的人。1930年以前，在基辛格的家乡，纳粹党的人数从来没超过200人，但是施特莱彻进入公众视线后，纳粹在民间的认可度和曝光率大大提高，还组建了自己的冲锋队（简称SA）。

在施特莱彻狂热的反犹太主义阴影下生存的基辛格一家，对他那些充满仇恨的举动都了然于胸。20世纪20年代末30年代初，他就是纽伦堡的一方霸主，在这个地区游来荡去。亨利·基辛格童年的伙伴梅纳赫姆·莱昂还能回忆起当年笼罩菲尔特犹太人聚居地的恐怖阴霾，尤其是施特莱彻和其他纳粹分子公开集会的时候。莱昂记得，每到那个时候，包括他自己家和基辛格家在内的犹太家庭就尽量闭门不出，因为施特莱彻的追随者们经常会袭击和殴打走在大街上的犹太人。

施特莱彻本人以及他对犹太家庭造成的阴影成了当地犹太媒体关注的焦点。1929年12月1日,几乎家喻户晓的《纽伦堡犹太人都市报》刊登了关于《先锋报》挑起的反犹太主义运动的详细报道。报道结尾处呼吁犹太人在这种四面楚歌的境地里为自己争取应有的权利。悲观主义者也频频在犹太报刊上发声,表达对这种困境的担忧,并要求得到法律援助。

1933年纳粹执政前,施特莱彻的存在对纽伦堡和菲尔特地区犹太人的生存构成了威胁。梅纳赫姆·莱昂说,虽然那时他年纪还小,但他也能感觉到他的命运受到了施特莱彻的流氓行为的影响。当然,亨利·基辛格也有同样的感受。在后来的职业生涯中,对于那些施特莱彻式的狂热独裁主义者,基辛格从来不曾有过好感。他对以希特勒为代表的法西斯主义和其他极端分子的看法,早在他居住在菲尔特时便以初具雏形了。

比施特莱彻的存在本身更可怕的,是整个魏玛共和国都缺少对那种充满仇恨和敌意的政治观念的有效抵制。历史学家弗里茨·施特恩说,那个时期,所谓的"民间勇气"是很少见的,不太可能会有人去挑战权威,指责社会的不公。为了抵制反犹太主义,有一定学识和经济能力的犹太人组织过一些政治运动,但都以失败告终,这些都是施特恩和基辛格亲眼所见。虽然犹太媒体给了施特莱彻足够的关注度,但犹太人群体的领袖在政治上还是处在相当弱势的地位。面对仇恨和暴力,犹太人开始在自己的民族内部寻找出路,他们开始相信,只要犹太人自己更加团结,对自己所信仰的宗教更加虔诚,就一定能够渡过难关。

于是犹太报刊开始不厌其烦地呼吁读者重塑灵魂,并向社会证明自己是优秀的德国公民。直到1933年12月,也就是纳粹执政后9个月,一位知名犹太学者还在《纽伦堡犹太人都市报》首页发表文章,称犹太人必须投入更多的经历,让自己被德国社会所"同化",这样才能保证自己未来的安全。面对纳粹的恐怖和压迫政策,这位学者开始回归教化理念,认为融入"德国人的精神世界",这才是真正意义上的同化。由巴伐利亚主要的犹太复国主义团体发行的《犹太之声》曾计划让犹太族人移民巴勒斯坦,但同时它还是建议留在德国的犹太人尽量向"同化"的方向靠拢,不要抵抗。

菲尔特犹太人的悲剧命运并不是由于他们自己的过错,但他们对施特莱彻和纳粹极端分子的抵制态度确实过于软弱。犹太人虽在政治上能力有限,但他们拥有财富、职业身份和组织资源。然而面对极端主义者,即便犹太人已经清楚地感觉到了威胁,他们还是无可奈何,这正说明了民主激进主义在本质上的局限性。对于纳粹制造出来的恐怖气氛,不仅德国人采取消极不作为的态度,就连作为纳粹攻击目标本身的犹太人也没能进行抵制。菲尔特的犹太人虽然没有一味逃避,但他们也不愿意直面现实,并采取相应的行动。他们没有具备足够影响力的领袖人物,又缺乏共同目标意识。他们对施特莱彻和纳粹主义的抵制最终都向着息事宁人的方向发展。在20世纪30年代的德国,"同化"本身就是对敌人的妥协。

基辛格在所有的著作中都会遇到一个难题,就是给"领导力"下定义。基辛格经常习惯于把"领导力"表述为"政治能力",而亲身经历告诉他,这种能力正是20世纪30年代的犹太人所缺乏的。在分析历史上那些伟大的领袖时,基辛格习惯于假设民主社会的公民都没有能力去发现他们所处的社会所存在的巨大威胁,也没有能力对此做出反应;所以他们需要有足够力量的人带领他们,及时采取统一的、有效的行动。这是基辛格早年研究 19 世纪初期欧洲政坛风云人物克莱门斯·冯·梅特涅亲王和卡斯特尔雷子爵时得出的结论：

> 政治领袖就如同古典戏剧里的英雄，他们能够预见未来，却无法直接将自己的见地传输给他们的子民，也无法证明自己的预测一定会成为事实。一个民族想要学习，只能通过以往的经验；只有当事情发生，一切为时已晚的时候，所有人才会幡然醒悟。但是政治领袖必须把自己的直觉当成经验，把自己的推测当成既成的事实，在此基础上采取行动……所有政治领袖必须扮演教育家的角色；他们必须起到桥梁的作用，缩短一个民族的既有经验和他自己的远见先知之间的距离。

在评价奥托·冯·俾斯麦、温斯顿·丘吉尔、查尔斯·戴高乐的时候，基辛格用了几乎一模一样的措辞。基辛格认为，这些人都能够顶住压倒性的反对呼声，为支持自己的人创造新的机会。他们都是主观宏愿和实际成效的主宰者。他还特别提到了俾斯麦："最本质的区别在于，有些人会根据现实去设立自己的目标，而有些人则会让现实跟着自己的目标走。和所有革命家一样，俾斯麦属于后者。他在当下寻找机会，为未来创造激情。"

一战和二战之间，菲尔特、魏玛德国乃至整个欧洲都缺少英雄式的领袖。基辛格年轻时就在著作中提到了领袖的必要性，四十年后，他在回忆录的最后一卷中再次重申了这个话题：

一个领袖的终极任务就是引领整个社会从当下走向前所未有的新阶段。这是一条坎坷的道路，路的一头是整个民族的经历，另一头是这个民族将要达到的目的地，这就要求领袖人物必须有足够的强烈的意愿去走完这条路。刚开始的时候他注定是独自一人走在路上，直到整个社会的经验与未来愿景之间的距离被消除。一个不愿冒单打独斗风险的领袖必定会把自己和整个社会带入停滞的境地——两次世界大战之间，很多欧洲的领袖就犯了这样的错误。所以，勇气可能是一个成功的领袖最重要的特质。

根据自己在魏玛时期的经历以及职业生涯中的见闻，基辛格总结说，单凭"常规的选举程序"未必能造就真正的政治领袖。他在自己的著作里为现代民主社会唱了一曲挽歌："领袖们借着民众一时的喜好而粉墨登场。在设立目标时，他们从来没有自己的看法，只知道向自己的智囊团求助。未来在他们眼里只是过去的投影而已。"

根据基辛格的定义，魏玛时期整个国家以及犹太人群体的领导人都并非真正的政治领袖。他们告诉公众的不过是一些老生常谈。这样的民主社会绝对不可能造就真正有勇气的人。勇气和远见都必须在一个单独的、非民主的环境下才能培养出来。

在菲尔特的经历告诉基辛格，民主社会是暴力、谣言和怯懦的温床。和弗洛伊德一样，基辛格意识到，这个社会需要能够调动民众积极性的领袖。在后来的职业生涯中，基辛格便一直在和这样的人物往来，有时他自己也必须充当英雄的角色。

国内流亡

路易斯·基辛格并不是英雄人物。在亨利·基辛格的著作中,他从未把自己的父亲和领导力联系在一起。这也是不争的事实。与英雄人物恰恰相反,路易斯·基辛格在儿子的著作中经常以受害者的形象出现——他受到周遭环境限制,却又无力改变现状。但是亨利·基辛格从来不愿意这样描述自己。他的父亲所代表的是纯良的德国犹太公民群体,他们被赶出自己的家园,栖身于一个陌生的国家,一生都受这种悲剧命运的影响;而他本人则代表着二战时期的一代人,他们在两个不同的社会扎根,但又从某种意义上为两个社会所不容。

纳粹在1933年3月开始执政,此后不久,路易斯·基辛格便面临着被驱逐的命运。当年秋天,他从菲尔特女子学校教师的岗位上被免职。1935年,反犹太人的纽伦堡法案出台,路易斯正式失业,同时也失去了他在德国的社会地位。1935年以后,这位在非教会学院执教20多年的教师,只有在犹太教会学校才能找到工作。他职业生涯中"最快乐的几年"就这样结束了。

纳粹执政初期,基辛格一家和其他犹太家庭一样,还是继续过着自己的生活。他们的自由受到了更大的限制,并且越来越脱离主流社会。菲尔特的纳粹政府在执政后一个月就对犹太人的经商事业进行了抵制,在很大程度上限制了犹太家庭的经济来源。菲尔特地区的经济抵制手段比德国其他地方见效更快,影响更深远。一部分消费者和商人试图对这场抵制视而不见,但它造成的影响太大,又没有人站出来反抗。极端反犹太主义运动已不仅仅是施特莱彻和他手下那群暴徒的个体行为;它已经变成了官方的政策。

娱乐场所也开始实行隔离。菲尔特和周边地区的犹太儿童不能与非犹太儿童一起玩耍。出于需要，亨利·基辛格加入了当地的巴尔·科赫巴体育社团，那是一个犹太复国主义组织，鼓励犹太人自给自足，展示自己的力量。基辛格一家并没有什么复国思想，但是在纳粹的政策限制下，想要让自己的孩子有一些娱乐的机会，他们也只能选择这样的机构。亨利·基辛格的母亲葆拉后来回忆说，那时他们不能参加任何非犹太人组织的活动，这对她的儿子来说是个巨大的伤害。基辛格的童年伙伴梅纳赫姆·莱昂觉得，犹太种族隔离对他来说一直是一个无法愈合的创伤。

在纳粹统治下，所有犹太公民，无论老少，都遭到了驱逐。像路易斯·基辛格这样的正统派犹太教信徒争取并捍卫了数十年的公民身份瞬间化为乌有。改变社会地位、赢得社会尊敬的美好理想在极端反犹太主义的阴云下消失殆尽。民主社会宽容的体系和管理很快蒸发得无影无踪，取而代之的是铺天盖地的仇恨情绪。面对这样的噩梦，路易斯·基辛格和许多与他一样拥有自己的骄傲的德国犹太人显得有些惊慌失措。他已经被那些他无法理解的现象击垮。

德国犹太人，尤其是中弗兰肯地区的犹太人，都在暴力、恐惧、痛苦之中挣扎，同时还要面对德国政府对他们的驱逐。1934年3月25日，1000多名暴徒对距离菲尔特40英里处的贡岑豪森的一小批犹太居民发起了攻击。镇上184名犹太人的店铺、住所和个人财产受到袭击；暴徒们还叫嚣着"犹太人滚出去！"他们把35名犹太居民拉到监狱里，对他们拳打脚踢，造成两名犹太人死亡，其中一人是被勒死的，另一人是被捅5刀后身亡。施暴的男男女女甚至还为自己的暴行庆祝。而当地政府没有采取任何措施阻止。最后这场暴动的始作俑者也不过是被象征性地关押了不到一年的时间。

整个巴伐利亚地区最疯狂的反犹暴力行动，除了1938年11月9日—10日的水晶之夜（译者注：是指1938年11月9日至10日凌晨，希特勒青年团、盖世太保和党卫军袭击德国和奥地利的犹太人的事件，标志着纳粹对犹太人有组织的屠杀的开始），就要数贡岑豪森的"类中世纪计划"了。这场暴动就发生在离菲尔特不远的地方，基辛格一家和邻近的其他犹太家庭都感觉到了危险。在纳粹鼓动的反犹暴力行动面前，德国社会所有的文明与法制都显得比纸还要单薄。自我保护有时需要封闭自己的精神，因此许多人都会不可避免地对自己邻居的动机产生怀疑，而实际上这种情况还不在少数。

基辛格十多岁的时候就已将受驱逐看作是一件理所当然的事。他回忆说，他的父母比他更难接受这个事实。1938年以前，反犹太主义暴力行动还并不多见，犹太民族非常团结。"那时候虽然我们的日子已经过得不怎么愉快了，但暴力事件还是比较少见的。"基辛格回忆说。不愉快是因为整个社会对犹太民族的仇恨造成的，而且也带来了一定损失。"希特勒青年团的孩子可以在大街上随便殴打犹太人，但也不普遍。这样的事确实让人不舒服，但是处在我当时那个年纪，你倒也不会受到太大的影响。"基辛格还记得少年时期在菲尔特的快乐岁月，但是那些不知名的"希特勒青年团"成员以及极端暴力行动都给他的快乐蒙上了一层危险的阴影。

这种危险气息让基辛格最亲近的家人感到非常痛苦，尤其是他的外祖父母。福克和法妮·施特恩住在洛伊特尔斯豪森村落中心地区最好的房子里，他们的家距离菲尔特大约50英里。和许多住在郊区的正统教派犹太人一样,福克·施特恩经营着牛肉生意。他从自己的祖父手里继承了这份产业,到了20世纪初,基辛格家族已经积累了不少财富,而且在那个新教徒占绝大多数的区域非常受人尊敬。亨利·基辛格常去外祖父母家,他很享受那种舒适的、世外桃源般的感觉。虽然洛伊特尔斯豪森纳粹主义思想盛行,施特恩一家还是成功地让自己的家族免受反犹太主义行动的威胁,要是换作是在人口相对稠密的菲尔特,他们便很难幸免于难了。

即便是财富和社会地位也不能阻挡暴力的侵袭。洛伊特尔斯豪森地区狂热的反犹太主义情绪高涨,在著名的水晶之夜到来之前,当地的纳粹党人就按捺不住了。1938年10月16日,也就是水晶之夜前3周,当地居民对犹太教堂发起了袭击,还砸坏了许多犹太人家里的窗子,福克和法妮也难逃厄运。当时施特恩家里正好有位年轻的访客,他还记得当时基辛格的外祖父怒不可遏,决定抛下洛伊特尔斯豪森的住所和产业,立刻迁往别处。于是这位富有的德国商人背井离乡,逃到了菲尔特。7个月后,在精神压力的折磨下,福克·施特恩去世了。法妮·施特恩被纳粹驱赶到波兰的伊兹比卡,关押在那里的犹太人最终都将被送往贝尔赛克灭绝营。法妮再也没有回来。

基辛格10岁以前是魏玛共和国时代,魏玛民主的软弱是他亲眼所见;随后政权又落到了纳粹手里,他在纳粹统治下生活了5年,充分感受到了文明社会潜在的大规模暴力和极端主义威胁。贡岑豪森和洛伊特尔斯豪森的暴力事件,以及"希特勒青年团"在菲尔特大街上的所作所为,都充分证明了大规模行动的破坏力。攻击犹太人的人群并不直接受纳粹领导人的指挥,他们会自行掌握政治和社会的动向,并朝着扩大行动规模的方向行事。这种大众化、草根化的政治手段是纳粹最擅长的,20世纪30年代,基辛格平生第一次经历这样的事件,他的心里便埋下了恐惧的种子,而且这种对大规模暴力行动的恐惧感贯穿了他的整个职业生涯。

不管是生活在德国的时候,还是来到美国之后,基辛格一直根深蒂固地认为自己是个局外人,这不仅仅是因为他是犹太人,更因为他无法信任大众。所以他的内心永远都处于一种流亡的状态,总是怀疑敌人就在自己周围。纳粹统治时期,由于暴力行为太过普遍,所以那代人都有一种强烈的自我保护意识,毕竟他们亲眼看到许多普通公民也轻易加入了暴徒的行列。因此,对于那些忽略了大规模武装力量的理想主义学说,基辛格一向嗤之以鼻。他对待这个问题的态度与同时期的不少观察员不谋而合,但这个态度又与美国民众期望休战的心理背道而驰。在德国纳粹统治之下的人生经历告诉基辛格,暴力永远是国际和国内政治的一部分。

逃亡纽约

亨利·基辛格与父母和弟弟瓦特于1938年8月20日逃离德国，躲过了不久之后在洛伊特尔斯豪森发生的悲剧。和许多难民一样，他们依靠一位美国亲戚的接济来维持生活。在伦敦短暂停留后，9月初，基辛格一家来到了纽约。他们在华盛顿高地租了一间小公寓，公寓位于地势崎岖狭窄的曼哈顿岛最北沿，靠近布朗克斯，离城市中心商业地带很远。比起菲尔特的住所，他们的新家显得有些拥挤不堪，基辛格记得当时他都没有属于自己的柜子，所以毫无隐私可言。60年后再次回到当年的住处，他都无法相信那是自己曾经居住过的地方。

华盛顿高地并不是纽约的主流区域。基辛格刚到美国时一句英语都不会说，但是他所生活的地区绝大多数都是德国籍的犹太移民，他们听说读写用的都是德语，所以不会英语对基辛格并没有太大影响。华盛顿高地的特别之处在于，它比纽约其他任何地区都更像菲尔特。20世纪40年代初，已有20000多德国人在此定居，其中大部分是犹太难民。他们的人数在华盛顿高地虽不占多数，但这个群体辨识度高，并且一直在慢慢扩大，因此也获得了越来越高的社会关注度。德国犹太人之间非常团结，因为他们都与德国南部，尤其是菲尔特这样的小城镇，有着千丝万缕的联系。对于一个在中弗兰肯地区长大的年轻人来说，华盛顿高地的生活方式是很容易接受的。从这种意义上来说，基辛格坚持认为自己刚到美国时日子并不难过，他倒是一点没说错："所有的书里都说那时我生活得很痛苦……其实不然，那都是胡说八道。"

但是搬离德国对基辛格的父亲来说确实是一种折磨。他不仅失去了自己的事业和社会地位，就连作为一个父亲的权威也保不住了。和许多男性移民一样，路易斯·基辛格来到这个陌生的国家后，发现这里截然不同的社会经济文化环境让他一时难以消化。没有了传统的德国文化做靠山，他无法通过工作、教化和发展社会关系来维护自己的权威，而在菲尔特，家庭的教育以及社会关系都需要他来维持。路易斯觉得菲尔特的岁月是他一生中"最快乐的时候"，这说明他非常渴望身份认同与权威地位，但这一切都随着家庭的迁居而丧失殆尽。对于父亲在家庭中的分量减轻一事，亨利·基辛格并没有直接置评，但他承认，在纽约找不到工作确实会让人心灰意冷。基辛格曾在回忆录中引用过他父亲的一封信，这封信混杂着失望和自责的情绪："我知道这个国家的情况与德国不同了，像我这个年龄的人在这里几乎看不到什么未来的希望，所以我已经没有余力像过去那样去引导你们(亨利和弟弟瓦特)的人生了。但是我作任何决定都会以你们的前途为重。"

为了给家庭增加些收入，基辛格的母亲葆拉找了些家政方面的活干。亨利在一家清洗厂找了份工作，他的弟弟瓦特也在搬到美国后不久开始外出打工。整个家庭都在艰难地适应环境的变化，路易斯的心理落差是最大的。他曾经是家庭的支柱，而搬到美国后，他却成了家里的累赘。

基辛格一家的情况是移民家庭的典型，这说明他们刚到美国的时候很难融入社会。他们还是与德国犹太群体紧密相连，而这个群体也清晰地意识到自己与周边的大环境是脱节的。路易斯找不到工作，又意志消沉，这无疑是件雪上加霜的事。基辛格一家刚到美国的那几年依然过着与外界隔绝的生活，在一个完全陌生的，而且通常还带着敌意的国度，他们的活动范围仅限于居住地周围的一小片区域。美国的暴力行为比纳粹德国要少很多,但在基辛格居住的地区,人们对最近的外来移民还是普遍存在歧视,反犹太主义情绪也比较严重。

基辛格一家焦虑、担忧的情绪和孤立的状态并没有因为移民而得到改善。他们依然游离在社会主流群体之外。他们没有安全感和稳定感。最重要的是,美国的民主政治体制和社会文化并没有给基辛格一家带来直接的好处。亨利和家人偏居在华盛顿高地的小公寓里,干着不起眼的工作,艰难度日,美国的民主离他们很遥远。美国社会的个人主义精神和开拓的特质让路易斯·基辛格这种长期受德国教化理念影响的人感觉无所适从。

美国社会的自由思想会让外来移民觉得很不习惯,同时也让反犹太主义诽谤言论乘虚而入。华盛顿高地受众最广的德语报纸《奥夫堡报》曾在1940年刊登过一篇题为《醒来吧,美国》的报道,这篇报道承认了反犹太主义民主的危险性。报道中引用了纽约议员詹姆斯·M·米德的原话:

> 我们必须和美国国内所存在的偏见、歧视以及误解作斗争……我们最可怕的敌人不是伞兵,不是轰炸机,也不是任何现代战争中的杀伤性武器。如果我们的防御变得很容易被攻破,这说明我们自己的民众内部缺乏宽容、和睦和善意的环境,因此我们的防线也无法得到加强和巩固。

同期《奥夫堡报》还刊登了移民作家托马斯·曼的文章,呼吁保护犹太人的权利,承认犹太人的成就。而在魏玛德国,民主既不能有效打击反犹太主义,又不能为犹太人提供归属感。

基辛格一家借以寻求慰藉的方式也许是与美国主流民主社会最格格不入的，他们选择了正统派犹太教。他们所在的社区至少有5个正统派犹太教堂，还有不少保守派和革新派的教堂，但他们选择的是最传统、最严格，也最独立的教会。哈勒·阿达特·约书亚教堂并不排斥美国主流社会，但它非常反对犹太复国主义之类的政治运动。和基辛格一家在菲尔特加入的教会一样，哈勒·阿达特·约书亚鼓励信徒们在忠诚于犹太宗教律法的同时融入世俗社会。因此这个教会的成员会一方面积极争取作为一个良好的公民而被社会接纳，另一方面又保持着正统派犹太教信徒的显著身份特征。

哈勒·阿达特·约书亚教会确实非常强调成员的犹太身份特征。它是华盛顿高地唯一一个能够形成独立的德国人聚集区的教会组织。这个区域内有一所走读学校，一个青年社会组织（以色列正教），一个犹太法庭，可以提供团体医疗保险和其他服务。哈勒·阿达特·约书亚教会规模相对较小，教会成员背景单一，等级相对分明。它是基辛格一家与美国的外界社会联系的主要纽带。50年后，谈及自己与这一正统派犹太教社区的联系，葆拉·基辛格说："这里是我的归宿；在这里我才能找到我的德国犹太裔的朋友，犹太教教堂和犹太的智者。"

亨利·基辛格在成年后渐渐脱离了这个教会，但初到美国那几年，哈勒·阿达特·约书亚对他的影响是不可避免的，他对美国社会的初步认识也是在教会的那几年形成的。他在乔治·华盛顿高中读过书，又在市立学院的商学院夜校修读了一年的本科课程。对基辛格来说，这些都是非常重要的经历，但是这些经历都无法像教会的日常活动那样给他带来一种家庭的归属感。和在菲尔特时一样，教会是他们躲避反犹太主义迫害、缓解移民带来的焦虑情绪的唯一场所。

　　哈勒·阿达特·约书亚教会是基辛格一家人的精神家园。他们住在美国，却不属于美国。他们生活在一个民主社会，却仍拥有自己独立的、等级分明的社交圈。最重要的是，他们的生活是以宗教集会而非公民社区为核心的。1939年5月，亨利·基辛格就要满16岁了，而美国的新家对于这个年纪的他来说不过是纳粹德国统治之下流亡的延续。移民美国拯救了亨利和他的家庭，但他们却无法很快被美国的民主政治和文化所接纳；相反，华盛顿高地的民主之风只强化了基辛格一家因找不到归属感而产生的焦虑情绪，因此他们被进一步推向了正统派犹太教会的怀抱，与民主社会背道而驰。

　　亨利·基辛格原本就并不赞同大众民主，而移民经历更加强化了他的这种观念。许多和他一样经历过魏玛共和国灭亡、遭受过纳粹迫害，并逃往大西洋彼岸的人都和他持相同的观点。20世纪30年代，被"终身流放"的犹太人即将开启美国社会、公共政策和全球政治的新篇章。

回忆、情感和政治

亨利·基辛格曾不止一次地否认他早年所经历的反犹太主义迫害、暴力袭击和举家逃亡给他后来的发展造成了影响。许多人觉得他必然有过一个伤痕累累的童年,并企图从他的童年经历入手,去理解他的事业和政见,但是基辛格本人非常反对这种方式:"我没有什么不愉快的情绪。其实我当年对周遭发生的一切并不是很明白。一个孩子不会觉得那些事有多重要。现在很流行心理分析法,什么事情都要从心理学角度去解释,但是我要告诉你们,我童年时期所经历的政治迫害不可能控制我的一生。"

基辛格说的当然有道理。若过度关注他的早年经历,而忽视了他后期思想的复杂性,他随时间推移而发生的改变,以及他为大多数精英名流所接受的持续发挥影响力的见解,那么在理解他的政治观点时便很容易失之偏颇。此外,基辛格的观点经常被扣上"移民""反美"和"犹太"的帽子,他对这类中伤会格外敏感,因为这样的言语往往暗示着他的内心深处正蛰伏着某个危险的人格,而这个人格根植于他早年生活的土壤。这也正是基辛格为什么不愿意多谈童年经历的原因。2004 年,他曾回到过家乡菲尔特,那次访问期间,不难看出,他一方面对自己青年时期的家园有着无法割舍的感情,另一方面又渴望能与过去的创伤和羁绊一刀两断。当被问起菲尔特的岁月对他日后的人生产生了怎样的影响时,基辛格并没有明确否认他的早年经历所起到的作用,只是谨慎地说:"你知道我不会回答这个问题的。"他的弟弟也开始提出同样的问题,但基辛格用警告的语气对他说:"你可给了苏里先生好素材了呢。"

基辛格称自己为"政界中人",效忠于这个曾为自己全家提供庇护的国家,而这个国家所追求的理想境界就是弱者得到保护,正义得到伸张。在霍雷肖·阿尔杰的笔下,这是一个灵活、宽容、自由、繁荣的国度。虽然基辛格初来乍到的时候,他眼中的美国并不是阿尔杰所描绘的景象,但他依然想要张开双臂拥抱它。他常常想象自己身处一个大熔炉中,所有外来民族都在这个熔炉中熔炼,最终合化而生成一种全新的世俗文化。从这个角度看,一个人的后期经历比出身重要得多。

　　除了否认痛苦的回忆,这个观点也忽略了政治决策中的情感因素——包括基辛格公认的爱国主义情怀。如果说弗洛伊德过分强调了情感在人类行为中所起到的作用,像基辛格这样自成一派的"现实主义者"则会过分否认它在政策制定时所产生的影响。基辛格的事业发展并不是由他的早期经历决定的,但是他对社会和政治变革的认识确实深受童年遭遇的影响。他的早年经历没有赋予他一套完整的政治哲学思想,但这段经历让基辛格在内忧外患的情况下很难信任民主体制。虽然他不赞同弗洛伊德的心理分析法,但在菲尔特生活的时候,他亲眼看见了弗洛伊德所描述的维也纳居民"侵略和自我毁灭的本能"在自己那帮文明开化的德国同胞身上重现了。20世纪初期的欧洲,大众民主只能沦为暴力、仇恨和虐待的工具,给幸存下来的人造成永久的心理创伤。

　　20世纪30年代向平民政治的拥趸抛出了一系列难以解答的问题。针对民主的焦虑情绪是建立在理性观察的基础上的,同时也与当时人们对待暴力和贫困的态度有着必然的联系。当最发达的资本主义国家陷入经济萧条的时候,你要如何继续相信民主资本主义社会会变得繁荣?当人们纷纷崇尚极端军国主义思想的时候,你要如何继续相信民主社会所宣扬的和平、人道的价值观？当民主国家对侵略行为放弃抵抗的时候，你要如何继续相信民主社会能维持和平和稳定？一部分人还算能说出些道理来支持民主思想，但是现实经历还是把人们的情感向相反的方向牵引。

基辛格们并不反对民主。在一个重视个人权利、经济发展和民众参与的国度，民主似乎是实现社会现代化的唯一途径。基辛格非常珍惜民主社会（魏玛时期的德国和20世纪中叶的美国）给予他全家的机会，但他总有种不祥的预感，觉得整个社会和在这个社会中所取得的成就都有些镜花水月的嫌疑。弗里茨·施特恩对基辛格的观点表示赞同。"我只在纳粹德国生活过5年，但这短短的5年间，我总是被同样一个问题所困扰：潜在的罪恶到底是为什么又是怎样在德国社会变成了现实呢？我的整个职业生涯都在苦苦追寻答案。"

基辛格也被这个问题困扰着，同时他也在思索，领袖们应该采取什么样的行动去遏制和摧毁罪恶。谈到这个问题，他的措辞中流露出了强烈的情感因素。基辛格曾这样回忆二战时期的岁月：

> 二战深刻影响了我对全球政治的认识。有些人觉得他们唯一应该做的就是粉饰太平，我对这些人很难有耐心。我见过世界的阴暗面，我知道罪恶是客观存在的，我明白有些东西你必须努力去捍卫，你不能一味坚持让所有的事情根据你所设想的框架发展。

民主手段听起来是不错，但在肮脏的政治世界里，它们根本起不了作用。基辛格和他那代人都有过这样的体会。不管是作为德国公民还是美国移民，他都过着一种颠沛流离的生活，两个社会都没有完全接纳他；他一直都是一个局外人。基辛格18岁之前,民主确实对社会公平起了一定督促作用,但同时也加速了弗洛伊德所说的人类的自我毁灭。

基辛格本人、他的许多同龄人以及全球部分地区的美国化是在二战期间和战后的几年内完成的。这个时期的美国化不仅仅是民主化的过程,它还标志着国际社会向着军事化、等级化的决定性转变。基辛格敏锐地觉察到了这一变化,并从中获得了益处。有这样认识的不只他一人,相反,整个欧洲和美国都普遍意识到了民主的缺陷。基辛格的事业体现了当时的一种共识("冷战共识"),即民主需要寻找新的资源来弥补自己的不足。

基辛格既不是梅特涅,也不是俾斯麦。他只是大都市里成千上万名在二战后崭露头角的青年中的一员,他们满怀着丘吉尔式的抱负,热衷于武力,具备外交才能,同时又有足够的领导力,能够保证杜绝"道德沦丧助长邪恶之风"的现象。或者,就如乔治·凯南在1945年后对苏联发出的警告中说的:

> 社会的健康和活力起到了很大作用……这就是对内与对外政策交汇的地方。只要我们能找到大胆的、有效的方法解决国内的问题,提高国内民众的自信心与自律精神,改善社会风气,加强团结,那就是对莫斯科的外交胜利,这比召开一千次外交会议都要有用得多。

乔治·凯南和基辛格在后来的工作中有过诸多意见不合之处,但他们两人有一个共同的目标:发挥民主的正面力量,同时防止它走向自我毁灭的深渊。

第二章　大西洋两岸

美国就像一棵树，它的根脉深埋在大西洋底，绵延交错，连接着大洋的两岸。16、17世纪北美成为殖民地，外来的移民与当地的印第安人发生冲突，这一切都起源于欧洲各个帝国的扩张。在大革命之前就已形成的个人自由、社会公平等美国主流政治思想反映了大西洋两岸思想家长期对话的结果。美国的经济也非常依赖于两岸贸易、劳动力和技术的往来。人们常常会忽略，"美国人"这个词本身就意味着欧洲族群与非欧洲族群的身份混合，这种混合从一开始就存在，但也一直在变化。整个美利坚民族的灵魂就是由移民文化来定义的，而美利坚的历史就是一部跨越大西洋的历史。

1941年后的那几年是跨大西洋历史的缩影。在这个时期，两岸社会的相互渗透逐渐加深。富兰克林·罗斯福总统在1940年12月发表演讲支持欧洲抵抗纳粹侵略时，曾预见到这一趋势。他指出，欧洲的抵抗是"民主社会与侵略野心之战的前线"，并呼吁美国提供资源支持欧洲自卫。罗斯福说，为了"保卫我们的文明"，"美国要成为民主国家的兵工厂"。"我们的文明"这一说法暗示着美国和欧洲不仅在对抗纳粹这件事上存在共识，在政治、经济和文化上也有着千丝万缕的联系。1940年年底，罗斯福称美欧已成为命运的共同体。不过，尽管他在演讲时提到了太平洋和大西洋地区所面临的军事威胁，但他并没有将处于日本侵略中的亚洲与美欧联系在一起。罗斯福能够感觉到，这场对抗希特勒的战争必将为大西洋两岸的社会创造出一种全新的、强大的、独特的关系。

日本袭击珍珠港、美国卷入二战之后，这个国家有史以来第一次觉得自己的命运与欧洲的未来是牢牢拴在一起的。总统伍德罗·威尔逊曾让美国介入一战，目的是确保"民主国家的安全"，然而罗斯福要参与的这场战争将会让美国面临更多的流血牺牲和财产损失，其目的是歼灭来自欧洲心脏地带的邪恶势力。罗斯福坚持要求法西斯"无条件投降"："我们不会与法西斯以任何形式、方式或态度进行交易。我们不允许法西斯的任何残余力量继续存在。"欧洲解放是美国自由的先决条件。1945年5月，德国投降，此前很久，许多人就意识到，战后大西洋两岸将发展出一种前所未有的亲密关系。美国为了拯救欧洲大陆如此不惜代价，因此对于日后的欧洲事务，它也无法像以前一样袖手旁观了。

二战加深了美欧在安全、经济和亲缘方面的联系。从美国到英国、法国、意大利、比利时、荷兰，最后到德国战时各国公民之间形成的亲密关系促成了一种共同的使命感。战争的压力也催生了新的友谊，温斯顿·丘吉尔和富兰克林·罗斯福的关系就是最具戏剧性的代表。美国在欧洲驻军也促进了军队人员和当地居民的友好交流，建立婚姻关系的也不在少数。美国人不仅更加熟悉欧洲，并且对欧洲人产生了一种前所未有的认同感。从某种意义上来讲，自美国革命以来便一直存在的"摆脱欧洲，争取独立"的思想被战争和战后重建工作彻底颠覆了。就连曾经对美国海外干预持怀疑态度的人，尤其是密歇根议员阿瑟·范登堡，也非常赞同美国与大西洋对岸的欧洲建立相互依赖的关系。二战消除了大洋两岸的"旧世界"和"新世界"之间的分水岭；美欧两地终于成为"同一个世界"，两块大陆之间的海域反而成了连接它们的桥梁，两岸社会之间的联系达到了前所未有的紧密程度。

国务卿乔治·马歇尔曾发表过著名的演讲，使用了"大西洋两岸的同一世界"的措辞，并呼吁美国人帮助欧洲"重拾对自己的国家和整个欧洲大陆经济发展的信心"。1947年6月，马歇尔在演讲中表示，"美国的任务就是协助欧洲进行战后规划，并对规划的实施提供援助，因为这样做对我们有好处。这一规划必须由欧洲国家共同完成，即便不能让所有国家达成共识，至少也需要得到一部分国家的共同认可"。这就是所谓的马歇尔计划，官方称谓应该是"欧洲复兴计划"，它搭建起了欧洲国家之间广泛合作的初步框架，巩固了大西洋两岸自由资本主义的秩序，并为西欧提供了130亿美元的巨额援建款项，受到援助的国家当中也包括德国和意大利这两个前法西斯主义国家。

这是美国有史以来所提供的单笔金额最为庞大的海外援助。对于一个还在经济萧条和战争创伤中挣扎的民族来说，这样的一笔金额绝不仅仅是一个冷冰冰的数字。整个美国政界都认为这一举动就是对美国自己的价值、文化和文明的保护。美国将自身的繁荣与大西洋彼岸欧洲的繁荣紧紧联系在一起，这不仅仅是出于经济的目的，更是出于基本利益的考量。二战之后，衰败的欧洲若走投无路，便很可能会去支持法西斯，或其他与美国自由资本主义对立的政治力量，这样一来，美国政治体系的物质基础将被摧毁，人们对它的道德体系的信任也将土崩瓦解。1947年6月，乔治·凯南给美国人敲响了警钟，让人们意识到，没有欧洲的复兴，美国的未来也将一片黯淡："今天的美国在世界舞台上可谓茕茕孑立，周围危机四伏。我们的友邦在为我们的共同目标斗争的过程中已经耗尽了所有的财力物力。而一旦走出这个拥有共同语言和传统的圈子，我们会发现，外面的世界对我们充满了怨恨，甚至敌意。"

大西洋没能将战火阻挡在美国国土之外，同样的，它也无法将两岸的政治意识一分为二。凯南所谓的"共同目标"在二战时期主要是指反法西斯，1945年后，这一概念延伸到了反苏联。在这种地缘政治氛围浓厚的情况下，西欧国家经常会因为马歇尔计划的细节问题而产生冲突，但是他们无一例外地带着感激之情接受了美国的援助，并对大西洋两岸相辅相成的关系表示强烈的赞同。两岸合作的全新文化成了冷战初期的"正面"效应。

亨利·基辛格开始融入美国社会、事业开始起步便是在这个两岸关系产生巨大进展的时期。换了在其他环境下，他很难取得这样的成就。没有欧洲旧秩序的瓦解，没有法西斯的兴起，基辛格一家也不会漂洋过海来到北美大陆。若美国没有被卷入二战，富兰克林·罗斯福没有决定加入反法西斯的战争，这位年轻的德国犹太移民也不可能有机会进入美国的权力机构。更重要的是，如果两岸关系还是处于无足轻重的地位，那么也就不会有人注意到基辛格的外交思想。虽然他经常在自己的著作中提到19世纪的伟人，尤其是梅特涅和俾斯麦，但基辛格的自我意识和事业上的建树都得益于 20 世纪这种全新的跨大西洋共同体的形成。初到美国的时候，基辛格对自己的未来并没有什么长远的规划。引用俾斯麦的话来说，他和其他难民一样，苦苦挣扎，"听着上帝脚步的声音，抓着他衣袍的一角，也仅仅是可以跟着他在漫漫长路上走上几步而已"。

基辛格承认，俾斯麦强调环境和运气的作用，他的观点流露着一种机会主义的色彩。来到美国几十年后，他表示："我的人生非常不寻常，我经历了太多的偶然事件，这些事件都是我完全没办法控制的。"他并没有独立于自己所生存的环境之外，以一个"旁观者"的角度去看待它；正相反，基辛格是他的时代的产物。他的才智并非与生俱来，而是得益于他对周遭环境变化的感知能力以及对这种能力的运用。这也是基辛格给政治和外交下定义的根据。他再一次提到了俾斯麦："对机会主义的合理运用是政治家最重要的能力。每个希望影响时代的人在一定程度上都必须是机会主义者。最本质的区别在于，有些人根据现实来改变自己的目标，而有些人根据自己的目标重塑现实。俾斯麦便会在当下寻找机会，同时从未来寻找激情。"

20 世纪大西洋两岸的紧密联系为基辛格创造了非常重要的机遇，也成就了他未来观点的核心。基辛格的父辈在德国长成，又在逃亡中被边缘化，而基辛格这样的年青一代难民与他们的父辈完全不同，在大西洋两岸的交流过程中，他们可以充当翻译的角色，借此为自己争取到一席之地。除了语言方面的天然优势之外，他们也起到了桥梁作用，因为两岸的文化背景在他们身上融合，所以他们能理解或意会各个社会的基本观念。他们的战场就是用来维护关系、传递讯息、商讨差异的。这一代犹太人在战争时期如种子散落一般播迁到世界各地，却也正因为如此，他们才能将四分五裂的领土重新缝合。

播迁概念在其含义和社会作用方面都带有强烈的犹太气质。犹太人的文化与宗教都自成一派，长年来他们带着自己的物质和精神财富在各个国家间东奔西走，对于其他民族来说，他们早已成了熟悉的陌生人。既然社会不能完全接纳他们，那么为了在这个充满敌意的世界上生存下去，他们开始崇尚多元社会的理念。他们在世人眼中的形象不外乎希伯来小商贩这类登不了所谓大雅之堂的角色，但这个形象也反映了一个事实，迫于大环境的压力，犹太人硬是将他们的边缘化状态扭转成了自己赖以生存的希望。反法西斯斗争和冷战加快了资金、物品和思想通过马歇尔计划及其他援助项目向大西洋彼岸输送的速度。两岸领袖对具备通使之能的人才的需求达到了空前的程度。他们四处寻找"优秀的犹太人"来担任顾问和外交官员。

年龄、环境、才干和运气让基辛格有幸成了"优秀的犹太人"中的一员。他拥有菲尔特和华盛顿高地两处的生存经历，因此他在二战中脱颖而出，成了为大西洋两岸牵线搭桥的人物，在全球纷争之下满足了国家间日益强烈的交流需求。在军队反情报部门工作的时候，他就已意识到自己应该扮演怎样的角色。他的工作就是搜寻前纳粹的据点，协助美国军队促使德国社会转型。有学说认为民族认同感必须在民族本土形成，但基辛格的情况却恰恰相反。他是在回到欧洲，以德裔美国人的身份占领德国后才完成美国化的。基辛格作为美国人的自我意识并非出自凭空想象，而是在战争和战后重建过程中形成的。带有强烈军事色彩的跨大西洋运动让基辛格和其他众多"优秀的犹太人"的美国人身份得到了认同。二战拓宽了美利坚民族在地理意义上的内涵，同时也提升了跨大西洋交流理念在国内权威研究机构中的影响力。

由于基辛格具有在大西洋两岸生活的经历,因此美国社会对他的定义不仅仅是一个爱国主义者,1945年,政界也认为,凭借这样的背景,他的职位理应得到提升。在迁居美国不到15年(当时他还不满30岁)的时候,基辛格就已经接管了被美军占领的两个德国重镇,他给军官们讲授国际事务的知识,协助白宫规划德国未来蓝图,并就亚洲共产主义一事向国务院提供建议。在处理这一切事务的时候,以及在他未来的职业生涯中,他总是能够将不同社会的利益放到全球的大背景下去考虑,并找到它们的共同之处。虽然那时他还非常年轻,但他已经懂得如何从欧洲外交历史中吸取经验,为美国维护自己的海外利益提供参考,并在制定外交政策时提前预见到一些不可避免的弊端。基辛格觉得自己就像一个胸中有丘壑的先知,正在与一个缺乏阅历的国家对话。

许多人都非常钦佩基辛格在跨大西洋交流方面的智慧,但是和其他移民一样,基辛格还是没有被美国精英阶层的知识分子所完全接受。虽然人们对他的关注度很高,但他依然摆脱不了局外人的身份。从这个角度来讲,他的德国犹太人的背景既是一笔财富,又是一种累赘。20世纪中期大西洋两岸的关系发展同时提升并限制了基辛格的事业高度。它不仅仅是一个战略概念或是一个国家归属感的标志,也是基辛格人格身份的基础。

融入美国

二战把基辛格从舒服的环境中拽出来,扔到了异邦的土地上。1943年,基辛格在美国应征入伍,第一次离开自己的家,离开犹太的生活圈和德国的同胞。对于这个刚满20岁的年轻人来说,这是一个艰难的转变。后来他自己也承认,"我曾是纳粹统治下的犹太人,接着又成了流亡到美国的难民,后来又成了美国军队里的普通士兵,这些都不是什么鼓舞人心的经历"。

基辛格是在美国南部的腹地——南卡罗莱纳的斯帕坦堡接受训练的。他们的营地距离华盛顿高地有700多英里,在人员构成方面便更加相去甚远。军队里的白人男性来自全国各地,但其中很少有德裔和犹太裔。不少人来自中西部地区,后来基辛格把这些人称作"中心地区的美国人"。这是基辛格第一次近距离接触到这么多元化的群体。他回忆说,"我学到的东西太多太多了。"

基辛格在菲尔特和华盛顿高地的生活经历有着一个明显的分水岭,在菲尔特时,他抱着入世的态度生活;而在华盛顿高地,宗教信仰成了他的精神寄托。而军队的训练让这道分水岭渐渐淡化了。每天他都和一群人一起演习,一起在食堂大厅用餐,一起参加娱乐活动;他的原生家庭的生活节奏即便是在历尽流亡的艰辛后都没能被打乱,如今这种节奏却开始渐渐离他远去。犹太人的安息日和节日在军队都并不受重视,以家庭和教会为中心的犹太生活模式就这样被粗暴地打破了。举个最简单的例子,军队食堂根本不会遵从任何宗教饮食禁忌,原本中规中矩的犹太青年们也只能把"山姆大叔"供应的火腿硬着头皮吞下去。

饮食习惯只是这一巨大变化的冰山一角。和其他宗教少数派一样，正统派犹太人很快就显露出了与主流社会的诸多不同之处，但他们的种种特征最终都被崇尚统一的军队生活所淹没。每个成员都遵守着同样的惯例，穿着同样的制服，在同一个餐厅吃着同样的食物。军队训练拉近了不同成员之间的关系。在那种独裁式的环境下，来自不同种族、不同宗教背景的年轻人组合成了美国军队的整体形象。

20世纪中期，许多国家的军队都充当了学校的角色。基辛格和他的战友们都意识到了这一点。基辛格回忆说，虽然他非常想念家乡，但军队对他来说有更重要的作用，它让基辛格第一次觉得自己像个真正的美国人了。"这是一个美国化的过程，"基辛格说，"这是我第一次离开德国犹太同胞。军队给了我自信。"基辛格的弟弟瓦特也在部队服役，他回忆说，军队"为我们打开了一扇通往新世界的大门，那是我们的父母无法给予也无法理解的感受"。

军队的经历不仅能改变身份，它还为这些初来乍到的移民在美国社会争取了一席之地，让他们成了合法的美国公民。1943年3月，经过了6周的军队生活，基辛格终于融入了美国社会。60年后回忆往事，基辛格仍觉得这段时间对自己具有非凡的意义。他避开了克罗夫特营地猖獗的反犹太主义情绪不谈，只总结道："在那里，我从来都不觉得自己是个外国人……在部队的时候我觉得自己的口音都消失了。"每个听到基辛格原话的人都会意识到，这不过是他一厢情愿的夸张说法，毕竟当年和他一起训练的人多数来自美国南部，受美国南方文化的影响。军队不可能彻底消除偏见和不安，但它确实让外来的移民在美国社会找到了归属感。

犹太军人在军队中的位置还是充满了矛盾。在法律和制度上，美国政府对他们的公民身份给予了前所未有的认可。在反法西斯斗争中，他们也在为了"他们的国家"而战。然而即便如此，犹太人还是会因为与主流社会的差异而显得孤立。虽然在军营经历了统一化的生活，他们的言行举止还是与其他人不同。因为军营里的犹太人来自全国各地，因此，他们的数量可能比除了纽约以外的其他许多城市都要多。虽然他们为了融入美国付出了诸多努力，但他们依然游离于主流社会之外。

二战期间在美国服役的犹太人共有55万人。他们越来越清晰地认识到自己拥有美国人和犹太人的双重身份。其他民族的公民都很感谢犹太人在战时为美国所做出的贡献，但同时，在他们眼里，犹太民族却也显得更加特殊。参加战斗的犹太人那么多，即使先前从未与他们有过接触的人此时也无法否认他们的存在；然而从军营到战场，犹太文化和宗教的特殊性也相应地通过祷告、饮食和言语一一显露。一位历史学家曾说过："对于犹太军人来说，二战就是一场矛盾的经历，相似中带着差异，融合中带着排斥，惯例中带着例外，灾难中又带着胜利。"

许多有些见地的美国人都意识到了这样的矛盾，并着力支持政府所主导的"犹太基督"运动来化解这种矛盾。1942年，基辛格未来的哈佛导师之一——卡尔·弗里德里希呼吁人们保护即将消亡的"犹太基督世界文化——一个依然苦苦挣扎试图建立万国之邦的文化"。弗里德里希本人并不是犹太人。他把民主社会的稳定与"犹太基督伦理观"联系在一起。他认为，反犹太主义，尤其是纳粹主义这种极端的反犹太思想破坏了文明和民主，因为这种思想反对"犹太人以个人或群体的名义参与对未来的建设"。要保护基督教教义，就必须保护犹太人和犹太的思想。

弗里德里希的言论认可了犹太人在反法西斯斗争中所起到的作用。

他呼吁人们树立起"对统一的民主战线力量的共同信仰"。他所说的共同信仰强调个人权利、一神论以及美国人是"上帝选民"的观念。除了重塑人们的价值观外，犹太基督文化也让犹太人和非犹太人有充分的理由在海军训练营里聚到一起。

弗里德里希和其他学者用普救派的观点来呼吁公众保护犹太基督的传统。他们想象着会出现一个单一的世界政府，它会宣扬一种统一的价值观，并用它来指引人们的行为。弗里德里希认为，这就需要"人类的伦理和宗教信仰重新觉醒。那些认可人类尊严的世界性宗教会发掘出新人道主义道德标准的共同基础，这一世界范围内的共同基础也得到了犹太人的认可，也正是犹太先知首先表达了对世界性宗教的渴望"。

犹太基督观念促进了跨大西洋共同体的成形。弗里德里希和其他学者所提到的"伟大的世界性宗教"就是基督教和犹太教——这是大西洋两岸影响力最广的两个宗教，也是二战期间矛盾最深的宗教。"犹太基督"一词明确将伊斯兰教、佛教、印度教和其他跨大西洋共同体以外的主要宗教排除在外。像弗里德里希这样的移民知识分子为犹太基督观念提出了充分的存在理由，因为它反映了他们自己的美欧双重社会背景。基辛格这样更年轻的移民则因此在主流社会获得了更多机会。

跨大西洋共同体的建设让更多犹太人走进了大学、公司和军营。它明确声明，在经济、文化和军事圈排挤犹太人的种种反犹太主义行为是不合法的，从而让犹太人"重见天日"。美国政府曾一度用过"希伯来"这个词来指代犹太民族，但是在犹太基督文化环境下，"犹太人"这个表述终于被公众所接受，它强调的是一种流动的文化，而不单单是一个原始的种族。对于美国来说，面对法西斯等一系列的对抗势力，欧洲国家的多民族社会体系中不能少了犹太人的席位。

犹太基督文化将来自华盛顿高地贫困地区的移民和其他美国白人联系在一起,因为他们在美国南部共同经历过军营生活,他们拥有共同的信仰和目标,即消灭法西斯。美国军事机构在各地强制推广犹太基督文化,就是为了加强团结,增强战斗力。他们也用这个概念来说明为什么要与一个西方文明共同的敌人作战。美国军队强调他们主张保护犹太基督价值观,抵制反犹太主义对民主信仰所构成的威胁,并借此说明自己与纳粹德国的区别。美国军队及其相关机构正式宣布反对反犹太主义,并认定纵容这种偏见相当于变相支持敌人。

美国军事机构效率很高,很快就建立了犹太基督合作的基础。1943年2月,也就是基辛格来到军营的那个月,军方决定将新教、天主教和犹太教军队牧师的培训整合到一起。整合之后,牧师们很快就能共同为军队成员提供宗教服务了。军队里犹太牧师的数量陡然攀升,他们会在非宗教的场合与非犹太人交流。军队鼓励发展犹太牧师,以满足犹太观察员的宗教需求,并提倡犹太人和非犹太人共同庆祝著名的犹太节日逾越节。犹太教与新教和基督教牧师一起出席不知名的士兵的葬礼,信仰这三种宗教的牧师都可以用英语、拉丁语和希伯来语做祷告。军队顶着战争和死亡的压力,保卫了犹太基督共同的文化遗产。

一些军人认为这些崇尚信仰多元化的活动只是对宗教的表面接纳,对于三大信仰之间的巨大差异则避而不谈。这种反对意见不无道理,尤其是考虑到政策背后的真实目的。尽管如此,美国军队推行犹太基督文化的举措取得了非常明显的效果。多元化宗教保留了犹太教的特征,但同时也拉近了犹太人和其他少数民族的距离。它创造了一个开放的、世界性的宗教活动模式，同时又把宗教与美国的全球目标联系在一起。犹太基督军事信条还培养了跨大西洋区域各国相辅相成的意识，这一点常常为人们所忽略。如果说新教、天主教和犹太教共同组成了民主文明的基础，那么西欧和北美地区对这些宗教的保护就变得非常重要了。如果大西洋两岸犹太基督文化的根基遭到破坏，那么二战期间及战后那几年它在美国所取得的成果最终将会失去。犹太基督文明的土壤原本就横跨了大西洋两岸。

正如教化理念让犹太人在魏玛德国找到了归属感，1941年后，犹太基督文化也让犹太移民在一定程度上融入了美国社会。这样的文化首先在军队推行，而后美国社会的教育开始与宗教信仰分离。宗教不再仅仅和礼仪、社交圈及传统有关，犹太人可以通过个人主义、社会流动性和国家制度来定义宗教，从而让自己被美国社会所接纳。战时可以祈祷美国获胜，和平时期又祈祷国家繁荣，宗教的作用开始发生转变。它对跨大西洋文化背景的需求上升到了国家的层面，年轻犹太移民也终于找到了弱化自己异国形象的方法，从而在美国找到归属感。

和许多正统派犹太青年一样，在军队里，基辛格脱离了宗教的条条框框，但是他从来都没有拒绝过犹太教。他承认自己的世俗犹太人身份，所以他得以在二战时期融入犹太基督文化。他在军营的"美国化"就是这样的一个过程。基辛格将美国的民族特性定义为一种平民宗教，它包含了许多犹太思想的元素。它强调"激励机制重于架构"，并"歌颂一种普世的人格形象，提倡不计较个人以往的经历、地域以及其他无法改变的客观因素"。基辛格一针见血地指出，美国倾向于将信仰置于理性分析之上。但同时他也认为，美国拒绝受历史约束，坚持追求革新，这让美国人的生活方式变得更有尊严，甚至更加美好。

一种"上天赋予美国使命"的观念让基辛格与这个他后来入籍的国家更加紧密地联系在了一起。这个使命不仅符合世俗化的犹太宗教观念，也被强制赋予了关于某些与信仰有关的意味。对于20世纪中期成年的美国人来说，他们的民族认同感与犹太基督信仰密不可分。主流社会留给正统派犹太教的空间非常有限，同样的，无神论、一神论和其他违背跨大西洋文化的宗教信仰也基本没有立足之地。战后世俗主义思想、犹太基督教和移民世界文化融合的大环境造就了全新的美国人群体。亨利·基辛格从华盛顿高地到军营的旅程就标志着20世纪中期犹太主义和美国民族认同在跨大西洋文化环境下的转变。

战时也有一些非裔美国人在被隔离出来的军事单位服役，并且也参加了战争；这些人群也形成了一个圈子，但美国民族认同范围的扩大并没有直接让这个圈子受益。犹太基督价值观把犹太人归到了"白人"一类，而这样的分类依然受种族主义思想的影响。跨大西洋文明延续了对非裔和其他非欧洲裔的歧视。与美国通力合作过的欧洲国家中有几个老牌殖民帝国，这些殖民帝国建立的基础就是对黑人的歧视。从某种意义上来说，犹太基督文化的形成本身就是基于一种团结欧美族群而排斥非欧洲族群的心理。

这种排斥心理说明，美国民族认同范围的扩大还是受到了种族主义思想的局限。像基辛格这样的犹太青年获得了新的工作机会，但是与他们同龄的非裔美国人还是被拒之门外。更重要的是，犹太人的社会地位渐渐上升，在军营中，他们与非犹太人的关系得到发展的同时，他们与非裔美国人也拉开了距离。这是历史学家常常忽略的事实。应征入伍的犹太青年很快就从原先封闭的德国犹太人圈子里走了出来,融入了更加广阔的犹太基督文化圈。基辛格只是其中的一员。在走出德国犹太社交圈的过程中,基辛格也没有正式地与任何非裔美国人打过交道。基辛格的事业发展也反映了20世纪中期种族歧视与民族多元化并存的状态。虽然这样的状况在后期有所改观,他依然与美国有色人种的圈子保持着距离。和许多同龄人一样,对基辛格来说,与非裔美国人群保持距离是他融入海纳百川的美国社会的必要条件。所以,他对于少数民族的呼声和艰难处境表现出的麻木态度便也不足为奇了。

虽然1945年前后犹太人的处境相对比非裔美国人要好,但是我们也不能过高地估计犹太人在主流社会的地位。二战虽打击了反犹太主义思想,但它无法消除犹太歧视的各种细枝末节。基辛格这样的犹太人虽然看到了职业发展的新机会,但同时也还是遭到了各种限制。犹太基督信仰的拥护者们不希望看到各种宗教的融合与统一。犹太人与基督文明的关系越来越密切,却永远都不可能成为一个完完全全的基督徒。虽然他们也为打败法西斯、重建和平世界做出了不小的贡献,但他们的贡献一般都来自社会的边缘而并非中心。即便是在卡尔·弗里德里希的作品中,犹太基督文化还是以基督教精神为主导的。

犹太基督文化的兴起虽给基辛格带来了好处,但他也清楚地感觉到了它的局限性。虽然他本人表示,在军营里他从不觉得自己是个外国人,但认识基辛格的人都知道,其他人经常会给他取一些带有反犹太主义色彩的绰号,而且有时针对犹太人的一些排斥行为是获得政府许可的,这给基辛格带来了不少困扰。其中最值得一提的就是基辛格申请参加军医培训时所遭受的不公平待遇。虽然他在部队的成绩非常优秀,又有天才的名号，但他却没有资格当军医。部队只给了犹太人有限的名额，而非犹太人的机会就要多得多。也许正如一位作家所说，在军方眼里，基辛格们还不够"美国化"，这种偏见让他很是痛苦。军方认为，让犹太人去冲锋陷阵比让他们穿着白大褂和药物打交道要合理多了。

纵观基辛格的部队经历和后来的职业生涯，很少有证据能证明他曾被主流社会所接受。人们都尊重他的才干和努力，但很少会把他当成自己这个群体的一员。成名后的基辛格也依然只是一个能引起他人好奇心的人物，却并没有被归入精英群体。他低沉的嗓音、德国式的做派以及学究气的性情都让他显得与众不同。他会用幽默来化解这种不和谐，但他善于自嘲的智慧却又恰恰凸显了一个不争的事实：他游离于这个群体之外。

基辛格冷酷、自我、野心勃勃，这种性格也是他无法融入社会的重要原因。不管如何努力，他的这种特征都难以抹杀，因此他在军队甚至在整个美国社会都显得特立独行。由于二战期间美利坚民族认同的范围扩大，基辛格的背景经历让他多多少少有了局内人的感觉，但是毕竟他的德国犹太人特征还在，所以在本质上，他永远被挡在局外。他永远都不可能像罗伯特·麦克纳马拉等土生土长的美国人那样让这个社会完全接纳自己。他也永远不可能躲过那些指责他不懂美国的反对呼声。最重要的是，他永远不可能像其他人那样在美国找到安全感。

在战时形成的主张建立美国民族认同感的跨大西洋文化，让基辛格这样的人得以在这个国家找到自己的一席之地，或者更确切地说，是为自己的职业生涯找到出路，但这种文化同时也让同样一群人觉得自己在美国没有根基，因此充满不安。这就是基辛格拒绝谈论童年经历的最重要的原因，也是造成他缺乏安全感的根源所在。

回到德国

美国的德国犹太移民经常会发觉自己处于一种非常尴尬的境地。他们受纳粹政府逼迫背井离乡,但这切断不了他们与德国之间的联系。"虽然我曾试图把我在纳粹统治下6年的生活经历从我的记忆中抹去,"与基辛格同时代的彼得·盖伊写道,"但我的过去不愿离我而去。"同时期另一位名叫乔治·摩斯的人说:

> 我的过去一直存留在我的自我意识中,无法抹杀,但这才是我所接受的自我。我能清楚地感觉到,我是个幸存者,而我也从未试图改变或克制这种感觉。大屠杀的场面我从未忘却;稍有差池我就可能已经与我的犹太同胞们一样命丧黄泉。我是经历过大屠杀的犹太人中的一员,终我一生,我可能都在试图消化这一让人不敢去回忆的可怕梦魇。

逃亡到美国的犹太移民因为在美欧交往的过程中起到了桥梁的作用,因而为自己赢得了社会的尊重,盖伊和摩斯就是这样的典型。20世纪30年代末,年轻的移民所研究和著书立说的对象距离自己出生的国度确实有些遥远,但是在他们的职业生涯中,他们又绕回到德国,用生动的笔触描写魏玛德国的瓦解、纳粹的壮大以及对犹太人的屠杀。盖伊和摩斯把德国社会的观念、期待和悲剧用美国人能够理解的方式描述出来,他们的讲学和著作影响了成千上万的学生。他们虽然远离母国,但是依然与这个将他们拒之门外的国度保持着无法切断的联系,这是他们成功的基础。

基辛格与他们一样。他认为自己是一个出色的"政界人士",但他的世界观和职业生涯都与那片他所逃离的土地紧紧联系在一起。基辛格不仅仅是一个来自德国的移民,他也是占领和重建这个国家的功臣之一。与盖伊和摩斯一样,基辛格也是因为能够连接起德国和美国社会才获得了事业上的成功。虽然他多多少少受到了美国的同化,但这并没有消除他与母国的联系,反倒从某种程度上更加深化了这种关系。"我参与了美国军队对德国的占领。"基辛格回忆说,"虽说不管是在事实上还是在情感上,我与德国的联系从未被切断,但这种联系是在我参与了占领之后才变得更加明显的。"

纳粹战败以及美国军队在战后对欧洲的占领让基辛格的角色一下子从难民转变成了统治者。根据他自己的描述,他认为这两个角色是互不相干的,但实际上,在每个被美国同化的德国犹太人身上,这两个角色是交织在一起的。1944年年底那几个月,基辛格在美国第84步兵团服役,并因为会说德语而被派到情报部门。很快他就参与了反间谍行动,负责与纳粹沟通,从他们那里获得信息,协助军事占领工作顺利进行。时过境迁,当年从德国出逃的年轻人又回到了他的故土,来惩罚那些曾经驱逐他的人。

这一角色的转变并非出于偶然。战略情报局(简称OSS,中情局的先遣部队)负责人威廉·多诺万向军队和其他军事机构施压,要求提升德国犹太移民的地位,因为他意识到了这些人能够协助美国完成对德国的占领。1943年4月,多诺万写信给军队的副参谋长,提议让这些"具备特殊技能的人才"参与到情报工作中来。德国犹太人在应对纳粹方面有着特殊的知识和经验,他们可以预见到纳粹的行动,从而有效地为逮捕工作提供协助。美国军队可以给予德国犹太人充分的信任，因为这些人对纳粹政权充满了憎恨。基辛格和许多德国犹太难民的心态是一样的："我非常期待与德国作战的机会出现，越多越好。"他的仇恨情绪并非针对所有德国人，因为毕竟他自己也是其中一员；但是，他认为，把纳粹赶出德国是他义不容辞的责任。

美国军事机构中，深入参与德国社会研究工作的有一半是像基辛格一样的难民。一位前任德国犹太情报官员说，他们是美军在德国地区一切行动的"支柱力量"。对于美军来说，在这片陌生的土地上，德国犹太人扮演着向导和翻译的角色。德国犹太情报人员了解敌方的社会，他们知道如何让美国政府调整目标。基辛格还记得他是如何凭借自己对"德国等级制度"的直觉来配合美国完成消灭纳粹的目标的。他没有动用大量警力围捕嫌疑人员，而是通过人际互动和社会关系来搜捕纳粹分子。他很好地利用了德国公民的责任感和守法意识，成功地说服他们自首，坦白自己的罪行。

基辛格完美地利用了他对德国人秉性的了解，帮助美国实现了目标。几十年后回忆起来，他依然觉得乐在其中。1945年，他在占领区贴出了告示，称希望本城有"警察工作经验"的人向他报到。真有人来报到时，"我问他以前是干什么工作的，他回答说他曾是一名警察。我又用开玩笑的口气问，国家秘密警察（即盖世太保）？他回答说是。于是我把他关了起来"。这事还没结束。基辛格又利用这个人惯于服从的秉性来搜捕藏匿起来的纳粹分子。"这名盖世太保想将功赎罪，我让他把自己的同事找出来，他还真找着了。我一个人逮捕的纳粹分子比部队其他所有人加起来的都多。"

当然,基辛格的描述中不无夸张的成分,他把自己说得太传神,也把那名盖世太保说得太天真,但他指明了他们这样的年轻军官所起到的至关重要的作用,他们知道如何利用自己对德国社会的了解去帮助华盛顿方面实现目标,这才是重点。在其他地区,由于缺乏像基辛格这样能够起桥梁作用的人物,美国的军事占领遇到了很大的阻力,这更进一步说明了德国犹太难民角色的转变有着怎样重要的价值。他们可以很快进入原先的社会群体,同时又能忠诚不贰地效力于自己的新国家。基辛格在军队中很快便平步青云,说明美国政府已经意识到了他的优势,并打算加以利用。

基辛格在美国驻军中担任情报工作,但没能进入更加高端的战略情报局,这也充分反映了他这一代德国犹太人在二战时期那种夹缝求生的状态。虽然多诺万提倡吸纳更多犹太人到军队中来,但战略情报局毕竟是一个知识分子和精英云集的地方,用一位观察员的话说,这个地方上演的"一半是警匪片桥段,一半是教授级会议"。战略情报局成立于1942年6月,并很快发展为一个半独立的情报帝国,招募了成百上千的情报人员,从事窃听工作,操纵社会舆论,组织秘密行动,对敌人进行基础调查和分析。调查分析是一项比较特殊的工作,其工作人员由人文社科领域的顶尖学者组成,包括威廉·朗格尔、谢尔曼·肯特、查尔斯·金德勒贝格尔以及小阿瑟·施莱辛格。此外,弗朗茨·诺依曼、哈乔·霍尔本、菲利克斯·吉尔伯特和赫伯特·马尔库塞等移民知识分子也参与了德国社会分析工作并做出了重大贡献。多数移民知识分子都是犹太人,但他们都来到了战略情报局。这些人在学术界拥有突出的地位,行为举止是一派儒将风度。不难看出,当时战略情报局可谓群贤毕至。

像基辛格这样没有资历、默默无闻,受教育程度又相对较低的移民是没有资格进入战略情报局的。他被排除在以战略情报局为代表的权力圈之外。基辛格是通过军队的基础演习、实战训练并参与对德占领和管理才得以进入情报部门的。运筹帷幄的角色还远远轮不到他去扮演,他只能奔赴前线,凭借自己的双重社会背景为军队效力。基辛格在反情报部门为自己争取到了一席之地,从而得以接触到一些有助于自己职业发展的人和事,但即便如此,他还是从未完全走出局外人的困境。他不属于战略情报局,算不上绅士特工。虽然德国犹太人难民回到故土后被赋予了前所未有的权力,但他们的身份仍处于一种"中间状态"。他们拥有的权力其实很脆弱。

这就解释了为什么基辛格总是一次次强调占领德国的局限性,却鲜少提及其成就。他们控制了一个战败国,但是师出无名,又缺乏足够的资源,如果得不到当地的协助,美国很难进行管理。美国军队反情报工作一方面着力逮捕前纳粹分子,另一方面又试图引导另一部分前纳粹分子协助他们工作。占领区的军队管理人员很快就意识到,他们不可能把政治界限划分得一清二楚,他们必须和那些他们认为道德败坏的人协商、共存、合作。占领政策肮脏、现实,其间充满妥协与让步。所以基辛格在后来的职业生涯中所奉行的外交政策都带有当时的影子,这也就不足为奇了。因为他觉得,整个世界的运作法则不过就是两害相权取其轻,而且对于那些自认为只要歌功颂德即可的人,基辛格也已经失去了耐心。重建社会、保护自由、维护安全环境——要实现这些目标,他就必须要做出一些委曲求全的决定。

在这样一个道德感模糊的环境下,曾经出于自我保护目的而为纳粹工作的人都陷入了相当糟糕的境地，基辛格对这些人表示了同情甚至怜悯。"这很难解释，"他回忆说，"四处抓人，把人带走，留下他们的妻子在那里哭泣，这种感觉很不好……这些人虽然在纳粹党内担任过职务，但是我所知道的纳粹的那些勾当，他们未必参与过。"和基辛格一起去德国的军队成员说，基辛格对德国人没什么仇恨的感觉。与基辛格一起入伍的拉尔夫·法里斯说，审讯纳粹嫌疑犯时，"他总是保持着公平公正的态度"。法里斯记得，碰到类似的情况，如果其他犹太士兵没能控制好自己的情绪，基辛格会毫不客气地提出来。"我记得有一次，几个以移民身份入伍的军官对待一对平民夫妇的态度有些粗暴。这对夫妇并不是在接受调查，军官们只是需要他们提供一些信息。亨利向这些问话的人吼道：'你们也在这里生活过，你们也被纳粹统治过——你知道纳粹有多残暴！你怎么能用同样的方式对待别人呢？'"

虽然基辛格和他的家人在德国经历过苦难，而后他开始忠于美国，但是他仍然觉得自己与德国之间有着斩不断的羁绊。这种羁绊不仅仅源自他自己的文化背景，也源自他在美国军队中的情报工作者的角色，以及跨大西洋共同体的形成。他很清楚，如果他没有帮助大西洋两岸交流沟通的能力，他不可能在军队反情报部门谋得职位，也不可能有机会回到德国。这是他的"特殊技能"，但这项技能也没能让他跨进战略情报局的大门。美国军事行动范围扩大，占领欧洲大陆的中心又带来了负担，因此基辛格的德国文化背景和他对美国的作用便更受关注。他的语言和文化背景让他在纳粹德国遭到驱逐，但是同样的特征又让他在二战期间的跨大西洋的交流中掌握了有限的权力。与盖伊、摩斯和其他德国犹太难民一样，1945年后基辛格的事业发展靠的就是10年前的那次流亡。

然而矛盾的是,这些犹太移民对于非犹太裔德国人的反犹太暴力行为有仇恨心理,这种仇恨心理也反过来限制了他们原本在美国社会所具备的优势。如果他们把所有"普通"的德国人都视作谴责的对象,那么即使他们对德国社会再了解也没有用。如果只是单纯地想要快意恩仇,那就根本不需要德国犹太人对当地社会和政治环境有多透彻的了解。

相反的,跨大西洋国家间的伙伴关系为基辛格等人开辟了一条通道,让他们能够参与二战期间的对德占领。美德两国间的合作一下子提升了德国难民的地位,年轻的情报官员获益尤其明显,因为对他们来说,两个社会的生活经历都历历在目。为了实现大西洋两岸地区的重建与合作,决策者们需要深入分析两地形势和公众态度。这就要求他们能够理解纳粹统治下的德国公民的心理,甚至是感同身受。基辛格对纳粹政权下的"弱小民族"有一种怜悯心理,这反映了美国政府的需求,也反映了德国犹太人向大西洋彼岸流动的趋势。与美德两国的反犹太主义者合作成了基辛格战后职业生涯的重要内容。

占领德国

1945年春，美军踏上德国领土，但他们并不清楚应该如何占领并重建这个基辛格口中的"支离破碎"的国家。经过几个月的激烈交战，这片广阔的、人口稠密的土地让美军有些筋疲力尽了，但占领并管理这片土地是他们必须要做的工作。他们是一群久经沙场的战士，但他们并不知道如何帮助当地那些缺衣少食、无家可归的居民渡过难关。包括基辛格在内，来到德国的这群年轻人如果离开父母或军队，他们很可能都不知道如何安排好自己的生活。说到重建德国，这群人绝对不是什么好人选。

美国的军事占领让这个被纳粹统治了12年的国家实现了部分民主，但是实现手段充满了实用主义色彩，尽是些临时起意甚至是自相矛盾的举措。这一过程并非一帆风顺，其间挫折不断，比如去纳粹化就从来没在美国管制区一以贯之地推行过。菲卡特尔化现象也在美国的监管下渐渐开始显现出苗头，德国企业集团逐步瓦解。虽然有这些不和谐因素的存在，军事占领总体上还是通过和平安全的共同目标把美国和德国拉到了一起。在基辛格的记忆中，正是美德两国共同的"道德贡献"在战后迅速巩固了大西洋两岸的纽带，让他们这些初出茅庐的美国军人能够与当地民众彼此配合。

基辛格和其他年轻军人很快都意识到了自己肩负着重大的责任。1945年3月，21岁的基辛格被部队任命为克雷菲尔德市的军事行政官员。这个城市大约有20万居民，他们沿莱茵河居住，距离荷兰边境不远。美国军队来到克雷菲尔德时，当地居民都躲进了地下室或燃料库。其实基辛格的上级起初并不认为他是管理这个地区的最佳人选，但他出色的行政能力、政治态度和对于德国社会的了解最终让他获得了青睐,他的德国犹太文化背景再一次帮了他的忙。他具备必要的语言技能,可以和当地民众毫无障碍地交流,与此同时,他的宗教信仰和少数民族身份又能保证他不至于和当地人走得太近。最重要的是,在从事情报工作期间,基辛格已成功地让周围的人相信他能够有效地应对不稳定的环境,轻松面对敌对的人群。1945年4月,基辛格曾乔装成德国居民顺利穿越了敌后战线,从纳粹士兵处成功获得了情报。这一经历让基辛格的能力得到了最充分的展示。为此,他还得到了一枚青铜勋章,作为对他的勇气与智慧的表彰。

作为克雷菲尔德的军事行政官员,基辛格并没有在当地推行任何重大的政治和社会改革措施,但是他知人善任,能够把不同的工作分配给合适的人选,当地的职能部门的日常运作也因此得到了改善。基辛格把供水系统和粮食分配等技术作业交给当地市政府来管理,同时又利用美国军队的资源来保障城市秩序。他对克雷菲尔德的去纳粹化和民主化给予了极大的支持,但他相信,只有恢复了城市基础服务,其他体系才能得以成形。当地政治变革的主导力量应该是德国公民,而不是美国军队。在他看来,美国军队号不准当地社会变革的脉搏;只有克雷菲尔德的民众才知道这个城市的需求,才能循序渐进地推动教育和变革向前发展。

在克雷菲尔德,基辛格也亲眼看到了怯懦与冷酷是如何在民众身上并存的。索尔·帕多瓦也是军队的情报工作人员,他先于基辛格几天来到克雷菲尔德。据他回忆,克雷菲尔德的市民对纳粹政府没有任何正式的抵制,即使在1945年年初,纳粹败局已定的时候,他们也没做出明显的反应。他们都不是纳粹的信徒,他们只是默默地接受了当下的政府。美国驻军占领克雷菲尔德时,市民们又马上站到了美国一边,对新统治者又是一派俯首帖耳的态度。克雷菲尔德市民的所作所为与德国民族特质无关,他们只是想过他们平凡的生活。政治的勇气需要从领袖身上体现,国内也好,国外也好,领袖人物必须有突破环境局限的能力。

除了顺从,克雷菲尔德居民的血液里还藏着冷酷的因子。面对数百万在战争中丧生的犹太人,他们表现得有些麻木不仁。然而冷酷的不仅仅是德国人。解放克雷菲尔德的美国士兵也把仇恨、放纵和暴力带到了当地的民众之中。帕多瓦在回忆美国军队的恐怖行径时说:"战争结束之后,每个国家的军队所作所为几乎都是一样的,这群民主的卫士并没有比共产主义的部队表现得更有道德感。很快德国居民就被他们吓住了,就连我们自己都感到害怕……我们自己也没有安全感。"没有了战场上的束缚,那些四肢还健全的美国大兵马上变成了十恶不赦的无赖。他们酗酒、抢劫,殴打当地居民,遭到他们蹂躏的妇女不计其数。对克雷菲尔德的妇人们来说,纳粹统治的痛苦经历刚刚结束,解放后新一轮的折磨又开始了。克雷菲尔德的街头几乎是怨声载道。"白天我们要是在街上走着,肯定会被当地居民拦下来,大部分情况下拦着我们的是妇女。他们会问我们是不是能讲德语,如果我们说是,那么这群人马上就会围上来,七嘴八舌地诉苦抗议。有一次,一群受到惊吓的妇女问我们,如果晚上有美国兵敲门,她们是不是必须开门。不幸的是,许多妇女就是这么做的。"

作为克雷菲尔德的军事行政官员,基辛格需要应付两类人,一类是当地的德国居民,另一类是美国兵,他们的所作所为与他在魏玛时期见到的如出一辙。在他们身上,人性中的残暴和怯懦展露无遗。克雷菲尔德需要贯彻自上而下的秩序,需要抵制暴力行为的保护措施,更需要能够带领民众走向自治的领袖人物。基辛格在当地部署了武装力量，防止暴力行为一再发生，同时也与当地政府建立了良好的工作关系，推进友好合作，避免冲突。基辛格、美国军队以及新的德国政府与他们选定的盟友联手实施管制，在新生代眼里，他们对法定职权的定义带有家长式甚至是帝国主义的色彩。像基辛格这样经历过魏玛政权、二战和战后重建的人会觉得，这样的手段是不可避免的。在克雷菲尔德和其他地区，美国人与德国人开始了政治力量的重建，以消除对国际和国内暴力行为的恐惧。

基辛格在军中的一位好友兼导师曾表示，"这个21岁的年轻人做事的方式"令他震惊："短短两三天，政府部门就开始重新运作了，这件事亨利办得非常漂亮。他是个奇才，天生就具备一种在困境中找到出路的能力。这个小伙子不过用了3天的时间，就让这个大城市的政府部门重新开始工作了，要知道就在两天前，这里的一切还处于纳粹的统治之下。"

在德国西南部靠近莱茵河与内卡河交汇处的本斯海姆和贝格施特拉瑟县，基辛格也采用了同样的重建方式。这个地区距离他的家乡菲尔特有110英里。虽然本斯海姆只有17000名居民，但人口相对稠密。不远处就是海德尔堡，它是德国的商业核心区域，也是美国军队驻扎的中心地带，本斯海姆的地理位置也因此而显得格外重要。在管理克雷菲尔德取得成功之后，1945年6月，基辛格便被任命为本斯海姆及其周边区域的军事行政官员。

身为军官兼反情报部门的指挥官，基辛格成了"本斯海姆的绝对统治者"。他在当地雇用的秘书回忆说："他非常自信，浑身上下流露出威严的气息，在他的办公室，就连他的美国同伴都不敢把脚跷到他的办公桌上去。"基辛格占用了本斯海姆城外一幢设备齐全的别墅，还有一辆不错的梅赛德斯汽车借以代步,这就更加强化了他高高在上的形象。很快,各种谣言不胫而走,有关于他和德国女人们的绯闻的,也有关于他家的据说是纸醉金迷的晚宴的。一个名叫杰瑞·贝珂郝弗的军官当年曾去拜访过基辛格,他回忆说:"他对他那身官服满意得很。"

　　基辛格沿用了在克雷菲尔德所使用的方式搜捕纳粹军官,同时也极力维持当地秩序,恢复基础服务。他在自己的住处组织社交活动,以便与当地官员、前任警察局长以及其他能够协助重建工作的人建立良好的工作关系。对于常规问题,他强调应找出切实可行的解决方案,杜绝类似于民主化这样的大而空的思想工程。虽然基辛格的存在感已渗透到本斯海姆每一个角落,但他会将每天的日常工作分派给具备一定经验的当地人。在基辛格的领导下,美国军队在重建工作中起到了积极又不失审慎的作用,在总体上进行引导,在实践中允许甚至鼓励因地制宜。美国资源的过度扩张、准备得不充分和公认的军事力量的局限,都意味着美军无法主导德国占领区的日常生活。

　　60年后,回忆起克雷菲尔德和本斯海姆的经历,基辛格说,他当时就敏锐地认识到,与其他所有战败国一样,德国的重建工作必须由内而外地进行。他了解德国社会与生俱来的复杂性,所以他不相信那些身穿制服的理想主义者们能够一举将这片土地净化。等级主义和权威主义在德国根基深厚,因此民主革命必然需要旷日持久的社会和文化变迁。在这种情况下,美国若还想寻求快速又彻底的解决方案——比如战时所要求的"无条件投降"——那么等待着他们的只能是失败和幻灭。正如美国社会无法立刻根除反犹太主义思想,它也不可能让自由主义思想马上在德国扎根。作为一个曾经被迫逃亡海外的难民,返回故土时,基辛格认为自己的目标任务是打败法西斯，重建社会秩序，并将权力交给能够带领德国走向更加自由的未来的人。这一目标并不是什么理想化的口号，在这个目标的实现过程中必然少不了妥协与两害相权的环节。等美国驻军在当地找到了足以胜任管理角色的人物后，基辛格认为，"放任历史顺其自然地发展"的时候就到了。

美国人习惯于发掘变革的机会，因此基辛格这一带着宿命论色彩的言论对美国人来说非常陌生。二战期间回到德国，基辛格看到了现代社会毁灭性的潜质以及社会变革的局限性。1945年，德国战败，但德国人民的文化态度相较纳粹时期并没有什么明显的改变。克雷菲尔德、本斯海姆和其他地方还残留着魏玛时期的思维模式。社会态度发展的滞后实际上恰恰让基辛格和其他德国犹太人能够协助美国军队去分析当地人群的行为习惯。在这样的环境下，战后政治的重点便不是改革了，对基辛格和他的同龄人来说，他们关注的焦点在于领导力——他们要找到合适的领袖，既能压制暴力威胁，又能带领民众走向更宽容、更规范的民主社会。后来基辛格在书中写道："只有下定决心直面形单影只的状态，一个人才能担负起领袖的称号。他不能简单地满足于人云亦云，他必须树立自己的观点，不随大流。"在二战后期的德国，甚至在全球范围内，基辛格和他的同伴都在寻找能够铺就通往民主之路的领袖，然后他们便可以放手，让历史顺其自然地前进。

德国领导力

　　曾经被赶出家园的德国犹太人回到故土，当然希望能够找到合适的领袖，带领同胞创造更加美好的未来。面对外敌，尤其是苏联这种已经企图控制欧洲战后格局的外敌，德国公民需要得到保护。同时，面对两次世界大战带来的军国主义思想和仇恨情绪，他们也需要保护。基辛格是唯一一个意识到德国需要寻找新的政治方向的人，他认为美国可以提供援助，但主导力量还是应该从德国本土寻找。只有这样，重建后的德国才是合法的、顺应民意的。另外，战争后期对美国的物力资源的巨大需求说明美国领袖和群众都不愿也不能对德国实行永久占领。华盛顿希望看到的是德国能尽快成为自己的盟友。

　　了解了克雷菲尔德、本斯海姆和其他遭摧残地区的民众情况，美国观察员开始寻找能将德国带出战后困境的有力领袖。在寻找的过程中，观察员们遇到了一个棘手的问题：大多数符合条件的领袖曾经都是纳粹分子。于是，如何定位这些智慧超越纳粹主义思想之上，知道如何利用德国传统社会和政治秩序的人物，变成了最主要的挑战。整个过程就是将纳粹屠刀下幸存下来的德国"优良"品质逐一复原。

　　基辛格很快便对这一观念表示认同，而弗里茨·克雷默则是最完美地诠释了这一观点的人。克雷默原先是美国军队里的二等兵，后来很快被晋升为中尉。他是典型的德国保守派，在整个国家的现代化进程飞快进行着的时候，他所关注的依然是核心人文价值观的复兴。从着装和行为举止看，克雷默就像是从19世纪走出来的人。他戴着单片眼镜，喜欢穿马靴，讲话有些刻板、拿腔拿调。克雷默不是犹太人，纳粹执政期间，他觉得德国的内在精神被摧毁了,因此,1933年,他搬离了德国,并于1939年来到了美国。珍珠港遭袭后,克雷默应征入伍,并很快在情报部门找到了自己的一席之地。他开设了讲座,为军队士兵分析二战背后最真实的原因,以及纳粹社会的堕落本质,于是他很快就声名鹊起。基辛格记得他曾听过一次这种布道似的讲座,那是在1944年,当时他还没和同伴们奔赴大洋彼岸的战场。"他讲座的题目是战争的道德和政治筹码……克雷默有激情、有学识、有能力,好像他正与每一位听众分别单独交流。于是,我平生第一次给演讲的人写了一封信,告诉他我被感动了。也许这也是我唯一一次给一位演讲者写信,至少我自己不记得我还有过其他类似的举动。几天后,克雷默就来到了我们训练的地方。"

就这样,两人建立起了长达三十多年的友谊,除了比较亲密的家人和亲戚之外,基辛格从未与其他任何人发展过这样深入、这样长久的关系。他回忆说:"我们都是德国难民。我离开德国是迫不得已,但克雷默是自愿的。移民的时候他36岁,我19岁。他有两个博士学位(经济学和法学)。我在夜校读过两年会计学……我们的那次偶遇所催生的友谊为我的整个人生带来了改变。"

在克雷默的帮助下,基辛格进入了反情报部门。不过克雷默最大的影响还是体现在全世界的年轻士兵身上。他有一套自己的观点,认为政治是道德需求的结果,呼吁领袖保护基本的人道自由,并唤起了对西方文明智慧的崇敬心理。从某种角度讲,这可以算是柏拉图式的理想境界,通过一些价值观来定义人类尊严。他的观点也恰好解释了传统的教化理念。两人第一次会面过去60年后,对于保守派的德国朋友给予的道德启示,基辛格表达了他的崇敬之心:

克雷默一生都在与舍本从权之风作斗争。他曾经表示:"知识分子常声称一切都是相对的,世上没有绝对的价值……这种论调带来的结果就是精神空虚。一切皆有可能,一切也皆不可能。""一个人失去信仰,对其个人来讲,最坏的结果并非一切都不信,而是什么都能让他相信。"

西方文明基本价值观的核心是个人主义、法制理念、对财产的尊重以及对一神论("犹太基督")的维护。这些核心价值观巩固了克雷默和基辛格共同的信仰。但是,这样的信仰与民主一样,都是不堪一击的。它是社会智慧积累的结果,但它缺乏成形的体系。克雷默强调人类天生具有被动性和逃避心理。根据这个逻辑,智慧和创造力需要约束和外力推动。他认为,大多关于民主和社会公平的描述都掩盖了它自我放纵和轻率的特性。在战后写给基辛格的一封冗长的书信中,克雷默批评的矛头指向了知识分子:

我们整天坐在办公桌前,各种分析性研究、政策评论和其他文字从我们笔下应运而生,但我们心里清楚,历史并不是由笔端文墨造就的。没错,我们可以为自己所做的一切找到完美的借口,这一字一句难道不都是斗争的武器?但我们也意识到了一个残酷的事实:人们能够如我们所愿接受那些大胆的、富有创造力的政策,不是因为他们在理智上被各种论据说服,而是因为他们的心灵受到了震动。我们坐在这里不是为了宣扬什么新的信仰,而是像律师或教授那样去申辩。我们刻意采用了冰冷枯燥的论述风格,连最后一丝情感的痕迹也被毫不犹豫地抹去。

回顾他们在军队时的经历,克雷默毫不掩饰地对基辛格说:"我们还是二等兵的时候,战争时期的岁月也是美好的,因为那时我们的意识还没有觉醒。"战争是最能唤醒人类意志和理性的。基辛格和其他年轻人带着强烈的情感投入战斗,一心想击败邪恶,重建社会。在克雷默眼里,这就是领袖们必须去付诸实践的行动原则。他们应该忽略当下的诱惑,转而去维护固有的文化价值。他们应该引导自己的公民去追求更高尚的目标。克雷默在衣着、言谈和举止方面都谨遵这一原则,并鼓励基辛格等人在战后的德国寻找遵循同样原则的"伟大人物"。黑暗的纳粹时代过去之后,对权威的定义不再依靠固定的真凭实据作为标准,而是转向了浪漫的精神层面。

在这一观念的宣传过程中,克雷默和基辛格都起了很大作用。1946年4月,受部队调遣,基辛格离开了本斯海姆,来到了美国军队开设的欧洲指挥部情报学院。这个机构地处巴伐利亚南部,坐落在风景如画的奥博阿默高,周围是阿尔卑斯山的葱茏林木。奥博阿默高的地理位置具有战略意义,这一地区最著名的堡垒都在周围,其中不乏声名狼藉的纳粹堡垒,不远处就是奥地利国境。基辛格就是在这里开始与克雷默共事的,两人都担任讲师,为盟军士兵讲授关于德国社会的知识。

基辛格讲授的课程名称是"纳粹国家的结构",他的学生对他们所占领的这片土地知之甚少,于是基辛格再次起到了桥梁式的作用。克雷默在学院中的地位举足轻重,但向士兵们解释德国社会价值观、政治秩序和领导力量的却是比他小好几岁的基辛格。学院的另一名讲师迪克·范·奥斯滕还能记得基辛格授课时的情景："他总能找到巧妙而简单的方式，将复杂的信息有效地传递给学生。虽然他很年轻，但他给我留下了深刻的印象。他并没有多少授课的经验，但他讲得内容很容易被理解。"亨利·罗索夫斯基当时是军队的一名下士，后来成了哈佛大学艺术人文学院的院长。据他回忆，基辛格的学识和威严都让他震惊，在学识上，他表现出了一种超越实际年龄的成熟。"如果我闭上眼睛，"60年后，罗索夫斯基回忆说，"我感觉他的声音还在我耳边回荡。"

那时基辛格只有23岁，他没有大学文凭，但他能为更年长、受教育程度更高的人介绍德国社会。1946年5月底，他从部队退役，以平民讲师的身份正式加入了欧洲指挥部情报学院，一年的薪水是10000美元（当时这是一笔不小的收入）。基辛格争取到这一职位当然要靠他本人出色的能力，但他与弗里茨·克雷默的关系以及美国军队对于熟悉美德两国社会的人才的需求也起到了重要作用。基辛格的德国犹太背景，以及他在克雷菲尔德和本斯海姆的经历，都是宝贵的财富。美国军队和政府都很赞同克雷默的论点，认为确实有必要寻找一位"能人"在占领区域重建西方文明的价值观。欧洲指挥部情报学院的任务就是为实现这一目标而培养人才。战后西方国家需要建立政治秩序和用以抗衡共产主义的防御体系，对于能在这方面贡献力量的德国人，情报学院也会考虑给予他们晋升。

在这样的环境下，奥博阿默高就不仅仅是一个军事占领区了。它地理位置特殊，周围遍布着前纳粹的据点，借这个地方来接触希特勒政府的主要人员是再合适不过了。并非所有被捕的纳粹分子都受到了惩处。经过美国情报机构在行动基地的精心策划，一些纳粹关键人物开始向美国倒戈，并成了美军防御力量的组成部分。奥博阿默高周边地区被成功俘虏的人员中，最著名的是纳粹火箭计划（尤其是V2火箭）的主要领军人物韦恩赫尔·冯·布劳恩。在接下来的20多年内，在美国情报机构的协助下，冯·布劳恩和其他主要的德国火箭专家都为美国导弹计划做出了重要的贡献。克雷默和基辛格并没有直接参与抓捕纳粹军官，但他们都非常了解这些行动，认为这是在重建战后政治格局，而不是在追求短期的民主公平。

在战后西德政治格局重建过程中，贡献最大的要数康拉德·阿登纳，也就是联邦德国的第一任总理。在基辛格和许多人眼中，他就是能够带领德国走出近期噩梦的领袖式人物。二战结束直到20世纪末，即便这位总理已去世多年，基辛格都一直对他保持着深沉的敬意。在这位丰碑式的人物身上，人们可以看到内在精神、传统意识和克雷默所提倡的"伟人"力量的融合。基辛格是唯一一个将这种领袖形象铭记于心的美国人，并亲眼看见了这一形象是如何在这位总理身上真切地体现出来的。观察员们被阿登纳所吸引，并不是因为他所做的事情，而是因为他所代表的一切。在社会与政局极度动荡的年代，阿登纳所带来的传统气息仿佛是给德国和大西洋两岸的国家吃了一颗定心丸。他会建立一个与纳粹和魏玛时期都全然不同的战后新政权。

1945年的阿登纳是前纳粹保守政治的残余分子。阿登纳生于1876年，成人那年，他居住在莱茵兰的天主教社区，距离大都市科隆和小城镇波恩都不远。威廉二世时期，他进入了弗莱堡的一所德国传统大学学习。大学期间，阿登纳热衷学生联谊活动，为日后进入精英社会做准备。毕业后，他当过一小段时间的律师，随后便进入了政界，并成了中央党的杰出人物。中央党有深厚的天主教根基,但同时也吸引了处于上升期的社会阶层,其中就包括路易斯·基辛格。阿登纳和基辛格家族都支持保守的集权政治,它强调公民平等,政治稳定,并主张与西欧社会发展合作的关系。

1917年,阿登纳出任科隆市长,但于1933年被纳粹撤职。在任期间,他采取措施巩固了科隆市民和莱茵河对岸法国居民的联系。在许多莱茵兰居民眼中,这就是德国社会固有的西欧和跨大西洋地区的地理学关系。阿登纳的传记都强调了他长期以来对德国西部地区的亲密态度,以及对影响柏林等地区的普鲁士文化所表现出来的蔑视。在阿登纳看来,莱茵河两岸的合作能够保护科隆地区的德国文化中的开拓精神和天主教特质,与之形成鲜明对比的是德国东部所受的军国主义和新教影响。而基辛格的家乡巴伐利亚在阿登纳的世界观当中占据着非常特殊的地位,因为这个地区与莱茵兰一样,拥有众多天主教徒,并且同样反感普鲁士的统治。和莱茵兰类似,巴伐利亚的地理位置决定了这个地区需要在不同的社会之间寻求平衡。这也解释了为什么基辛格的祖先和其他许多正统派犹太人会在18和19世纪迁居到这个地区。在阿登纳心中,符合现代、文明标准的德国地区并非柏林,而是莱茵兰和巴伐利亚。作为科隆市长,同时也是遭到纳粹驱逐的公民,阿登纳认为当时的政治要务就是以保护西方文明为目的的道德感召。在他看来,德国需要强有力的政治领导力量来阻止国内日益明显的堕落趋势。正因为如此,阿登纳的理念与弗里茨·克雷默和基辛格的思想不谋而合。抛开年龄的差距不谈,他们之间确实存在着许多共同之处。

阿登纳守旧,政治经验丰富,又没有被纳粹同化,这一切都让他成了美国眼中的战后德国领袖的不二人选。战后最初的几个月,阿登纳曾因为他的守旧与固执而为英国驻军机构所不容,但几年后,美国人又再度向阿登纳寻求政治指引。他自律的形象、谨慎的政治态度以及对"优秀"的德国价值观的维护,都与克雷默、基辛格和其他许多人所设定的领袖形象相吻合。一位历史学家曾说过,美军对德国的占领"排斥一切极左和极右的态度,缓慢但持续地推动战后德国向稳定和现代化的民主社会发展"。支离破碎的魏玛政权、战后克雷菲尔德和本斯海姆等地区的混乱秩序以及渐渐浮出水面的来自苏联的威胁,整个社会对这些因素都存在着偏见,而阿登纳也正因为如此才获得了脱颖而出的机会。

阿登纳成立了一个新的政党——基督教民主联盟(CDU),在美国的支持下,这个政党开始掌控西德的政治大局。CDU与美国驻军的结盟并非权益联姻,它体现了对于约束下的社会变革的共同责任,承担这一责任的渠道就是包容的政治理念,例如美国倡导的"犹太基督"理念和德国倡导的"基督民主"理念,这种理念在不同的宗教群体中培养出了共识。驻军官员并不想把宗教信仰和政治割裂开;他们希望在德国领袖的引导下,宗教能够成为社会团结、稳定和进步的根源。阿登纳也反复强调了这一观点,他主张在全国和跨大西洋区域范围内建立起一个以信仰为核心纽带的共同社会。弗里茨·克雷默的理念再次在阿登纳的政治主张中得到了体现。

亨利·基辛格与阿登纳的第一次会面发生在1959年,此前,在美国对CDU和对德国的政策方面,基辛格的影响微乎其微。他对阿登纳的记忆和评价都说明,在他本人和其他观察员心目中,这位德国总理是建设新的德国、新的欧洲和新的跨大西洋共同体的不可或缺的力量。基辛格评价阿登纳为"继俾斯麦之后德国最伟大的国士"。基辛格总结了这两位政治领袖的共同之处,他们善于在两个极端之间进行游刃有余的调解,能够用自己的坚定意志影响社会,并且能把直接的压力转化为促进西方文明发展的动力。在基辛格看来,这最后一项特征得益于两者的宗教信仰:"上帝赋予了他们特殊的能力,因此他们能克服人类只看眼前的通病。"他们强烈的目的性"源自他们的信仰,而非理性的分析"。他们"都经历过国家动荡的时期,对自己所处时代的大趋势有着特殊的敏感性"。

在基辛格心目中,阿登纳不是知识分子,而是一个充满浪漫色彩的英雄人物:"阿登纳拥有罗马皇帝般的坚韧性格。他颧骨很高,目光总是稍有斜视,如同千年以前横跨过莱茵兰土地的匈奴征服者。"他给予自己的国家"足够的勇气去直面未知的将来"。基辛格的论调甚至带了点宿命论的意味:"似乎他生来就是为了帮助这个被占领的、陷入困境的、支离破碎的社会重新建立自尊。"

作为战后联邦德国之父——这是一个在美国、英国和法国军队占领下建立起来的社会——阿登纳成功地向克雷菲尔德、本斯海姆和其他地区的民众灌输了西方的道德信条,即二战前莱茵兰地区所信奉的"优秀"的德国传统价值观:开拓、礼让和个人自由。这些价值观不仅与魏玛民主时期的极端主义思想和纳粹时期的法西斯主义理念有很大的不同,也与苏联共产主义形成了鲜明对比。在基辛格和其他许多美国人看来,阿登纳就是德国的先知,他能预见到德国若缺乏约束将会陷入怎样的危险境地。1949年,在原先国土的西半部分,阿登纳借助各种跨大西洋机构,尤其是北大西洋公约组织(NATO),建立了一个安全、稳定、自由的新国家:

面对战后世界的混乱局面，阿登纳认为，一个被分裂、占领并切断了历史根基的国家，若想重新掌控自己未来的命运，就必须要有稳定的政策。阿登纳不想因为对过往的缅怀和德国与苏联的爱恨关系而改变原先的目标，他无条件地选择了西方，即使以推迟德国统一为代价也在所不惜。

方方面面都表明，阿登纳就是基辛格和其他驻军官员所寻找的领袖人物。他的力量在美国与德国的互动中能够得到发挥。他的总理职位以及整个战后初期的联邦德国都是两国共同管理下的产物。当时，只有基辛格意识到，没有阿登纳，美国就不可能实现对德国民众的"再教育"。战后有一大批自己开拓事业的美国人和德国人，其中就包括基辛格，这个人群保证了阿登纳能够在跨大西洋区域得到他所要的支持，从而实现他的目标。自从第一批美国兵踏上克雷菲尔德、本斯海姆等城镇的土地，德国及跨大西洋区域的重建就开始了；北大西洋公约组织是西欧一体化的早期产物，美国和西德的亲密关系是冷战的结果，这样的团体就是重建工作的延续。

1959年到1967年间，基辛格和阿登纳共会面7次，商讨他们共同关心的问题：德国政治、跨大西洋区域合作以及苏联的威胁。当时基辛格属于学术圈，他在政界并没有正式职务，因此，德国总理频频与基辛格见面便显得有些特别。讨论过程中，他们表达许多共同的观点，比如他们都对自己国家由内而外的软弱态度表示担忧，同时也都希望能够借助道德力量促成美德两国政府间的合作，彻底排除第三方插足的可能。他们这种关系的建立并非基于什么战略分析，而是基于一种共识，即二战之后，他们的事业和他们所处的社会都象征着跨大西洋区域的一体化发展方向。在战后世界，基辛格和阿登纳社会地位的上升正是这一发展方向的最完美的体现。虽然跨大西洋理念渗透了整个美国和西欧，但是推动大洋两岸伙伴关系发展的还是那些曾亲身经历对德占领的领袖们。

冷战初期，基辛格和阿登纳面临的主要挑战便是巩固大西洋两岸的关系纽带，共同抵御内忧外患。阿登纳在组建联邦政府机构时便是以这一目标为指导的。1947年，24岁的基辛格回到了美国。那时他已经成了一个有所建树的战争英雄。回国后，基辛格很快成了跨大西洋合作机构中具备相当影响力的人物。他在冷战时期的事业既是跨大西洋共同体的产物，又是推动它发展的力量。

美国社会的扩大和权力范围的缩小

亨利·基辛格是在一个军事化的、跨大西洋的背景下融入美国社会,并成为外交政策专家的。他从一个德国犹太移民迅速成长为一名美国军人,一位占领区行政官员,一个受人尊敬的讲师,这一切都发生在他25岁之前。从基辛格的转变当中,我们可以看到更广阔的国际社会的变迁。当时人们都发现了他惊人的才能,基辛格自己也发觉了。但是最让他受益的还是历史环境赋予他的先天优势。亨利·基辛格不是他自己缔造的,而是二战成就的。

反法西斯战争赋予了基辛格这样的年轻人在美国社会立足的机会,因为他们的身心与两个世界都有牵连。美国官员想要理解、摧毁并重建中欧,这些德国犹太人的翻译角色必不可少。他们在美国权力机构里赢得了尊重,在占领德国过程中起到了关键作用,并帮助重建战后秩序。德国犹太人从华盛顿高地搬到了华盛顿特区。作为难民逃离德国不到十年,他们换了身份回到故土,变成了德国的统治者。

二战带来的压力和动力让美国社会更加国际化。国际社会的影响力一向为美国所看重,如今它开始支配美国的主要机构,美国军队和情报部门开始雇佣犹太人和其他传统意义上的外族人,因为他们具备跨国背景。因为不适应美国传统民主和社会秩序,或因并非来自盎格鲁撒克逊白人新教徒家庭,这些外族人曾被社会所忽略,但现在,一批具有一定影响力的思想家都还是向这些人征求意见。比较矛盾的是,战争在一方面让国家资源配置向精英主义方向发展,另一方面又让一批人通过对知识和技能的追求而跻身精英阶层。美国军队和其他军事机构都出现了这种权力扩张和多元化发展相结合的现象，从中受益最多的就是像基辛格这样勤奋又有才华的犹太人。二战让基辛格们的政治和社会地位获得了提升。

美国社会的国际化和新近外围人群地位的提升，创造了一种有意识的跨大西洋美国文化身份。美国人开始把自己国家的安全与西欧的安全联系在了一起。西方的"犹太基督"文明成了他们思考问题的基础。最重要的是，大西洋两岸政治和社会的日常运作日益结合。在西德、法国、英国和意大利，美国的声音无处不在。从丘吉尔到爱因斯坦，欧洲伟人也成了美国人的偶像。许多学者都曾对20世纪下半叶美国文化影响力的扩大做过专门研究，但他们经常忽略跨大西洋政治和社会是如何为思想的双向流动提供平台的。基辛格等人周围出现了新的人际关系，社会文化也随之发生了改变。他们进入美国主流社会，连接大西洋两岸的桥梁因此而更加坚固，两岸国家地区不再因为历史的鸿沟而只能遥遥相望。

跨大西洋纽带的建立意味着大洋两岸出现了全新的政治和社会局面。国际化的美国社会不再紧紧抓着民主、个人主义和社会公平这些传统概念不放。与此同时，美国社会的上述共识开始为欧洲人所接受。跨大西洋对话逐渐展开，它主张在强大领袖领导下建立理性政府，在无派别宗教信仰的基础上建立文明开化的社会共同体，以及在极端平民主义和极端集权主义之间进行调和——这就是小阿瑟·施莱辛格所说的"生命中枢"。苏联所支持的共产主义渐渐构成威胁，因为它开始公开挑战领导力、信仰和现代化等跨大西洋理念的核心因素。阿登纳坚定地呼吁回归德国传统文明，反对共产主义，战后的跨大西洋价值观在他身上得到了充分的体现。弗里茨·克雷默和亨利·基辛格等人把这些观念传达给了美国人、欧洲人。基辛格在战时的身份是语言和思想的翻译者，他的这种身份在1945

年后还能得到很好的延续。

伴随着冷战序幕的拉开，制度和意识形态开始收缩。在文化界和政界，德国犹太人多多少少开始往局内人的方向靠拢，但在其他很多方面，他们依然处在外围。不管如何尝试，他们都无法摆脱与犹太和德国的联系。他们无法让自己完全被同化。相反，对于像基辛格这样的人来说，德国犹太民族背景够帮助他们获得机会，去追求一种更加平等的生活状态。然而，完全的平等对他们来说是不可能的。德国犹太人在战争和和平时期都做出了巨大的贡献，但他们也没有完全被跨大西洋地区的精英圈子所接受。基辛格总算挤进了美国军队里的反情报机构，但是要想成为一名军医，他就会遇到重重阻碍。战后哈佛大学破格录取了他，但各种社团的大门却依然没有向他敞开，而社团却恰恰才是能够影响一个人的终身事业和政治前景的地方。所以，相对于文化界和政界的圈内人，基辛格依然是个局外人。

基辛格算是接触到了精英圈子的边缘，但又永远与真正的精英存在差距，他的这种状态是20世纪中期跨大西洋共同体发展所造成的结果。虽然犹太的男性获得了一定的权力和影响力，但犹太女性和其他少数族群则依然受到社会主流思想和制度的排挤。领袖必须有足够的力量、勇气和雄心，才能带领人民走向文化成熟，并保护他们不受负面影响。基辛格这样的犹太男性就必须具备这种强势的形象，情感和道德方面的动力有时则被忽略。而女性当中，符合这种形象的人简直凤毛麟角。

非裔、亚裔、墨西哥裔和其他非欧洲裔的美国少数民族也因为跨大西洋世界观而受到了冲击。这些群体一直饱受美国种族主义思想的摧残，而二战期间少数民族做出了不少牺牲，这成了民权改革的新动力，但是战争也强化了地域的重要性。欧洲犹太人的知识和经验的价值来自跨大西洋世界观,所以他们具备了一定的影响力;非欧洲少数族群并没有类似高价值的知识和经验,因此他们无法与欧洲裔的少数族群结成同盟,因而永远都在核心力量的外围。

跨大西洋世界观的地域偏见对外交政策也产生了影响。美国政府要做一场真正的全球战略规划,因此它的力量必须覆盖到欧洲以外的各个地区。这种力量成了1945年后大学里炙手可热的"地域研究"的基础。但是美国领袖们并不关心第三世界,他们的要务还是研究欧洲。战后初期,美国的政策覆盖区域曾一度延伸,但美国政府所关心的重点地域却在收窄。美国成了一个支持跨大西洋世界观的超级大国。

诚然,越战的经历也许是这一现象最广为人知也最惨痛的实例。美国决策者们并没有听从专家的意见,最终决定取代法国殖民政府。这一决策是对越南内政的干涉,就如同美国干涉其他第三世界国家内政一样,它反映了对欧洲,在越战一事上是对战后法国安全的担忧。美国成为东南亚的殖民统治者,并不是因为这个地区具备殖民利益,而完全是出于对去殖民化影响的担忧,生怕欧洲安全会因此而受到冲击。而法国和它的同盟则恰好利用了美国的担忧心理,以实现自己的目的。

跨大西洋区域发展的重要性改变了美国对越南和对其他地区的政策。主流思想和制度都在向欧洲地区倾斜,而第三世界则全无力量。基辛格和其他欧洲问题的专家在美国政策制定过程中的影响力空前加强。许多来自其他地区的专家则发现自己很难影响非欧洲的少数民族。

在二战的残酷考验中形成的跨大西洋区域纽带自然有它的两面性。基辛格战时的经历以及战后的职业生涯发展都印证了这一事实。跨大西洋观念受公众舆论抨击最严重的时期是在二战结束的二十年后，那也是基辛格距离核心决策机构最近的时期。某些群体并不受大西洋两岸地区的政治影响——非欧洲裔少数民族、女性和第三世界专家——他们总是成群结队地聚在一起反对跨大西洋政策，尤其是对越南的政策。事实上，跨大西洋世界观的局限性，在其鼎盛之时也表现得最为明显。跨大西洋区域的许多精英也持同样的观点。在这样的环境下，基辛格再次意识到，他的成就和他所受的束缚都有着相同的根源。跨大西洋机构的工作经验让基辛格成了决策圈内部的人，然而公众对于这些机构的舆论抨击又让他成了局外人。

基辛格周围的种种矛盾点不过是一场角逐的延伸，这场角逐的目标就是在文化特征日益多元化的美国，为跨大西洋世界观找到合适的位置。基辛格认识到了这一趋势，并谴责"知识分子阶层"只知道肤浅地对政治进行说教，而忽略了他们自己观点中的道德因素。20世纪中叶，跨大西洋的纽带实则是对魏玛政权解体、对反法西斯战争以及对苏联威胁的道德层面的回应。这样的纽带牢固、坚韧，但它是以共同的道德框架为依托的。哲学观念和情感因素的转变不可避免地对固有的跨大西洋价值观提出了挑战。从这个角度讲，对基辛格的抨击对象就是二战中成长起来的一代人。

第三章　冷战大学

亨利·基辛格有很多敌人,其中最能吸引他注意的要数他口中的"知识分子阶层"。"我为今天的决策者们感到遗憾,"基辛格的话中隐约透露着自嘲的意味,"那些知识分子们自己都不了解情况,就对他们横加指责。"而他的回忆里似乎存在着某一个更美好的时期:"我还是个年轻教授的时候,每个周六都有研讨会。"在基辛格所提到的研讨会上,教授们会坐在一起研究政策问题,讨论政府官员们面临的问题。基辛格承认,参加研讨会的人经常对各种政策口诛笔伐,但他们的最终目标还是给出建设性的、有价值的建议,而不是用一种充满道德优越感的姿态去谴责别人。知识分子认为自己应该服务于公众,而不是一味在学术上吹毛求疵。

基辛格的评价中带有讽刺的色彩。他自己就曾经是"知识分子阶层"的核心人物,而且从很多角度看,他至今还保持着这个身份。1947 年从美国返回德国时,他已经有三个可助他建功立业的有利条件:有过军队经历、熟悉德国社会、拥有强大的心智。他还没有进入更具影响力的社会圈子，离决策者的位置也有距离，但这些都是指日可待的东西。他利用自己的优势，在学者和政客的圈子里为自己争得了名声。他著书立说，又不知疲倦地投身各种项目，提高了自己的知名度，并通过这种方式在政府部门争取到了一席之地。这个 24 岁的德国犹太人依靠自己的文字和头脑获得了公众认可。在基辛格看来，学术活动都是通往权力之门的铺垫，学术与政治永远不是平行的概念。

二战余波尚未平息，美国的学术界便发生了一次关键性的转变，这给基辛格带来了新的机遇。全球冲突的环境下，社会阶层开始发生变化，跨大西洋的"犹太基督"理念的诞生为一直在边缘徘徊的德国犹太人打开了通往学术机构的大门。基辛格对军事和德国社会的见解受到了学术界(以及他们背后的政治力量)的空前关注，于是他们开始投身于政策相关的学术研究。1945 年，基辛格的学识变得越来越有价值。而其他同样具备天赋的学者，有些人虽然有更好的出身，却不具备相似的知识背景。

冷战大学

哈佛大学是 20 世纪中叶美国最著名的学术机构。在整个冷战时期，哈佛在学术界一直处于中心地位。比起常春藤的其他盟友，哈佛以更加积极的姿态去接纳战后全新的人，全新的知识。哈佛校长詹姆士·科南特重新定义了学校的使命，为基辛格这样的人创造了新的学术空间。二战以前的哈佛，从学科范围角度看绝对可谓海纳百川，但是从它对移民的歧视以及对实用学科的忽视态度看，又存在着很明显的狭隘心理。战后，哈佛对社会存在的偏见依然没有改观，但它终于认识到，对政策的研究可以带来经济和政治上的激励。虽然其他高等学府——尤其是麻省理工和斯坦福——从决策机构处获得了更多直接的资助，但哈佛比它们更快地进入了角色，开始直接对政策施加影响。

从潜心传统学术到积极投身政治，哈佛的这一转变开创了"冷战大学"的时代。它不再是单纯的独立学府，而是成了政府机构的延伸。当美国的军人们从战场上回来时，为了让他们重新融入社会，这些大学纷纷开始扩招，精心组织各种社交活动，并安排了专业的培训。政府制定的各类法规，尤其是与国家安全机密和国外威胁相关的法规，成了校园生活的基调。最重要的是，联邦政府的科研资金开始有目的性地从原先的学科撤出，转向某些新的领域。高等学府不仅与政府展开了合作，甚至开始对政府产生依赖，而政府也同样离不开高校。联邦政府对这些大学的关注反映了战后的必然需要。

苏联扩张引起了担忧的情绪，美国的外交政策又乏善可陈，因此，1945 年后，冷战气氛便一直笼罩着各大高校。从这个角度看，高校从来没有放弃战时的方针，而是继续投入人力物力，与自己的敌人对抗。大学课程，尤其是人文课程的重点变成了向学生灌输民主公民意识，鼓励他们与反对之声坚决对抗，并为自己的"独一无二的文化传承"奋斗。当时的美国人就是这样被强制"统一了思想"。

各大高校还与政府部门合作，展开了特定的"区域研究"项目，主要研究的课题都与国家安全有关。这些项目在语言和分析技能上进行了前所未有的投入，希望能将研究结果运用于外交政策。1948年，哈佛成立了苏联研究中心，这是高校新成立的研究机构中最典型的代表。美国战略情报局的前成员们在这个机构再次聚首，继续集中分析苏联的一举一动，将大学的学术理论与华盛顿的策略结合起来。一位由学者转型而成的政界人士曾称赞说，"这种方式结合了大学校园的区域研究项目和政府部门的情报搜集工作"，是一种非常有效的模式。

苏联研究中心及其类似的机构对"苏维埃制度研究"做出了很大贡献。"苏维埃制度"是处于扩张状态中的美国高校和情报部门对苏研究的主要课题。苏维埃制度所研究的不仅仅是当代的苏联，还需要分析当前政策背后的理论支撑，以及预测美国将要面临的利益威胁。大学的学者们采用了一种与情报人员极为相似的方式，他们开始密切关注移民的对话、报刊和社会活动中所透露的苏联思维。学术、政策研究和国防之间的界限被故意地模糊化了，冷战大学便这样诞生了。

亨利·基辛格从没在苏联研究中心工作过，但是它所推动的学术向政治的转变却是基辛格职业生涯成熟的根源。如果说菲尔特赋予了他德国犹太人的背景，军队赋予了他美国公民的身份，那么哈佛作为冷战大学的主导力量则确立了他知识分子的角色。让基辛格声名鹊起的是一系列学术研究,而这些研究的成果将直接被运用于战后决策和美苏对抗。每周六下午,基辛格都会出席研讨会,他在会上表现突出,很快就引起了校长的注意。冷战期间,学术与政治相当反常地混合到了一起,而在基辛格和他的同龄人看来,这种现象理所应当,似乎学术与政治的模式原本就是如此。

因此,当"知识分子阶层"对学术与政治的关系表示反对时,基辛格对他们提出了谴责,但他并不是在谴责他们的抱负。实际上,他依然认为自己是这个阶层的一员。他所谴责的是学者与实践主义者之间关系的脱节,毕竟,在职业生涯中,他不止一次地看到两者结合所带来的好处。基辛格那一代的外事专家认为,知识分子与政界的纽带一旦断裂,学术的根基就被斩断了,而政策也将流于肤浅,不成体统。这是最令基辛格感到遗憾的。

战后美国知识分子的转型让这位命途多舛的德国犹太移民获得了一些益处。而20世纪60年代末期,转型又开始渐渐停滞,这让基辛格不得不提出批判。想要理解法西斯战败后的社会变迁以及处于角逐状态中的全新社会秩序,最好的办法就是从冷战大学入手。

犹太人的阶级流动

　　流亡他乡数十年后，犹太人终于在二战结束后成了学术界和政界的重要角色。虽然他们仍需要依赖非犹太赞助人的力量，但在哈佛、白宫等机构的转型过程中，他们起了非常重要的作用。他们成了贯通大西洋两岸的桥梁，也充当了连接学术界和实战界的纽带。尽管他们并非直接掌握权力，但在传统权威机构内部，他们是至关重要的幕后力量。他们是冷战社会的缔结组织。

　　对犹太人来说，这并不是什么新鲜的身份。早在数百年前，他们就已经在政界和社会上扮演过类似的角色。17、18世纪，中欧的专制君主为了保住王位，曾向犹太钱庄筹款，用以限制地主精英的权力。一位学者曾表示，"中世纪的封建和世袭制度挡了最高统治者的道，于是犹太钱庄便成了他们借以摧毁这些制度的工具。他们需要发展以商业为本位的经济，创建一个统一的、集权的国家，犹太赞助人便充当了同僚和顾问的角色。"犹太赞助人实力雄厚，但又在很大程度上遭到了孤立。他们是专制主义王朝的座上宾，虽然他们进不了贵族的圈子，但同时他们又离不开君主的庇护。

　　19世纪，欧洲出现了单一民族国家，于是，犹太族的"公门中人"代替了赞助人。这在法国尤其明显。当时的法国非常倚重会讲法语的犹太人，把他们视作国家的壁垒。通过全国范围内的甄选，这些犹太人在奉行精英管理理念的行政机构谋取了职位。政府部门内，法官、军官和其他职位上都有犹太人的身影，他们反对极左或极右的极端政治主张，维护共和国的利益。称他们为"公门中人"是因为他们能够非常有效地管理国家的各个基础部门,维护国家的原则,对抗各种攻击,捍卫国家利益。他们将自己的命运与国家的兴衰联系在一起。一位历史学家在著作中写道,"新的社会角色让犹太人很受鼓舞。他们抛弃了曾经的身份,以一种严肃负责的官员形象出现,并全身心地投入工作。他们希望能竭尽全力效忠于这个开放的、理性的、进步的国家。"然而20世纪初,法西斯的入侵让他们的愿景化为乌有,把理想寄托于共和国的犹太人瞬间被击垮了。

而冷战大学则是培养犹太赞助人和公门人士结合体的地方——我们姑且称之为决策参谋。在早期的现代欧洲,1945年后决策者们就开始在传统政治圈以外寻找资源,来应对军事占领、重建和战后社会秩序维护所带来的挑战。美国总统开始依赖于学者专家,他们的科学、经济和外交政策的相关学识能为国家所用。由于国际事务受到极度关注,政府非常需要具备这方面知识的人才,对犹太人来说,这是个让他们走向国际化的机会。与过去的犹太赞助人一样,战后那几年,受过教育的德国犹太人终于有了用武之地,因为他们对于欧洲的了解是美国主流人群都不具备的优势。

冷战大学是知识分子改变自己地位的最好的场所。很明显,它为具备专门知识和技能的人提供了施展才华的机会。同时它也可以说是现代社会中最接近专制宫廷的机构,哈佛这样具有强烈自我意识的精英大学尤其明显。教务长和教授们的权力几乎不受限制,他们对资源和特权的配置基本没有任何监督。他们的年轻同事和学生的发展几乎完全依赖于他们的支持和善意。最重要的是,他们有权挑选有才干的人,让他们迅速发展成长,官僚之风完全不会对他们构成障碍。所有人的事业成败完全是教授们一念之间的事。

这种学术专制恰到好处地满足了政界对专家的需要。高校的教员都成了政府的侦查员。他们要求学生们忠诚不贰,入了他们法眼的人就可以走上通往仕途的"捷径"。只要赢得了学术圈的贵人的首肯,便不用再被迫中规中矩地沿着等级的阶梯一步步慢慢向上爬,借贵人之力便可迅速进入上层。二战后,不少有志向、有才能的犹太人便走了这条捷径,其中包括瓦特·罗斯托、丹尼尔·埃尔斯伯格,当然还有亨利·基辛格。

这些年轻有为的犹太人齐聚哈佛,将自己定义为反极端主义的卫士。他们凭着自己的聪明才智,创造出不少可直接为政府提供服务的研究成果,以维护自由资本主义世界的秩序。这就是冷战大学的核心思想。能够为政策提供实用学术支撑的人会受到嘉奖,获取更高的地位,得到更多的资源。冷战大学还鼓励将专业学术知识与国际事务相结合。冷战知识分子们既要研究错综复杂的科学与社会,同时也要通过研究寻找解决方案。他们既是专才,又是通才,换言之,他们要同时扮演学者和政策参谋的角色。

国家不仅仅是研究的对象,它也是自我保护手段的根本来源。战后反犹太主义思想仍有残留,就连冷战大学也未能免俗,因此,当时社会地位已有所提升的犹太知识分子开始向政府寻求帮助,以保护他们的人身安全。他们进行与政策相关的学术研究,无非出于两个目的:促进政府向开明方向发展,并确保非犹太当权者意识到犹太人的重要性。有效的学识能够帮助确保国家和个人的安全——两者相辅相成,不可分割。传统的学术与实践脱节,容易造成民族分裂,把个体置于危险境地。部分犹太人在冷战大学和整个社会所取得的特权依然不那么稳定,他们还是会经常感觉到压力,需要重申其效用。

亨利·基辛格的事业体现了战后犹太人地位变迁的希望和局限性。

冷战大学为他提供了支持，让他得以在某种程度上不受正统派德国犹太人身份的束缚。他很早就开始积极参与各类有关政策的讨论，在讨论中，他所接触的是各界的精英群体。作为一个学者，他就国际问题向决策者提供学术支持，因此很快便站稳了脚跟。他的这个身份无须经过选举，却能周旋于各个党派之间，颠覆了传统的官僚政治。他需要经常与决策者合作，同时又保持着知识分子的身份和自由。他会建议决策者如何应对新时代的挑战，但同时他也离不开受传统束缚的精英们的赞助。最重要的是，基辛格的社会地位有它的先决条件，那就是美国必须在冷战中胜出，这是个人成就和归属感的必要基础。决策者觉得他的政治提议有多大价值，他的社会地位就能得到多大的提升。

基辛格的事业发展与犹太人在这个社会上的位置密不可分。这一历史背景决定了他的公众人物角色以及与之相关的一系列争议。他的犹太人身份决定了他与战后一些杰出人物之间的关系。虽然这个身份并没有决定他的思想和行为，但它对他所提出的问题、他的人际关系以及他所走的道路产生了影响。如果基辛格不是德国犹太人，那么他的一生都会截然不同。他的经历反映了冷战和犹太人社会地位变迁这两个因素是如何在1945年后的战后世界里相互影响的。

这两个因素也改变了哈佛。这个高等学府开始寻找新的途径以扩大自己对政策的影响力。它让一些原本被隔绝在政界大门之外的人才获得了机会，尤其是德国犹太人。正是这些因素让基辛格得以建功立业，同时也影响了他的发展方向。虽然基辛格对"知识分子阶层"提出了批评，但他自己也是冷战大学及其新知识结构所造就的，当然民族认同感也是成就基辛格的原因之一。

二战前的哈佛

"我还没进哈佛的时候，"阿尔伯特·科恩博士回忆说，"我以为这所大学里的人除了拥有高智商外，还拥有足够的胸怀去摒弃偏见。但是很明显，踏进哈佛大门的第一天，我就认识到实际情况并非如我想象的那样。"科恩是在距离哈佛不到两公里远的一处贫困社区里长大的。20世纪30年代中期，科恩进入大学深造，对于他这种背景的年轻人来说，大学为他提供了提升社会地位和接触外界的通道。后来，科恩成了一位受人尊敬的儿科医生。作为常春藤联盟中比较进步的高校，哈佛每年都会招收一小批贫困学生（多数来自当地）入学，但这也只是特例，而不是惯例：

> 我和一批走读生一起入学的。从其他同学那里，我听到了一些针对走读生的刻薄评价，比如这些学生从哪儿来、背景如何等等。议论走读生的人则来自距离我很遥远的"黄金海岸"。当时我很吃惊，因为我得知有些人从不在商店里买衣服，他们的衣服鞋子都是定制；每天都有人为他们取车，晚上再把车送回去；他们在俱乐部过夜，每年夏天会去欧洲旅行。这与我的童年相去甚远——我来自坎布里奇市东部的贫民区，与这样的环境格格不入。我感到浑身不自在，无所适从。

小阿瑟·施莱辛格与科恩在哈佛同班，但他的背景在哈佛就显得和谐得多。他读过贵族学校，比如坎布里奇拉丁学校和埃克塞特中学，他的父亲又是哈佛的杰出教员。施莱辛格并不是有钱人，但他能很好地融入

20世纪30年代那种充满绅士氛围的大学社会。他记得周末他们曾一起去伯克郡远足，去卫斯理学院旅行，出席印刻社团的午餐会——"那是坎布里奇最好的午宴，完全值得引以为傲，席间谈话的含金量很高，特殊聚会还会有H·G·威尔斯这样的重要人物参与。"这才是真实的哈佛；科恩这样的贫困走读生可以进入哈佛读书，但永远都不会接到午宴的邀请函。

和科恩一样，施莱辛格对哈佛这种宽容与狭隘并存的风气也感到十分不解。19世纪中叶，哈佛不过是一所很小的高校，但它很快成长为世界一流高等学府，拥有强大的师资力量，完善的科研硬件，周密的课程体系，最重要的是，它还有一批实力最雄厚的赞助人，这是其他高校无可比拟的。20世纪30年代，连科恩父母这样没有受过教育的人都知道，哈佛对自己提出了要求，要成为"世界上最伟大的学校"。海外知名人士访问美国时总要去一趟哈佛，以彰显其知识分子的身份，并找机会与施莱辛格这样的人展开对话。坎布里奇成了知识分子议论国事的中心地带。

然而，这一切只是表象。哈佛在本质上依然是一个狭隘的团体。施莱辛格回忆说："那时整个国家都笼罩在大萧条的阴影里，但对我来说，经济萧条在很大程度上不过是舞台背后喧嚣的余音，哈佛才是真正包裹住我们的茧。"这种固有的氛围让哈佛师生习惯于抱团排挤科恩这样的异类，同时也让他们对校园外面的世界漠不关心。不与政界、商界和其他社会圈子同流合污，这是哈佛一直以来的骄傲。它与查尔斯河对岸的波士顿大学十分相似，希望自己成为"山巅之城"，与世隔绝，安心充当充满优雅气息的象牙塔。在全世界都陷入经济危机的时候，哈佛还不是新政策思想的温床。

1936年，哈佛迎来了自己的三百周年纪念日。尽管周遭知识分子纷纷开始议论时局，但是哈佛对当时的政治和社会活动的厌恶显而易见。专门为这次纪念活动撰写的校史描绘的是一个"黄金时代"，在波士顿、整个美国乃至全世界都充斥着贫穷、动乱和极端政治思想的时期，哈佛却仿佛凌驾于众生之上，一切苦难在它那里几乎都不存在。最重要的是，即使外部压力巨大，但这所高等学府依旧维持着一种"古代学院的生活方式"。

即便是对于当时最著名的校友富兰克林·德兰诺·罗斯福总统，哈佛也毫不掩饰自己的蔑视态度。罗斯福所推行的新政十分反对哈佛这种麻木、出世的态度，因此，校方在邀请这位总统为三百周年纪念庆典讲话的时候显得有些不情不愿，整个校园弥漫着对他的民粹主义和试验性政策的抵触情绪。谈及罗斯福，哈佛师生和校友们不时流露出鄙夷的神色。庆典活动的筹办人员企图压缩总统的演讲时间，并阻止他提及与政治有关的话题，毕竟这个场合是用来展示哈佛的辉煌成就的，他们可不想让学校与白宫沾上边。坎布里奇与华盛顿特区隔着相当遥远的距离，校方甚至企图以这个距离为由，强调哈佛从来不蹚政治的浑水。与纽黑文和普林斯顿的盟友们一样，那时的哈佛是一个尘世的隐者，一切喧嚣都被挡在它的校门之外。

打造冷战高等学府

二战并没有动摇哈佛精英主义的传统,却使哈佛对政策的参与和影响程度达到了前所未有的高度。哈佛的独立性令人艳羡,但另一方面,它也对战争做出了直接贡献,并开始接受大笔政府资金资助。一反学校一贯的传统,校长詹姆斯·柯南特呼吁哈佛"在举国奋战之时,扮演好自己应当承担的角色"。法西斯主义在欧亚肆虐,日本偷袭珍珠港——这使哈佛这所一向崇尚道德伦理至上、在政治上保持中立的高等学府在道德立场上发生了变化。如今,这所世界一流学府开始意识到,自己应当与罗斯福总统携手并肩,在这场战争中证明自己的卓越。1942年,在哈佛本科生毕业典礼上,柯南特对这一立场的改变进行了明确阐述:

今天你们从这里走出,和历届哈佛毕业生一样,你们是一群有着共同经历和体验的天之骄子。你们用四年最美好的青春时光在哈佛求学,在哈佛传承优秀文化遗产的伟大传统下熏陶感染。作为文明社会的馈赠,这段经历和体验将使你们获益终生。在收获益处的同时,你们肩上使命特殊,责任重大。因此,与所有有幸接受高等教育的同仁一起,你们将用自己的才华报效国家。历代以来,履行职责和义务的召唤从未如此明确……但对于你们,哈佛大学1942年的毕业生来说,就在你们毕业之时,又或者早在几年之前,我们的国家就已经有了特殊的使命。此时此刻,举全国之力打赢这场战争,这是我们的头等大事。

距离那段沾沾自喜的"奥林匹亚"黄金时代仅过了六年的时间,如今的哈佛不再对外面世界的风起云涌视而不见。柯南特的演讲进一步说明,哈佛正迅速转变,并参与到当代政治当中。与其历代前任不同,柯南特在担任哈佛大学校长的同时,也在政府决策过程中扮演了相当重要的角色。二战期间,柯南特协助白宫制定了国家征兵规程,组织了与英国的防卫合作计划,并参与部署了第一轮核武器计划。而柯南特作为校长和政府公职人员的角色在二战结束之后进一步得到加强。

哈佛大学携手其他高等学府,与政府合作,致力于为国家培养和储备年轻官员。二战期间,平民学生入学人数骤减,来自陆军和海军的学员成为学生主体,大学开始了许多与数学和科学相关的课程。响应军方需求,大学方面修改了校历,本科生和研究生的招生要求也进行了相应调整。如今,哈佛已正式宣布支持战争,也因此史上首次接受了政府资金补贴。

同样的,哈佛的科研也变成了战争需要和政府资助的产物。学校收到一笔3100万美元的国防津贴,将主要用于计算、雷达以及凝固汽油等相关重大项目。包括柯南特在内的许多优秀科学家都参与了机密项目曼哈顿计划。许多人文及社会科学方面的杰出专家也都在新成立的战略情报局担任职位。他们发挥自己在语言和分析方面的专长,为国家对抗外敌进行军事准备。哈佛已深入参与战争,学校和政府的权责界限开始模糊,难以界定。

到1945年,距艾伯特·科恩和小亚瑟·施莱辛格的哈佛生涯才过去不到10年时间,如今的哈佛却已不再是那个遗世独立的孤岛。纡尊降贵的贵族和玉玺学会的午餐聚会仍然是哈佛校园生活的主流,但哈佛已经与政府政策在人员、财政、学术等方面建立了千丝万缕、无法割断的联系。

在国际上维护美国的国家利益已成为哈佛大学新的使命。更重要的是，哈佛大学的声望首次与美国外交政策的命运联系在了一起。如果美国无法改善国际秩序，阻止另一次世界大战的爆发，那么所有哈佛人的努力也都将化为乌有。

哈佛这样伟大的高等学府是无法容忍这样的事情发生的。第二次世界大战及其余波使哈佛进行了重新定位——作为一个能够参与政策制定的高等学府，哈佛在美国全球战略的制定和维护上起着重要作用。哈佛对自己"在世界秩序中有着举足轻重地位的全新定位"也欣然接受。据哈佛《校友简报》记载，"经历战火洗礼后的哈佛和哈佛学者们终于从象牙塔中走了出来，开始直面这个世界。"据哈佛一位知名教授，同时也是政府政策顾问的人士指出，哈佛从此具有了"双重属性"。对此，这所百年名校敞开胸怀，欣然接受。

1947年，亨利·基辛格就是在这样的氛围下走进哈佛的。基辛格那一级学生人数很多，大家都是退伍军人，他们当中的许多都出身白丁——这表明学校招生的社会背景在放宽，同时也反映了哈佛与美国军事政策的直接联系。战后最初几年，哈佛本科招生规模比珍珠港事件之前增长了50%以上。在新招学生当中，战争复员人员就占了一半以上，他们的平均年龄为23岁（基辛格入学时24岁）。与柯恩、施莱辛格等人相比，这些战后入学的本科生普遍年龄较大，更接地气，也更看重把学校所学应用于实践。柯南特称这些退伍军人为"哈佛历史上最成熟、最有前途的学生"。虽然与以往的哈佛学生相比，他们在社会和教育背景方面往往不足，但据一位哈佛系某学院院长评价，他们所展现出的"能力和性格特征，正是在一个群体中脱颖而出，成为博学多识、尽忠职守的领导者所必须具备的特质"。

战争给大家带来了集体伤痛，阻止悲剧再次上演成为大家共同的愿望和决心。也正是在此背景之下，当代政治得以深入大学教育。柯南特鼓励这种态度，他进行了课程改革，意在使大学教育着眼于"普通教育"，培养出符合社会实际需要的公民。战争期间，柯南特就曾致力于使教育为维护国家利益服务。他如今的态度正是战时行为的延伸。柯南特写道，"如今的美国教育要解决的主要问题，并不是告诉那些出身贵族的年轻人如何体会'生活的美好'……我们的目的是尽可能培养广大未来公民，让他们了解，身为自由的美国公民，自己都有哪些责任和益处，并能够体会这其中的美好。"因此，社会学方面的课程，特别是与政府有关的课程，在大学里广受青睐。和许多退伍军人一样，基辛格在大学里也选择了政治学方面的课程。

战后的美国社会呈现出重政府和公民权益，轻社会地位的风潮，对新移民，尤其是有才华的犹太人的接受度也大大提高。战时推行的"犹太基督一家亲"的理念渗透到大学，犹太退伍军人在战争中的贡献被进一步肯定，他们得以更自信地融入校园生活。谢尔曼·斯塔尔是一位犹太学生，他在珍珠港事件之前入校，战争结束后得以继续完成学业。据斯塔尔回忆称："当战争结束我重新回到学校时，整个校园的气氛都变了。一切都完全不同了。泛基督主义的宏伟目标又上升到了一个新的高度。"

哈佛录取数据进一步印证了斯塔尔的感受。退伍军人成为当时哈佛大学建校以来"最多元化的学生群体"。犹太学生迅速增长，1947年，犹太学生占到了哈佛学生总人数的17%，而到1952年这一数字增长到25%。但反犹太思潮仍反映在学校生活的方方面面，富有的预科学校毕业生在招生时仍广受青睐，犹太学生依旧被精英俱乐部拒之门外。然而，有越来越多的犹太人进入哈佛,这已经使犹太群体归属感大增,他们感到自己已成为学术圈堂堂正正的成员,并能对当今社会做出重要的贡献。亨利·罗索夫斯基是20世纪40年代末哈佛毕业的研究生,后来成了哈佛某学院院长。据罗索夫斯基回忆:"对于我们那一代人来说,身为犹太人已经不是什么问题了。"

但现实的情况却并不尽然。和在美国社会中一样,在哈佛,犹太人仍然被打上明显的烙印和标签,只不过不像10年前那样,排斥那么严重了。哈佛使学术和政策得到里程碑式的完美融合,在建立"犹太基督"共同体方面也走在了所有同行的前面。哈佛选拔出了一批像基辛格一样智力超群、性格坚韧的犹太退伍军人。哈佛一边努力维持着教务长保罗·巴克口中不同传统之间的"平衡",另一方面,也为之前被边缘化的群体敞开了有限的空间。哈佛声称,自己在这方面比其他竞争对手都更有远见卓识——事实也的确如此。吸纳更加广泛的学生群体,这样做无论在学术上还是出于政治考量都益处多多——这一点耶鲁和普林斯顿远没有哈佛看得透彻而及时。

这一在哈佛推行的"犹太基督一家亲"的理念正是冷战时期的政策。美国政府把大学变成了退伍军人社会化的机构,在这里,他们能够获得职业化的训练和学识上的积累。破天荒的,《1944年军人再调整法》(更为流行的提法为《退伍军人权利法》)为超过200万的退伍人员提供了联邦教育经费资助。因此,哈佛及其他高等学府——无论是公立还是私立的——都扩大了招生,聘用了新的教职员工,改革了招生标准,开设了全新的课程,而且更为重要的是,摒弃了许多传统的招生限制条件。《退伍军人权利法》并没有明确强迫大学迅速扩张,但在大学越来越依赖财政拨款的大环境之下，这确实给大学施加了很大的压力。

虽然柯南特也支持高等院校与政府合作，但他对华盛顿方面的干预行为却大为光火。他认为，《退伍军人权利法》没能"区分哪些人可以通过高等教育最大获益，而哪些人却不能"，对此他感到非常痛心。对于柯南特的担忧，联邦政府选择视而不见，并对大学在财政上和政策上进一步施压，逼迫大学进一步敞开大门，接纳那些原本没有机会走进大学校园的人群。如果不是《退伍军人权利法》，像基辛格这样的人从战场回家，是不会有如此理想的教育机会，更不用提什么职业前景了。

政府如此强力入侵和干预高等学府，此举所反映出的，不仅仅是对那些拿起武器保家卫国的战士的责任和义务。第一次世界大战结束之后，随着军人大批退伍，美国国内问题重重，国际地位被削弱——富兰克林·罗斯福总统不想看到历史重演。20世纪20至30年代，罗斯福曾亲眼看见大量退伍军人失业和赤贫所引发的社会动荡甚至是过激行为。《退伍军人权利法》中有针对退伍军人失业津贴，住房抵押、农场抵押、商业抵押，以及教育福利的各种条款——这些都有效遏制了往日的悲剧重演。《退伍军人权利法》把"罗斯福新政"中最慷慨惠民的内容延伸到退伍军人这一群体，为他们接下来的个人发展打下了基础。尤其是开放大学这一行为——大学向他们传授知识，使这些从前线归来的年轻人可以安身立命，得以在社会上生存发展，在日益稳定强盛的国家中占有一席之地。

一位哈佛教授认为这一策略是成功的。他说，这些首次被允许进入哈佛校园的退伍军人"并没有想要破坏一切；相反的，他们想要完善现有的制度和一切"。罗斯福总统认为，退伍军人往往是社会中较为难以驾驭，有时甚至是比较偏激的群体。把他们招进大学学习，可以在一定程度上抵消这一影响，把国内所有的智力资源都调动起来，共同建立和平稳定的冷战共识。通过联邦立法的形式，《退伍军人权利法》使包括哈佛这种顶级学府在内的高等学府都成了维持政治秩序的工具。作为学生，退伍军人在已有体系内行事的行为得到政府的大力激励。情况对于犹太退伍军人来说更是如此，因为他们明白，要想在学校和社会上获得晋升，他们需要依赖联邦政府的政策。

因此，基辛格及其许多同僚毕生都笃信美国现有各种体制和机制的合理性，认为这简直如同公理般不言自明。在他们眼中，爱国主义就是致力于通过内部自我完善的方式改善现有体制和机构。这正是冷战时期的高等学府鼓励的态度，尤其对于那些传统意义上的局外人来说，他们第一次有了接近权威的机会。他们成为新的"市民一代"，是主流价值观以及在联邦管控下的社会变革的拥趸和坚定维护者。

1945年以前的德国和美国，改革正自上而下悄然发生着，社会及政坛精英（詹姆斯·柯南特、富兰克林·罗斯福等人都在其列）携手为改善公民生活条件而努力。这正是基辛格对自己职业生涯的描述：通过持续接触精英人物和机构，并从他们那里获取支持和鼓励，他受益匪浅。相反的，他认为自己从包括许多知识分子在内的对精英主义持批判态度的人那里并未获得类似的助益。

第二次世界大战以后，虽然美国主流体制中仍存有偏见和缺憾，但它们至少为像基辛格这样有进取心、才华横溢的移民提供了强有力的依靠和光明的前景。在这一历史背景下，反共产主义思潮不断膨胀——一方面，二战以后，人们有充分的理由担心苏联继续膨胀扩张；另一方面，人们认为马克思主义思潮正是引发美国各体系和机构——军队、政府、大学等——崩溃的原因——而这些机构恰恰是传统意义上的局外人想要去依靠,并借此融入主流社会的手段和踏脚石。基辛格及很多同僚认为,美国正受到共产主义的内外夹击。对于基辛格来说,爱国主义和进步都需要政府引导下的坚决抵抗。

与军中情况相似,德国犹太人在大学里的地位也充满着矛盾——正是这些矛盾奠定了冷战时期的世界格局。在政府施压之下,高等学府敞开大门,但这一举措也有很大局限。《退伍军人权利法》并未惠及女性群体,因为一般来讲,政府承认的兵役范围不包括女性,很多大学不招收女性学生。冷战时期,非裔退伍军人也面临着与二战前和二战期间相同的种族限制。虽然他们曾在军中服役,但非正式配额及种族隔离的某些一贯做法(甚至在北方的州里)都使哈佛这些主要招收白人学生的大学仍未能向非裔退伍军人敞开。《退伍军人权利法》虽然令大学放开了入学条件,却刻意纵容了各地政策制定者和行政官员种族排斥的行为。至少在1945年开始的第一个十年里,冷战时期的高等学府还都是一个充斥着白人男性的地方。

像基辛格这样的犹太退伍军人却能在冷战时期的美国高等学府中占有一席之地,这令女性和非裔退伍军人望尘莫及。在这样的背景之下,犹太人,尤其是那些与德国有联系的犹太人开始被视为"白人"公民——因为在彼时,了解德国也变成了一笔宝贵的财富。在二战期间的美军当中,就已经有这样一种趋势,这一趋势在二战之后得以延续——那就是,年轻的犹太人,这一本应与非裔美国人因为同为少数族群而惺惺相惜的群体开始对社会主流群体有了身份认同和亲近感。虽然主流社会群体对他们仍怀有屈尊俯就的心态,但如今已至少开放了部分权力通道。因此,很多从《退伍军人权利法》中获利的犹太人不再满足于和少数族群同仇敌忾并寻求身份认同,而开始奋力在主流机构间游走。哈佛是基辛格及其同胞职业生涯的起点,在这里他们很少能接触到非裔美国人。因此,冷战时期的高等学府不仅隔离了白人和黑人,也把犹太人和其他少数族群隔离了开来。

在接下来的半个世纪里,这一社会分化助长了贫富差距以及对美国国际地位看法的分歧。哈佛生涯使基辛格及其同伴由移民转变为冷战中美国的坚定拥护者。很多非裔退伍军人对美国现有体制中存在的种族主义和不公现象颇有诟病,而这一切恰恰是基辛格所维护的。冷战时期高等学府所呈现出的这种接纳与排斥并存的心态使人们对国家政策的看法长期存在分歧。在其整个职业生涯中,亨利·基辛格一直无法理解非裔族群对美国的批判,而他本人也成为二战后社会开放浪潮中被遗弃的少数族群发泄其愤怒时最容易被攻击的对象。

社会局外人，冷战戏中人

一方面，基辛格和其他在哈佛就读的犹太人获得了"圈内人"才有的接触知识和美国权力中心的机会；另一方面，相对于经历二战洗礼仍幸存的美国社会生活的传统元素来说，他们仍然是彻头彻尾的"局外人"。他们仍然在两个世界的夹缝中游走，而这种生活方式从根本上塑造了他们的行为及处事方式。用亨利·罗索夫斯基的话说，要对自己的宗教及文化背景"毫不在意"，这对犹太人来说还是很有压力的。1948年的哈佛毕业生，后来成为《纽约时报》专栏作家的安东尼·刘易斯也进一步印证了这一点："无论在波士顿还是哈佛，犹太人这件事本身仍能带来不适。我想随大流可能会更有安全感。我从前辈那里得知，在二战以前的哈佛，犹太人比现在更不被接受，也更没有安全感。但我不得不说，也许这一问题在战争刚结束的那代人身上也并没有完全消除。"据基辛格本人回忆，刚到哈佛的时候他也有类似的不安全感："我对自己完全没有把握。走出部队，我感到自己又变成了移民。当初我以难民的身份参军，如今走出军队，却又变成了移民。"

1947年秋，基辛格进入哈佛。那时候，移民和犹太裔学生与其他同学不住在一起，学校给他们单独开辟了住处。在哈佛，犹太学生可以算得上是被抛弃的圈内人。入学第一年，基辛格与两个犹太室友一同住在芒特奥本街拥挤不堪的克拉弗利大堂。虽然他一直努力不明确提及自己的宗教背景，也拒绝参加学校的犹太组织或社团，但据当时的同学回忆，基辛格没能融入任何一个学生群体。他一直是一个移民，与周围的环境格格不入。一方面，他刻意回避过往经历的举动使犹太同胞认为他冷漠疏离，从而对他望而却步；另一方面，他无法掩盖的德裔犹太人长相、口音、一板一眼的态度又使他难以融入哈佛主流学生圈子。基辛格的舍友亚瑟·吉尔曼回忆称，他就是个"彻头彻尾的独行者"。赫伯特·恩格尔哈特住在基辛格楼下，他说基辛格就像是同类中被孤立的那个："他永远都是那么严肃。也不爱追女生。他的睿智和洞察力在本科阶段还没有明显显现出来。他对身边发生的一切都无感，不闻不问，不做任何评论，对周围的人也完全没有同理之心。他在社交方面显得很笨拙，我猜是有点害羞吧。总的来说，他是个非常内敛的人。"

据一位作家描述，基辛格"和其他学生都没有什么长久交情"。从哈佛到白宫，社交亲密障碍一直困扰着基辛格的职业生涯。除了极个别情况之外，基辛格很难卸下防备，与他人分享自己内心的希望和恐惧。紧绷的神经和堪称自负的野心令基辛格很难放松下来与人有进一步交往。他内心非常没有安全感，反映出来便是极度地以自我为中心，这一点在他本科时代就已经非常明显了。更重要的是，基辛格疑心很重，这使他办事极度隐秘迂回，谨慎狡诈，而这样的做法往往又会为他招来恰恰是自己最惧怕的敌人。这些都是当时同学眼中的基辛格。这是他的性格，但另一方面，基辛格之所以会表现出这样的性格特征，与他年纪轻轻便先后经历流亡、移民，以及战争的残酷等是分不开的。从一定意义上讲，这一切都是德裔犹太人在美国社会夹缝求生的现实写照。

冷战时期的高等学府中，基辛格独来独往、孤僻疏离的特质吸引了某些大人物的注意。和他昔日军中的上级一样，哈佛的教授很快发现，在严肃的外表之下，基辛格有着异常强大的内心，他非常善于处理海量信息，观点颇具说服力，能把复杂的提议与实际问题相结合。流放经历和军旅生涯与哈佛的学术智慧完美碰撞,在基辛格这里碰撞出实用主义的火花;历经苦难的他深知,相比学术的一贯性,有选择性地适应某些观点才是行动成功的根本。基辛格掌握着德国社会的第一手资料,对德国文化了如指掌,因而能对很多眼前最为迫切的问题提出有价值的见解。与战前的学生相比,这一级的哈佛学生普遍更成熟,也更有社会经验。天生老成的基辛格就是在这样一群学生当中脱颖而出。他的冷淡疏离进一步印证了人们对德裔犹太人的固有印象,而他出众的才华又恰恰是人们对德裔犹太人所有最美好联想的完美体现:逻辑性强善分析,勤奋刻苦不知疲惫,隐忍自持有教养。

威廉·雅德尔·艾略特是哈佛政府系教授,与制定美国冷战政策的圈内人士交往甚密。在艾略特看来,基辛格这样的性格和学术素养颇为难能可贵。他能够绕开大众观念中对权力的狭隘理解,有效寻求可行的替代方案。艾略特曾发表过一个很有名的论断,他提醒大家说,随着二战结束,美苏对新一轮世界霸主地位展开争夺,美国正面临着"有关国家生死存亡的奋战"。艾略特主张,在这样一个国家需要强有力的集权领导的时刻,传统的以分权为特征的民主政府形式恰恰成了美国的软肋——这与乔治·凯南、保罗·尼采及其他美国政府外交政策制定者的言论不谋而合。艾略特建议,有必要"对小城镇、郡县、市政厅等机构中那些导致浪费和效率低下的冗余组织和体制进行瘦身"。艾略特想要的,不是二战之前那种养尊处优的市民文化,而是基辛格这一类人身上所展现出来的那种严谨、专注,以及超强的个人意志力。

艾略特说,"历史给我们上的第一堂课就是:没有哪个强国会同没有自信,或没有能力在未来战争中自保的弱小国家结盟。"在这一点上,他和弗里茨·克雷默观点相同。艾略特认为，珍珠港事件之前，胆小懦弱、痴心妄想，官僚机构分治的情况使美国竟忽视了这一简单的真理。他指出，就美国当前和苏联关系的发展来看，美国正面临和珍珠港事件相同的危机和窘境。艾略特反对那种鼓励美国人一遇到分歧就企图通过协商达成妥协的实用主义政治理念，他认为，在强敌面前，美国同胞应表现出坚定的道德目标以及通过强硬措施解决问题的坚定决心。他认为美国过分纵容苏联在欧洲和亚洲的扩张，对此提出了批判，并哀叹称，"在心理层面，软弱所要付出的代价远比讨好懦弱盟友的所得更多"。不像美国许多实用主义者想当然以为的那样，和平与繁荣不是天然存在的形态，我们需要"通过自己的实力争取和平，争取繁荣"。

和克雷默早前一样，艾略特把希望寄托在了基辛格身上，因为他身上有着对卓越领导力天生且睿智的见解。当时的学术界盛行用客观"科学"的方法研究人类行为（强调社会结构和经济学计算）。艾略特认为，在这样的背景之下，基辛格无疑是纠正当时社会风气的一剂良药。这位不苟言笑的年轻人了解思想的力量以及"伟人"在历史上的角色。因此，1948年，基辛格进入哈佛才短短一年的时间，就已经被艾略特视为了"康德和斯宾诺莎"的结合体。

抛开夸张的成分，艾略特的这一评价体现出他对基辛格思想深度的钦佩，以及看到德国（康德）和犹太（斯宾诺莎）传统在基辛格身上得到完美结合时的狂喜。在当时，实用主义思潮盛行，对美国政治和社会科学思想影响深远。艾略特告诫基辛格等学生说，"一味寄希望于对权力没有共识的法制，最后就只能陷入对现代政治的现实状况理解无能的境地。"当时，与德国"教化"传统典范相关的"神圣"及"自我意志"的思想盛行。迎合这一思潮,艾略特希望政治可以大刀阔斧,纠正"自由主义的严重错误":自由主义观点认为,人民的权利的特征是与生俱来的,不需要对价值观加以确认,也不需要任何人去负责任。根据这一论点,国际社会需要的不仅仅是妥协的办法;而是可以通过政治,在"伟大的小说家、伟大的音乐家,或伟大的艺术家"模式的基础上,通过自己的明确意愿,创造人类"共同的纽带"。艾略特认为,冷战时期的民众渴望激励,甚至期待有点神学意味的东西。只有在内心道德目标驱动和激励下的领导力,才能够创造更美好的世界。

艾略特鼓励基辛格研究道德领导力的哲学根源,并为其在当代政治中进行合适定位。艾略特向学者和政府官员提出呼吁,在新的机制下,制定政策的时候,除了要考虑当下的策略性需求,还要对一些广义的、无时效性的需求进行分析。学者之所以接受教育,不仅为欣赏西方文明的源泉,还为把自己所学应用于现状。因此,他们"要能够在权衡各基本要素及重要性之后,为国家安全政策提供长远建议"。这里所谓的"基本要素"指的便是社会道德及历史需求。这一任务如今由冷战中的新哈佛人承担了起来。他们的工作把课堂和白宫、学术和政策建议联系了起来。这就是冷战时期高等学府的使命。

在艾略特的指导下,基辛格钻研政治哲学,还在哈佛组织了一系列旨在优化美国外交政策的项目。这两方面的活动是相互关联的。用艾略特的话说,它们都是旨在通过"调动我们的教育资源",从而在与苏联这样的强敌对抗中抢占先机而进行的卓绝努力中的重要组成部分。

基辛格本科论文研究的正是社会堕落的危险和卓越领导能力的必要性——这在奥斯瓦尔德·斯宾格勒、阿诺尔德·汤因比、伊曼努尔·康德等人的哲学著作中都曾有明确论述。论文完成于 1950 年 6 月,那大约正是朝鲜战争爆发的时间。在论文中,基辛格肯定了艾略特对机械政治观的批判:"想要对政策有效性进行验证,只有逻辑严密的推理是远远不够的,还应具备足够的能力,从而透过表面现象感知无处不在的内在体验。"基辛格认为,标准的美国自由主义理念可以以牺牲价值观为代价达成妥协。这种做法忽视了眼下西方文明正面临的威胁(斯宾格勒),忽视了用创新办法去解决眼下的棘手问题(汤因比),忽视了人类社会的绝对道德准则(康德)。基辛格在论文中呼吁,除了应对日常外部压力,还应对更深层次的人性极限、险境以及未来可能性有"积极认识"。

基辛格的这一论点经由艾略特传到了政府高层那里。在威廉·艾略特呈送给时任国务院政策规划部主席的保罗·尼采的一系列备忘录中,基辛格对当代国际事务进行了类似论述:

> "解决""会议""协商"——所有此类言论都隐含着这样一层意思:当前[有关朝鲜半岛]的危机所反映出来的是误解,又或者是某种性质的不满或怨恨,而这一切都可以由理智之人本着妥协和协商的精神得到解决。然而严酷的现实是,苏联当前的扩张主义针对的并非我们的政策,而是直指我们的生死存亡。因此,任何让步都仅仅会变成下一次突围的跳板。

根据这一分析,朝鲜战争不仅仅是一次领土之争,而是基本价值观念的较量。美国人普遍认为,遏制共产主义扩张,主要就是要抵制遥远的苏联进行地域扩张——这暴露了美国人"天生怯懦和有时肤浅的观念"。当时还不到30岁的基辛格提出,想要打败苏联,就要更加齐心协力众志成城,把握主动权,提出更广义的目标,利用美国优势进行回击——也就是,不去回击以苏联为首发起的对朝鲜半岛或其他地方的侵略,而是瞄准双方具体分歧。美国要明确展现国家意志,从而展现力量,达成目的:

> 应该有一条明确的界限,一旦越界,便会爆发大战,当然,目前苏联的举动未必已经到达此临界点。这样做的好处在于:第一,明确我方立场,减少一系列虚张声势的行为就把各国卷入世界大战的危险;第二,使美国在冲突中占据主动,从而把苏联最大限度置于劣势。当前,苏联正占据主动,战场以及战线和规模都掌握在苏联的手中。

艾略特和基辛格认为,冷战是一种"全方位的"冲突,在哲学和军事层面,都比一般的区域性危机要更加棘手。因此,基辛格携手艾略特,致力于把哈佛打造成一个制定整体"战略方针"进而引导国家政策的中心。这需要跨学科研究,需要联通学界和政界。最为重要的是,他们将培养一群有知识有远见,既有道德操守又有政治才干的年轻精英领袖。为了培养这样的领袖,艾略特在哈佛创立了迷你学校,而基辛格为此不仅付出了精力,同时也贡献了智慧。像在克雷菲尔德和本斯海姆时一样,基辛格展现出了超强的稳定性和强大的适应能力。

和基辛格后来的导师(特别是纳尔逊·洛克菲勒、理查德·尼克松)一样,艾略特仰仗基辛格处理这些复杂的项目和人际关系。20世纪50年代初,已经进入研究生阶段学习的基辛格手中同时管理着哈佛多个外交政策相关的项目，同时仍接受着艾略特的赞助和支持。基辛格负责幕后工作，艾略特负责在台前抛头露面。从剑桥到白宫，基辛格慢慢熟悉了这一角色。他成功成为大人物身边不可或缺的角色，但始终和自己的同僚格格不入。如果说有什么不同的话，当初基辛格身上吸引艾略特等人的那种工作认真、态度严谨的特质如今却使人们认为，存在犹太人掌权和谋反风险的固有印象得到进一步加强。

在哈佛校报《哈佛深红报》中，基辛格被毫不客气地刻画成"严肃的猫头鹰"，他就那样埋伏在暗处，"说话一板一眼，颇有权威，还带有轻微的德国口音"。他能够发现"仍处于理论阶段而不是现实存在的问题"，并且以引导高层执政当局为己任。基辛格着实是新时代的哈佛人，他对高层颇有影响力，但与此同时，自己又是传统歧视的受害者。他确实像猫头鹰，就像《哈佛深红报》的记者想的那样，因为他是那样的神秘莫测，却又无处不在。

在基辛格整个职业生涯中，他一直扮演着主要人物背后影子顾问的角色。这反映了冷战期间高等学府学术变革的构架以及种族尊卑的现状。从他还是学生的时候起，基辛格就跳脱开眼下的危机和自己身为被边缘化群体的身份，努力研究国际事务和外交政策。他喜欢援引"伟人"哲学家和外交官主张的普遍政治原则，——这反映出有野心的思想家，特别是那些仍会不时被群体身份固有观念刺痛的犹太人想要追求卓越的普遍愿望。基辛格所遭遇的不同社会阶层的划分被历史上的伟人所摒弃——而他正要从他们那里寻求永恒真理。

冷战时期的网络

20世纪50年代,基辛格和艾略特在哈佛创建的一些新项目正是基辛格身为冷战局内人和哈佛社交圈局外人身份的最佳写照。这些项目绕开了传统通过专精学术和学科政治获得学术认可的路径,把重点放在借助哈佛的声望和公众对冷战的热度,开展一些可以吸引全新群体关注的活动上来。他们致力于接触国内外年轻领袖,向他们传递卓越道德目标以及战略愿景的理念。在这一过程中,他们促成了冷战时期新的机构间网络的建立。与1945年以来典型的洲际协作类似,这些后继组织有意把学术和政策、教授和政治家联系在了一起。

这些新的网络不仅仅是一些志趣相投个体的集合。作为冷战期间高等学府的延伸,它们在国际范围内选拔和调动智慧精英,为制定政策服务。冷战时期的网络所思索甚至是执着的,是苏联通过军事和其他破坏性手段扩张所带来的威胁。它们更多地把重点放在了在民主社会中调动反共力量时,在维持道德权威方面会遇到的困难。从20世纪30年代的经验来看,包括基辛格在内的很多人都意识到了这样一点:没有有效的领导力甚至是偶尔为之的高压手段,自由社会缺乏抗击外部威胁所需要的团结和决心。

这种领导力来自一群不同国家年轻的精英——他们聪明智慧、意志坚强,积极分享着自己的想法和策略。他们构成了一种强调西方文明价值观和安全的冷战政治的文化。通过政府机构、跨国组织,以及一些专门由大学主导的项目,他们通力合作,一起解决经常会遇到的来自国内外的挑战。

哈佛著名的"国际研讨会"就是冷战时期的网络形成过程中最早一批最具影响力的中心之一。1950年秋，基辛格已经开始在政府专业博士一年级的学习。国际研讨会是从哈佛暑期学校中生发出来的一个项目，学校对其监管力度很小。基辛格仍然参与研讨会的构思和管理工作。在一份打印给艾略特的备忘录中，时年27岁的基辛格列出了一项大胆的学术和政策议题，对冷战期间高等学府的使命和当务之急进行了具体描述：

> 这个项目可以成为连接一部分外国青年和美国的精神桥梁和纽带。在欧洲和亚洲，对于这一代人来说，战争已成为常态，权力成为考量政治决策的唯一标准——这导致愤世嫉俗甚至是虚无主义的思潮泛滥。人们为寻求确定性而苦苦追寻。在此过程中，美国的物质援助常常仅被视为痛苦的缓解剂，而无法提供最终的答案，虽然美国所信奉的道义更具人性主义光辉，但这并不足以让精神的天平永远向美国倾斜。共产主义分子的坚定决心，他们对年轻一代的想法所表现出的兴趣——这些对年轻人来说无疑具有巨大的吸引力。共产主义分子一再鼓吹，把美国描绘成傲慢无礼、物欲横流的文化荒芜之地。因此，在海外国家看来，精神领域是美国最贫瘠的土地。

基辛格解释说，如果能有一个新项目使外国年轻的未来领袖齐聚哈佛，则有助于"对民主政权的真正价值达成共识，在精神上共同抵制共产主义。如果在哈佛的这个夏天不仅仅是一门课程的学习，而变成一段经历和体验，那么我们有理由相信，在哈佛暑期学校的必要技术协助之下，这些昔日学生之间的交流和联系将一直保持下去。与此同时，这群年轻有为、前途无限的青年之间也将建立互相了解的基础"。在美国这边，基辛格呼吁选拔"一批内心活跃、对国际问题有兴趣的美国学生组成委员会"，由他们充当外国交换学生的同伴。

基辛格寻求的"国际间的相互了解"有两个最重要的要素。首先，要强调有强大领导力的民主政体的重要性，而不认同共产主义或大众掌权的形式。从基辛格本科论文的中心论点延展开来，这一交流项目把重点放在了一小群精英的身上——他们将把这些普遍原则明确传递出去，并通过政治行为或以身作则的方式，引导他们的社会去践行这些原则。在有充分哲学依据的基础上，这些未来领袖将对共产主义的危险达成共识，并将通力合作，制定出基于跨大西洋文明更深层源泉的政策。1951年年初，基辛格拟定的课程大纲中突出强调了一些目前已感知到的威胁："虚无主义""官僚化""对政府缺乏信任""孤立主义"，等等等等。国内外对个人主义、私有财产和自由国度的批判之声不绝于耳。这一交流项目将进一步重申保护个人主义、私有财产和自由民主国家的根本原因，进而达到"挽救这一趋势"的目的。基辛格强调说，人际关系和文化共识将为建立坚强有力的反共政策打下坚实的基础。

其次，这一交流项目把目光锁定在与美国战略利益和意识形态相一致的国家上——法国、意大利、奥地利、西德。芬兰和南斯拉夫虽然在地理位置上更靠近苏联，但在意识形态上与美国更为接近，因此这两个国家也被纳入了特别关注的范围。对这些地区而言，建立学术上的共识实际上是第二次世界大战以及战后重建的延伸。最开始，英国、斯堪的纳维亚半岛国家，以及瑞士是没有被包括在这个项目里的，因为基辛格认为这几个国家具有"很坚实的民主传统"。而其他欧洲国家需要美国的帮助,需要美国协助其建立有利于培育稳定的反共民主政权、有助于与美国的合作及联合防御机制的一些机构和习惯。这个项目将培养出可以认识到这些价值,并将其有效付诸实践的领袖。在某种意义上,基辛格正借助洲际学术精英之间的联系,继续着20世纪40年代中期他和其他军官在克雷费尔德、本斯海姆,以及德国其他很多地方就已经尝试过的事情。

基辛格用了不到一年的时间,就把这个交流项目从概念付诸实施,建立了著名的国际研讨会。艾略特慧眼识珠,发现了基辛格强大的行政天赋,任命当时还是研究生身份的基辛格成为项目主管。1951年夏,研讨会迎来了第一届学员——20位来自欧洲的学员在闷热的剑桥一起度过了一个难忘的夏天。在接下来的18年里,这一项目不断发展壮大,学员人数不断增长,来自亚洲、非洲、拉丁美洲的学员也逐渐被吸纳进来。虽然学员人数增加,来源渐趋多元化,但无论从意识形态还是地理位置上来说,国际研讨会一直把重点放在了跨大西洋事务的研究上。国际研讨会的这一定位和特色是与冷战期间的高等学府,以及基辛格本人的特点分不开的。从第一期开始直到1965年,以及接下来的1967年,基辛格亲自主持了历届研讨会。国际研讨会志不在鼓励文化多样性,而在强化美国所信奉的领导力背后所一直传承的西方文明。

哈佛方面并没有为这一野心勃勃的项目提供大量资金援助。哈佛艺术与科学学院院长麦克乔治·邦迪非常赞同艾略特引导学校参与政策制定的做法,但他也意识到存在外部资金来源。邦迪指出,国际研讨会具有为政府服务的性质,"项目最初是在外来群体的倡导下建立的,我们也一直没有利用自己的资源为其提供直接资金资助"。邦迪认为,这一旨在建立跨大西洋冷战精英联盟的项目是"符合公众利益的一项特别的事业"。"正是因此,我们当初才被说服,采纳了这一项目。"

最初几年,国际研讨会收到了一些与美国政府密切合作,致力于在海外尤其是欧洲传播美国文化的慈善组织的资金赞助。如1956年,项目收到了一笔来自福特基金会三年总额为9万美元的捐款。这笔赞助数额可观,且几乎没什么附加条款。借用艾略特在拨款申请书中所说的话,这笔赞助的目的是使"这一超高水准的尝试"得以维系和保持——"这一尝试正以我们所期待的方式回报着我们:不仅能够改进世界上很多我们极其渴望与其结盟国家的文化领袖的观念和态度,还可以生发和培养我们与那些在我们眼中几乎无法称为自由世界的国家、地区甚至更广阔的区域内继续存在的特殊群体之间的友谊。"

这正是包括基辛格在内的"心理策略师"所使用的语言——20世纪50年代,这些心理策略师广泛受雇于美国各政府机构和部门。他们致力于调动公民社会的积极性,以建立以美国为领导的跨大西洋联盟和反共力量。这一过程需要调动大众媒体和大学等机构。同时,旨在强调现行民主政治的独立草根行动主义的出现也必不可少。如果民众表现主动,那就说明美国已成功凭借其影响力在民众之中催生出了心理诉求。正如在国际研讨会等项目中所体现出来的,基辛格把其称为"新时代外交最重要的方面"。基于这一原因,基辛格和艾略特强调哈佛的这些活动要接受来自公共慈善机构的资金援助。对反共活动民主、无私的奉献,这才是"自由世界"最核心的理念。

为美国冷战目的服务的非营利机构为国际研讨会及其他相关项目提供了重要的金融资本和文化资本。1953年到1959年间,福特基金会为哈佛国家安全项目提供了100万美元的资金援助。与此同时，福特基金会也为麻省理工学院、普林斯顿大学、芝加哥大学、伊利诺伊大学、威斯康星大学等高等学府提供了此类资助。卡耐基公司也为类似高校提供了总额近150万美元的资金援助。洛克菲勒基金会也有相同举措，为哈佛和普林斯顿大学冷战相关的研究和培训、美国外交关系协会、布鲁金斯学会提供了资金援助。这些资金援助为"本领域几乎所有的高校项目打下了基础"，为像基辛格这样的人在冷战期间的高等学府中得以生存并收获声望打下了坚实的基础。

如果说二战期间联邦力量的增强打破了大学校园和政府机构之间的隔阂，那么二战后慈善捐款的激增也促进了学术圈围绕冷战研究和培训展开的重组。机构捐款是沟通政府需求和大学学术精英的桥梁。这些捐款为围绕政策展开的新型研究提供了支持，鼓励了大学和政府机构中特定学者的晋升，为不同学科和社会中的思想家们创造了合作的空间。这是俄罗斯研究中心的模式在地理和政策上的延伸。这种依靠非政府捐款的形式促进了学术的自由和公正。资本主义民主政权是去集团化、多元化的。机构捐款的形式正好符合了政府极少干预自由社会的理想，且只用了很少的成本就达到了为政策服务的目的。基辛格等人在管理国际研讨会等项目的过程中，实际上就同时为大学、慈善机构，以及联邦政府三方工作。这正是冷战政治在具体行动中的体现。

慈善机构并不是政府机构的简单延伸。这些机构也并没有总是以华盛顿方面的意志马首是瞻，且常常会提出诸如军备控制等官方所忽视的议题。像美国和西欧的很多公民一样，这些机构的领导人一心投入反共事业，并支持建立在他们看来与自由和民主紧密相连的国际共同冷战文化。而政府机构就无法生发这种态度。相反的,政府常常身居幕后,引导这种情绪向特定的方向发展。尤其是中央情报局,它通过慈善机构资助的项目,为建立美国政策在意识形态和心理方面的基础扮演了非常重要的角色。中央情报局并不控制机构的决定,而是鼓励这些慈善机构去资助其选定的项目,并常常通过这些机构把自己的钱逐步分拨下去。随着大学和政府之间界限的逐步模糊,独立基金会和政府机构之间的界限也在逐渐弱化。

国际研讨会有机会广泛接触各国意见领袖,因此很快便吸引到中央情报局及各慈善机构的注意。中央情报局提供种子基金,把基辛格脑中的概念变为真正运行的项目,并每年为国际研讨会不断增长的年度预算提供资金支持。20世纪50年代初,中央情报局为国际研讨会共计提供了超过两万美元的差旅及其他费用支持。整个20世纪50年代,中央情报局通过包括法弗德基金会在内的一些前沿机构以及一个名为中东盟友的组织向国际研讨会提供了更为广泛的资金援助。世界范围内,依靠美国情报机构和慈善组织资金支持的学术项目蓬勃发展,基辛格的项目正是其中的一部分。

然而,国际研讨会并不是中央情报局或其他资助者创造的产物。国际研讨会始终遵循了1950年基辛格为其描绘的最初概念和定位:面临共产主义的威胁,强调政治共识和道德领导。有关民主体制缺点的基本假定,以及基辛格等人通过二战的亲身体验而逐步内化的跨大西洋身份认同在国际研讨会项目中得到具体体现。美国情报机构确实对国际研讨会进行了监视,还参与了研讨会外国学员的身份确认,但没有证据表明情报机构曾强迫研讨会对其实质内容或组织结构进行修正。他们也没必要这么做。冷战期间的高等学府所孕育的，是对美国作为西方文明的守卫者以及战后跨大西洋区域领袖这一全新身份的重视。依托冷战期间的高等学府，以亨利·基辛格为代表的这群野心勃勃的年轻人对这一理念前景，以及在此过程中与美国情报机构的合作非常认同。

在慈善机构和中央情报局的支持下，国际研讨会成功建立了一个异常广泛强大的冷战领袖网络。因为有广泛的学员基础，国际研讨会成为集合了各国成员、当时最具影响力的机构之一。20世纪50年代，国际研讨会的学员迅速成长，其中包括日本首相中曾根康弘、比利时总理莱奥·廷德曼斯、土耳其总理比伦特·埃杰维特、马来西亚总理马哈蒂尔·宾·穆罕默德、以色列副总理伊戈尔·阿隆、刚果驻联合国大使托马斯·坎赞等。这些学员后来在非政府机构中担任重要职位，如企业主管、公共知识分子、知名出版人等。这一精英网络覆盖全球，但把重点放在了日本和西欧国家。学员几乎以男性为主，且并没有从传统的贵族中选取，而是从处于上升期、受教育程度很高、更具世界观念的一代人中去挑选——第二次世界大战以后，各国这类人群脱颖而出。他们便是基辛格口中全球范围内崛起的新一代政策主体。

身为国际研讨会主任的基辛格正身处这一新兴网络的中心。与项目其他人相比，基辛格与研讨会的每一位学员都有着更直接、更持久的接触。国际研讨会昔日学员、后来成为德国著名出版家的西格弗里德·昂塞尔德评论称，通过国际研讨会这一项目，他也成为"基辛格俱乐部"的一员。昂塞尔德是1955年夏天来到哈佛参加国际研讨会的，在这之后的几十年里，他和基辛格一直保持着书信联系，偶尔还会见面。基辛格与昂塞尔德等国际研讨会学员成了终生的伙伴——他们来自世界各地，具有相似的关切，互相之间保有普遍的善意。国际研讨会并没有使外国学员"美国化"，也没有使作为东道主的美国"欧洲化"。学员之间的讨论和私人之间的互动造就了一个相对独立的冷战精英团体，他们形成了这样一种集体身份认同——在危机四伏的世界中，他们是具有行动力的知识分子，是西方文明的守护者。

基辛格在这个圈子的地位举足轻重，他还有机会接触到有关美国冷战同盟的很多重要信息，这使他在美国的声望大涨。虽然基辛格还很年轻，但很多专家或权威人士都开始就海外领导人及发展等问题咨询他的看法。知名经济学家、外国政策专家、后来的诺贝尔奖得主托马斯·谢林描述称："有一年夏天我和夫人打算去希腊度假。我在跟基辛格的谈话中提到了此事。基辛格给我提供了一个在希腊的联系人。这个联系人在当地很有权势。他为我们安排了车辆和司机；我记得他甚至为我们支付了去某些岛上游玩的船票。一年后，这个人还邀请我回来做演讲，安排我和皇室做了一次采访。"

谢林后来对基辛格利用在国际研讨会中积累的人脉关系谋取私利的行为表示了鄙视：他说基辛格这是"在全世界名流要人那里混脸熟"。对于基辛格这样颇具野心的人来说，这样的评价无疑是有据可依，但谢林的评价忽视了在冷战的大背景下，能与各国要人取得联系，这本身就意义重大。美国领导人意识到，今日美国正身处全球反共斗争的浪潮之中，其规模早已超过美国以往任何对外交流。虽然从事全球贸易已久，但美国对稍微遥远一点的国家——如西欧之外的国家、北亚，以及拉美国家等——了解非常有限。这是没有巨大殖民帝国支持的弊端之一。美国的很多政要名人，如经济学家约翰·肯尼斯·加尔布雷斯、策略理论家伯纳德·布罗迪等都认识到了这一现状，并鼓励美国在更广泛的范围内与更多国家的意见领袖建立联系。虽然基辛格通过国际研讨会建立的联系仍然以欧洲为中心，但却使与共产主义斗争中的美国借机拓展了知识和触角。

正如当年在军中以及哈佛的最开始几年，基辛格世界大同、四海一家的理念使他迅速成为举足轻重的人物。美国的许多知名人士，如埃莉诺·罗斯福、雷茵霍尔德·尼布尔、克里斯蒂安·赫脱、阿瑟·小施莱辛格、小威廉姆·F·巴克利等，他们都曾不止一次专门抽出时间，出现在国际研讨会的现场——因为他们深知，建立更广泛的海外网络对美国的外交政策意义重大。国际研讨会旨在培育基础广泛、价值观接近的外国精英，它通过结盟以及达成谅解的理念，开辟了解决问题新的途径和手段。通过基辛格建立的关系网络，政策制定者得以通过美国以外的视角看待事态及发展，并由此调整自己的行为。

纵观其整个职业生涯，基辛格后来就利用了自己几乎无人可及的全球网络，并将自己的海外人脉资源转化为国内影响力。海外资源和国内影响力——这两者其实是相互巩固、相互加强的。基辛格与重要冷战联盟或潜在盟友的会面吸引到美国政策制定者的注意。为此，基辛格常常会发表有关其海外观众的"机密"报告。反过来，基辛格会不时与美国领导人见面，讨论他与海外接触的情况，这也巩固了基辛格在海外人士中的地位。每当有报纸记者提到基辛格与国务院高级官员、五角大楼官员，甚至是总统有什么谈话时，基辛格就会更加成为国外大使、大臣们青睐的座上之宾。把冷战对于国际影响力的执念转化为自己的优势，基辛格在这点上做到了极致。

到20世纪50年代末，作为美国新移民的基辛格快速成长，他不仅是国际沟通的桥梁,还是一位娴熟的网络缔造者,其工作范围几乎遍布全球。从早期的国际研讨会一直到后来进入华盛顿政界,几乎是存着些执念的,基辛格的外交活动一直都围绕处理全球精英之间的关系展开。在自己的学术论文中,基辛格描述了什么是"政治家风范的内涵",并列举了十九世纪著名外交政策制定者卡斯尔雷和梅特涅的优秀事例,用来强调劝服和达成共识的重要性。

评价一个政治家,只看其理念是不够的,因为政治家和哲学家不同,他需要把自己的构想付诸实践……而外交正是其使用的工具——外交是一门艺术,它强调达成协议而不是行使武力,是使特殊诉求服从于普遍共识的行为的外在表达——是外交把世界各国联系了起来。由于外交强调的是劝服而不是惩罚,因此外交是基于一个确定的框架的——无论是对于某合法原则达成一致,或者从理论上讲,还是对权力关系的一致诠释——虽然后者在实践中是最难做到的。从很大程度上讲,卡斯尔雷和梅特涅的成就正是得益于其出色的外交能力。

据基辛格分析,他们俩都善于处理其服务的欧洲君主之间的关系,并因此获得成功。他们会制定谈判条款,精心规划同盟,并且最重要的是,会经常安排一些精心设计的会议,把潜在的敌手聚集到一起。尤其是梅特涅,他是一个非常狡猾的政治家,上级和同僚之间的关系简直可以称为是尽在其鼓掌。基辛格曾颇为骄傲地引用了梅特涅这样一段豪言壮语:"每个人都有所图,但却不知道如何去获得自己想要的东西,而最有趣的部分就在于,没有人真正了解要如何获取自己渴望的东西。但我知道我想要什么,也知道别人都有哪些能力,因此我准备万全。"这就是杰出的外交家,对他人了如指掌,对人际关系也尽在掌握之中。

虽然没有梅特涅那么炉火纯青,但努力建立与西方世界以外人物联系的基辛格在冷战精英的群体里也扮演了与梅特涅相似的角色。像梅特涅一样,基辛格建立了一个基础广泛、人员组成多样的网络,并在各种讨论和协议当中充当了中间人的角色。基辛格背后的资助者来自不同的团体和组织,这些组织之间有时甚至是相互对立的。通过持续不断的努力,基辛格把有影响力的人聚集在自己的周围,他自己的地位和影响力也因此而不断提升。20世纪50年代,很多有影响力的人都逐渐发现,自己开始回应来自"这个名叫基辛格"的人的提议——他们对基辛格知之甚少,而基辛格却似乎对他们以及他们的需求了如指掌。

二战结束后短短不到10年的时间,基辛格便借助国际探讨会和冷战高等学府体系内其他活动,成功跻身美国社会及政治精英之列。他与很多政要名流经常会面,并保持书信往来,如迪安·艾奇逊、伯纳德·布洛迪、约翰·F·肯尼迪、小亨利·加博·洛吉、纳尔逊·洛克菲勒、小阿瑟·施莱辛格等。这些人都是哈佛玉玺学会及其他精英俱乐部的成员,他们也会带基辛格去那些场合。而基辛格则为他们提供了与国际人士对话的机会,这是即使最著名的沙龙俱乐部都无法比拟的。"老牌社团"依然强大,但其遗世独立的风格已不再能满足其成员想要对外沟通交流的意愿。基辛格在尊重甚至是巩固其排他性的基础上,正努力引导美国精英走向国际化。他是个颇有助益的局外人。

基辛格为很多社团服务,却不是任何一个社团的正式成员——这一角色恰巧满足了当时外交政策的需要。与此同时,身处这一位置的他也不可避免地招来了不少记恨，尤其是他犹太人的身份，使情况更加雪上加霜。托马斯·谢林对基辛格广铺网络野心的藐视之语后来又被很多作家引用，他们纷纷谴责他的行为既不合常理又不道德。然而，基辛格的行为反映了当时的社会需求，也反映出一个世界人可以做出哪些贡献。梅特涅是19世纪初杰出的网络创建者。在第二次世界大战后的今天，身为德国犹太人的基辛格在冷战高等学府的框架里，在慈善组织的资助之下，也建立起了为政府服务的强大全球网络。

冷战爱国主义

　　美国的扩张加速了国内机构的变革以及这些机构中犹太人地位的提升。基辛格所创立的冷战网络在美国政府的保护和支持下不断壮大。当然,没有任何资助是不需要付出代价的。作为回报,基辛格和其他享受特权的犹太人也深知,他们的行为必须符合美国的国家利益,而且更重要的是,必须维护美国现有体系神圣不可侵犯。在共产主义分子对美国政府的道德基础提出挑战的背景之下,这样的责任感尤为重要。对于基辛格和许多新移民来说,爱国主义代表的不仅仅是一种公民身份,而且是明确表现出来的、对美国政府基本目的和政策的无条件忠诚。基辛格后来也写道,"在美国,我找到了躲避纳粹暴政的避难所,也切身感受到我们的国家对于世界其他国家的意义,尤其是对于那些被迫害的群体以及弱势群体来说"。正是这种心态引导着基辛格,引导他坚定不移地为美国政府服务——即使有时候,美国政府的行为已经偏离了轨道,在很多人看来是不恰当或不合理的。

　　20世纪50年代初,公众对不同意见的容忍度逐渐降低,这是美国历史上的"麦卡锡主义"时期。基辛格也参与了政府支持下对所谓同情共产主义分子的监视和起诉。1953年7月10日,基辛格致电联邦调查局波士顿分部,举报国际研讨会学员中有恐怖的传单散布。基辛格之所以会发现这个传单,是因为他私自打开了其他人的邮箱,而显然,这一行为是违反联邦法律的。传单谴责了美国的原子弹项目和军事政策,向大众呼吁"要坚定决心,致力于毕生从事和平事业"。

　　这一被归罪的传单中的内容在后来的读者看来简直就无伤大雅。有些人也许还会觉得里面的内容有点傻。但在当时——人们对冷战的恐惧以及认为国内存在"颠覆行为"的臆想不断加剧——传单中的内容还是引发了人们的严重关切。这对基辛格这样野心勃勃的年轻移民尤为如此——他很担心来自共产主义的威胁，也很担心自己不被美国社会所接受。所以无论是否有确凿的证据，只要政府或有民众认为国际研讨会是一个包藏同情共产主义分子的场所，这个项目就只会面临死亡的命运。而且，任何此类指控都将使当时只是普通研究生的基辛格失去许多学术及政策制定相关的机会，而这些机会对他的晋升和职业发展非常重要。

基辛格私自打开他人邮箱的行为触犯了法律。他向联邦调查局汇报的行为辜负了国际研讨会学员和工作人员对他的信任。但是，基辛格只是做了任何那个时代处于他那个位置的人都会去做的事情。他以自己对冷战爱国主义的定位为依据行事，把国家的需要置于其他道德考量之上。所以，他绝不会让国际研讨会冒任何风险，被指控其中存在共产主义颠覆分子或行为——即使这样的指控毫无依据。所以，基辛格把可能造成伤害的文件上交了出来，用以证明自己的忠心，也同时证明自己作为连接政府和学术界、连接美国和其他国家桥梁的意义所在。

在当时的社会，人们过分恐惧并不断抨击那些被视为"非美国人"，尤其是犹太人的群体——在这样的背景之下，基辛格通过与当局密切合作的方式来寻求安全感。自从基辛格1938年移民到美国之后，是美国政府而不是公民自由的捍卫者为其提供了保护、上升的空间以及社会地位。直觉告诉他，他一定要加强与政府的联系，强化国际研讨会的政策目的，而不能把自己再次置于被流放的危险境地。他甚至明确提出，自己是政府的朋友，是"与联邦调查局有着强烈共鸣的人"。通过提供附加信息，以"秘密消息来源"的身份与情报机构取得联系,基辛格成功奠定了自己政府特殊贡献者的地位。

作为国际研讨会的主任,年仅30岁的基辛格享受到了知识分子的特权——他掌握政策相关知识,具有多元背景,对跨大西洋共同社区具有强烈认同。但这样的身份在20世纪50年代初是非常危险的。当时,恐惧和狭隘的心态盛行,基辛格所有这些品格都有可能演变为危险行动,都有可能成为"非美国人"心态的标识。与几百年前的犹太人一样,身处危机年代的基辛格面临巨大压力,他需要从主导政治力量那里获得认同,证明自己的归属感。基辛格在"麦卡锡主义"时期以及后来其职业生涯中的其他时刻所表现出来的谄媚的忠诚,正符合了某位历史学家所描述的"犹太人在离散过程中有不断向中央集权靠拢效忠倾向"的行为模式。不安和野心,这两者促成了他们与政府精英完全一致的立场。

这些在哈佛的"周六下午"举行的有关当代政策的研讨会,对基辛格来说并不是学业以外的附加活动。正是这些活动奠定了他学者的地位。基辛格的毕业论文就是研究十九世纪初强国的外交政策,他创办了国际研讨会,在政府学系任教,还发表了多篇有关核策略的文章——所有这一切都是围绕加强美国在冷战中的力量而展开的。基辛格在其毕业论文的前言中进一步强调了这一至高无上的主题,他明确指出:"坦率地讲,我之所以选择1812年到1822年这个时代为背景论述我的主题,在一定程度上是因为在我看来,那个年代的问题似乎与我们今天所面临的问题具有相似性。"基辛格还强调了学识对于国家生死存亡的现实意义:"社会,与其说存在于某一空间,更不如说存在于某一时间。在任何特定的时刻,国家不过是一群人的集合……但对共同的历史的认同感造就了国家。这是国家唯一的经验,是国家仅有的自我学习的可能。历史是国家的群体记忆。"

在基辛格看来,了解外交史对当代政策的制定具有指导作用。国家——这里特指美国政府——正是他工作的灵感及目标群体。"可以确定的是,"基辛格提醒大家,"国家都很健忘的。它们很少能从过去吸取教训,甚至很少能从过去得出正确的结论。"基辛格及其他冷战高等学府中的知识分子正是要努力使年轻的美国铭记正确的历史:"对于任何一代人来说,他们只有一次走神或开小差的机会;每代人只有一次解释的机会,也只能尝试这一次而已,因为他们正是自己研究的主体和对象。这正是历史的挑战及悲剧所在;也正是'命运'这个词在世间的具体形态。而要解决这一难题,甚至是发现这个问题,这也许正是政治家最艰巨的任务。"

国家是基辛格研究的主题,而"政治家"利用学识使政府更加强大。普通公民几乎很难有这样的视野。他们不创造历史,对政策也没什么贡献。他们被包裹在国家之内,抽象为一个个没有具体姓名的"奥地利人""俄罗斯人",或者"美国人"等——他们要依靠政治家为自己谋求福祉。对基辛格来说,一国政府及其领导人才是真正有价值的所在。

国际事务中心

基辛格用政治家的方式解决学术问题,这使他不仅成为国际关系研讨会最理想的主管,也成为建立新的旨在加深政府和高校间合作的研究机构时的关键人物。而在哈佛大学,此类机构中最为重要的便是国际事务中心。国际事务中心成立于1958年,旨在"把国际事务方面的基础研究和经验人士进行的高级研修结合起来"。

远离日常琐事的压力,国际事务中心可以提供一个有利于对根本性问题进行持续、系统分析的环境。学者和成熟的实践主义者共同参与的模式具有两方面的效益:一方面,可以使研究更透彻有效;另一方面,在一定阶段的实践之后,在对其他一流学者进行激励、启发此类思考的同时,也可以达到加深实践者的理解,拓展其视野的目的。

8年来,国际研讨会一直致力于冷战网络方面的建设,而国际事务中心则为类似及扩展性活动提供了一个更为广大的机构性支撑。国际事务中心强调学者、政策制定者,以及广大重要冷战国家的关键人物之间应建立持久的联系。国际研讨会的原始资助人麦克乔治·邦迪和威廉·艾略特同时也是国际事务中心的支持者——因为国际事务中心促进了"不同国家官员之间的联系,而这种联系为他们在将来的职业生涯中进行更坦诚、有益的讨论起到了推动作用"。通过协会、会议、研讨会,以及资助旅行等方式,国际事务中心提供了"面向成熟人员的更高级的培训"。在讨论之外，它还为冷战政策学习提供了实验室。

效仿基辛格国际研讨会的模式，国际事务中心避免对具体实例进行研究，而是把重点放在了过程上——把人们聚在一起，鼓励探讨，建立共识。除此之外，国际事务中心聚焦价值和关键概念而不是具体政策的制定。这里是孕育协作"智囊团"的温室。"因为要解决眼前的危机，人们的精力常常会被分散，从而忽略掉那些更基本的问题。这样做的一个后果就是，制定政策时，常常要从那些之前因为时间不够或人手不足而未被触及的领域着手。这些基本的或者说是长远性的问题常常是最适合进行外部研究的。"因此，国际事务中心就旨在"吸引那些具备基本训练和技能的人"就制定外交政策时要考虑的根本性问题进行共同探讨和思索。

基辛格并不是国际事务中心的主要发起人，但他创立的国际研讨会却为国际事务中心提供了基本构架。虽然国际研讨会的活动后来也被很多知名人士所批判，但基辛格开创的创建网络的模式在哈佛得到借鉴和发扬。事实上，托马斯·谢林也加入了国际事务中心，并且为他自己所批判的活动贡献了力量。如果说俄罗斯研究中心在战略情报局和哈佛之间架起了一个还算秘密的通道，国际研讨会把大学置于了国际化政策精英的中心，那么国际事务中心则建立起了哈佛和华盛顿之间直接沟通的桥梁：

> 美国政府及国际机构经常需要一些有资质的人士以顾问、代表团成员等身份临时承担一些特殊的具体任务。有了其自身经验，再加上在国际事务中心工作的历练，中心的永久职员应该能够对此类

短期任务游刃有余。我们的目的是组织和安排好中心的工作，作为中心日常工作的一部分，使中心的人员能够在接到临时通知后立刻就位并开始工作。这一计划可应对紧急出现的公共需求，对中心成员也可起到激励的作用。

以上这段描述是对20年前激励哈佛领袖人物"奥林匹亚"设想的全面否定——在这一设想为前提下，哈佛一直以来尽可能回避与政府的关系，并尽力保持学术中立。20世纪50年代后期，外向型的冷战高等学府彻底取代了之前的小规模自主型模式。小阿瑟·施莱辛格记忆中自己学生时代那种狭隘的、主要由白人贵族思想家组成的团体，被包含犹太人在内的世界性的政策性学者网络所取代。

基辛格不断成长，国际事务中心的成立使其工作进一步体系化——这一切正标志着划时代变革的发生。1954年，基辛格完成博士阶段的学习继续留在哈佛。除偶尔离开去纽约外交关系协会工作之外，他在哈佛主要负责以国际研讨会为代表的不同项目。基辛格不是哈佛的教职员工，但由于国际网络的建立对哈佛意义重大，这也使基辛格在哈佛的地位举足轻重。如果是20年前，基辛格这样的人也许会淹没在芸芸学者之间，找不到工作，被世人遗忘。但20世纪50年代中期，外部资助以及冷战对政策相关知识研究的压力使基辛格这一没有正式教职、白手起家的博士生有了接触各种资源和关键人物的机会。冷战高等学府体系内的权力影响已扩展至传统学术结构之外。

除管理国际研讨会之外，基辛格还与"国防研究项目"有工作联系。国防研究项目成立于1954年年初，为军界官员和政界决策者聚在一起进行咨询探讨提供了机会。这一项目还针对有才华的平民开展军事决策培训。基辛格还参与了此项目赞助的一些研讨会，协助安排参观者参观，并把项目活动和他自己的活动带入到大人物的视野当中。与国际研讨会一样，在国防研究项目中，基辛格也充当了网络建造者的角色。基辛格与精英群体有很多的接触机会，但他本人却始终被排除在正式教职员工之列。这一尴尬的身份使基辛格"冷战圈内人、社会局外人"的矛盾定位被再一次放大。

  基辛格的这一角色贯穿了其哈佛职业生涯的始终。随着国际事务中心的创建，基辛格终于获得讲师身份，并于1959年获得终身教职。他还被任命为新成立的国际事务中心的副主任，辅佐前助理国务卿、中心主任罗伯特·鲍伊进行政策规划工作。虽然获得了终身教职，基辛格和传统的教授们仍格格不入。他很少在自己所属的政府学系待着，绝大多数时间都在国际事务中心办公室办公。在学生的记忆里，他效率很高，但常常外出，去华盛顿或外国首府拜访政策制定者。身为哈佛的教授，基辛格却从未真正融入其中。他一直充当了宝贵的桥梁的角色，学界同僚对其既敬畏又猜疑。

  基辛格与哈佛传统元素的疏离恰好反映了冷战高等学府以及美国社会内部的紧张与冲突。作为一名德裔犹太流亡者，基辛格获得国际认可的努力颠覆了已有学术等级制度，并且在很多方面对其进行了批判。他写了一篇颇有见解的学术论文，还以此为基础发表了一系列文章，但他并没有遵循政治科学和历史方面学术专家的主流研究潮流。他承担了很多行政职务，但这些都不是围绕他所在的院系、哈佛的学生，甚至是学校本身展开的。最重要的是，基辛格颇受哈佛巨头如威廉·艾略特、麦克乔治·邦迪等人的看重，但他对包括哈佛教职员工在内的次重要人物的利益和关切却不甚看重。从这一意义上说,他走的不是传统的学术政治路线。

由于出身的原因,基辛格被上流社会排除在外;但从性格上来说,这也是他自己的个人选择。和当时美国大学中许多野心勃勃的犹太裔学生一样,基辛格政治研究的视野更广阔,他突破了一直以来沿袭的学术权威构架,把眼光放在了更为广阔和进步的国家甚至是国际层面。基辛格年纪轻轻便胸怀伟大理想,但对于系主任、学院院长,甚至是哈佛校长等传统职位,他却一直不甚在意——当然,这些职位对他来说也确实不大现实。虽然他担任了很多行政职位——国际研讨会主任、国防研究项目主任、国际事务研究中心副主任——并且也都颇受关注,但在学校内部的机构体系当中,这些都是一些边缘的职位。虽然基辛格年纪轻轻便取得了如此卓越的成绩,但他却从未真正成为一名"哈佛人"。

对于基辛格这样具有国际背景的人来说,相较在高等学术机构,冷战高等学府为其在政府部门打开了更多的大门。他从学术和政府的交叉点上开始自己的职业生涯,并伴随这一职位所不可避免的特权与偏见逐步走向成熟。直到20世纪60年代末,哈佛大学为基辛格提供了在政界上升发展所需要的资源。从他还是学生的时候起,一直到他在哈佛任教,这些资源一直都是他上升的重要力量。从这一意义上说,是冷战塑造了基辛格。

知识和力量

现代高等学府校园相对独立封闭,重视学术资质,还为教授提供了终生教职的保障——它们自我定位为孕育纯学术知识的港湾,不偏不倚,没有任何利益牵扯。与商业、政治等"真实世界"不同的是,学者们在没有任何外界干预的前提下研究、讨论和分析问题——至少在理论上是这样的。虽然在很多观察家看来,这一设想也许有些理想化,与现实有一定的距离,但他们仍坚信客观公正地做学问是大学保持其独特地位的源泉。无论是支持者还是批评家,他们都认为教授应该与普通公民的体验有所区分——无论这样做是好是坏。

与这里描述的独立思想家的形象不同,基辛格在哈佛所从事的活动恰恰表明,在冷战高等学府当中,知识的孕育和产生就是要服务于某些特定的政策目的。从部队复员后,基辛格所进入的学术圈是包罗万象、有爱国主义色彩,与政策紧密相关的。这些特质吸引了联邦政府(以及慈善机构)的财政支持,迎合了建立新兴国际领袖网络的需求,进一步明确了美国在与共产主义分子斗争中的立场。这不是什么阴谋。冷战至少在以下三个方面改变了学术生态,而这三个方面之间又是互相促进和巩固的。

首先,在第二次世界大战期间,美国高校事实上被联邦政府接管,这一情况在战后得以延续,高校开始依赖于政府。通过颁布《退伍军人权利法》,增加对科研的资金支持,加强机构监管;通过非正式途径施加压力,等等方式,政府正积极鼓励大学转型,把战后高等学府的研究重点放在与美国外交政策相关的方面。冷战期间高等学府变成了研究政策的机构。伴随着哈佛国际研讨会、国际事务中心等新成立机构的发展,战后的大学蓬勃发展，而这些新成立的机构又孕育了在政府内部及不同国家都颇具影响力的全球网络的发展。

其次，大批复员军人及新移民出现在战后的大学校园，这给大学带来了新的社会压力，使学术界把目光转向当代世界普遍关切的问题上来——特别是西欧重建以及对共产主义威胁的遏制。之前的历史学家都忽视了冷战高等学府的社会根源，以及世界主义与反共产主义之间的联系。像基辛格这样的移民和复员军人，他们不需要任何鼓励，就会自觉地把自己所学运用于为国家服务的目的。他们之所以会有这种行为倾向，是因为他们对自己的定位是曾"目睹过邪恶是怎样"的年轻人，他们深信，只要有了最先进的理念、政策和人手，民主政府的力量便可得到巩固，他们便可阻止邪恶的重现。在他们看来，任何把学术应用于其他目的的努力都是徒劳，还有可能弄巧成拙。尤其对于基辛格来说，魏玛德国的学者对政治的漠不关心正为当时的学者敲响了警钟——对周围世界漠不关心、一心在象牙塔里做学问的态度在冷战中的世界是要不得的。

第三，并且也许是最具警示作用的是，犹太人在促进知识与学术相联系的道路上发挥了至关重要的作用。基辛格及其他德裔流亡者尤其如此。他们在冷战高等学府中充当了享有特权的桥梁的作用，是他们把全球精英汇聚在一起，共同探讨和交流相关国际问题。基辛格的支持者，那些原来被高校和政府排除在权力中心之外的人群，如今却有能力完成别人所不能完成之事。他们有语言优势，对外国社会的文化也更加熟悉，这些对于建立有效的联系都至关重要。他们非常乐意承担极其大量的工作——无论是复杂的研究还是烦琐的组织协调工作——他们都非常认真专注，甚至可以说有些执着。他们依靠包括政府官员在内的强大资助人，并对其资助人完全效忠。最重要的是，这些犹太人了解并拥护奠定了美国冷战价值基础的西方"文明"（德语"教化"）的核心价值观念。

从这一角度来讲，战胜苏联并不仅仅是维护美国的战略利益这么简单。这是全世界人民为了维护不完美的自由世界所进行的历史奋战——对犹太人来说，这是一个逃离法西斯种族灭绝厄运的机会。在这一背景下，提到梅特涅，基辛格便会称赞其"有关'卓越'的理想"——在基辛格看来，正是这一理念为19世纪的欧洲带来了统一。因此，在冷战的背景之下，坚定不移地维护基本自由，谨防共产主义颠覆，也将为跨大西洋社区带来和平与统一。

对于基辛格来说，卓越并不体现在某些特定的政策上，而是与包括个人发展、精英政治、领袖能力等在内的大的原则相关。基辛格在哈佛的日子正是对这些理念的身体力行。无论是哈佛、美国政府，还是外国领袖，他们提拔基辛格，用行动明确表达了对这些原则的支持。基辛格得以成为非常有价值的符号，成为传播冷战文化的媒介。这至少在一定程度上解释了为什么在其职业生涯初期，基辛格便能在广大精英群体中受到如此欢迎。

基辛格的名望是其努力的结果，更与他的背景密不可分。虽然他本人并不愿意承认这两者之间的联系，但他德裔犹太移民的身份对于了解他的职业生涯，特别是他在哈佛的经历至关重要。他对德国的了解以及犹太人的经历，都赋予了身处冷战高等学府当中的基辛格以宝贵的技能。他意识到了这一点，并充分利用自己的种族优势，有效推进自己的理念和本人的成长。他本身并不符合人们对德裔犹太人的刻板印象，但他却当真从中受益不少。

和前几十年许多犹太人的情况一样,二战以后,对某些犹太人来说,特权是一把双刃剑。有人青睐,就会有人排挤和怨恨。冷战高等学府使基辛格具有了圈内人和局外人的双重身份。虽然他可以接触到很多有影响力的巨头,但却从未被玉玺学会、哈佛教工俱乐部,或者是白宫所真正接纳。他所从事的事情正是传统精英需要去做的——但在其整个职业生涯中,他却始终都是这些传统精英所怀疑和嘲笑的对象。对于基辛格培育国际领袖的做法,麦克乔治·邦迪、托马斯·谢林等人更是一边鼓励,一边嘲笑。他们欣赏他才能的同时却侮辱他的人格。从这一角度来讲,战后犹太人享有的特权反而使历史偏见进一步加深。和其前人一样,基辛格也被相反极端观念的碰撞所困扰着。

对于基辛格来说,知识既是力量,同时也为他招来了偏见。他利用自己的学识获得政治影响力,从而成就了一番事业。他之所以能取得成功,正是因为他头脑敏锐、工作勤奋,最重要的是,他能够发现并解决日益紧迫的政策挑战。在冷战的背景之下,基辛格的学识有着独特的力量。但与此同时,学识也使他年纪轻轻便成为颇具争议的人物。

基辛格对"知识分子"的谴责并不是要使知识分子蒙羞。说到底,他本人也是知识分子的一员。他实际上是对20世纪之初知识构建方式进行谴责。在冷战刚开始的几十年间,知识和政策互为本质,并且也许有些过分互相依存了。50年后,钟摆又完全摆向了另一个极端——在学术圈里,知识和政策变成了敌对的关系,有时甚至公开反目。教授和政治家之间几乎是零交流。

如今,基辛格时期哈佛"周六下午的研讨会"早已不见了踪影,如今的学术圈再一次走向极度专门化和孤立化的境地。这种转变的影响是颇具争议的。我们很难想象在21世纪的今天，基辛格的成功之路可以在谁的身上得到复制。基辛格才华横溢、野心勃勃，他的成功正是知识和权力巧妙结合的产物。作为学者，同时也是一位政策的制定者，基辛格所开展的所有活动，都是为了一个目标而进行的不懈努力——那就是，把理想付诸现实。无论在当时还是今天，他都堪称冷战时期的公共知识分子。

第四章　有限战争战略

"核战争就意味着举国自杀。当人们开始认为举国自杀也是一种可行的防卫手段之时，核时代也就走向了最终幻灭。"记者斯通评论说，"人们就这样自然而然陷入这种想法，这势必令未来的历史学家瞠目——如果还有未来的话。"20世纪50年代，发展更具杀伤力的核武器的比赛不断升级。斯通警告称："战争的阴云正在聚集，这可能导致人类的灭亡。苏联和美国阵营聚集了两股力量，朝着可能的冲突的方向发展，且聚得太紧以至于都无法同命运抗争了。危机临近时，人类的无能为力正是这个地球无法摆脱的命运。"

斯通是个激进分子，但他也是个敏锐的社会观察者。他的评论捕捉到了笼罩在公众头上对新兴核时代的恐惧。随着美俄两国热核武器和传送载体的激增，安全就建立在同归于尽的威胁之上了。两个超级大国都为核战做好了准备，以期阻止任何一方率先挑起战争。新一轮世界大战的可怕预想引发了外交关注，也使普通美国公民对自身命运感到焦虑。冷战不是一个抽象的现象；它确实使每个人感到处于危险之中。

尽管普通民众和领导人都面临心理上的压力，恐惧的天平却出奇的稳定。华盛顿和莫斯科方面一直都避免发动有可能导致核对峙的直接军事冲突。然而，这种战略上的僵局仍引发了一系列重复出现的困境：领导人该如何应对核武装的敌人发起的小规模侵犯？核歼灭威胁在面对如朝鲜、越南这样的地区争端时，是否合适、有效？核武器除了威慑之外，还有哪些政治目的？核武器需要军事力量的集中和少数国家的绝对主导，那么它将如何促使民主的适应力和盟国稳定？

这些问题激发了一群有影响力的人，他们是50年代涌现出来的战略专家。身处冷战高等学府和其他机构（特别是兰德集团），着眼于学术与政府的交叉点，这些专家将学术研究与现实策略应用紧密结合了起来。他们很快就形成了一个主要活动范围在美国，联系密切的群体——这个群体强调共同关注核势力的发展，与政府要人频繁互动，以及智力优势。他们是一群最聪明的年轻人，解决着世界上最棘手的问题。他们深入阅读彼此的作品，在核震慑基本参数上达成一致的同时，就力量结构、动机和战争计划的细节展开辩论。有关这些老生常谈却又至关重要问题的对话正是"核战略"要解决的问题。

这个新领域结合了对战争与社会的传统洞察和包括操作研究、高等数学、政治心理学和博弈论在内的新方法。在这一层面上，核战略家既是专家又是通才。他们关注的是一系列具体问题，但明显地——有时候是表现上——借鉴了各种分析模式。他们的读者既包括独立的学者群体，也包括有见识但算不上专家的政策制定者。除了拥有卓越的知识和无人比拟的政府沟通渠道，核战略家还拥有巨大的声望——他们从事的工作极具紧迫感。只有少数人认真读过他们的著作，但是很多人都知道他们。公众的恐慌使核战略家成为冷战时代的圣人。他们是预言家，承诺要把握时代的困局，用符合美国利益的方式解决问题。他们是现代世界的魔法师，能把终极毁灭的武器变成持久的和平。

基辛格正是他们当中的一员——从早年在哈佛读书时从事的活动，到为斯通痛苦预言的"无能为力"寻求解决办法——他早就加入了这个圈子，并用实际行动展示了自己的决心。与其他人一样，基辛格认为是核武器的激增导致了战争中危险的加剧，以及和平中不断出现的僵局。在不发动全面战争的前提下，面临这样的严峻挑战，民众倾向要么以牙还牙，要么什么都不做。基于这两种极端的选择，在这样一个"全面战争"的核前时代——正如基辛格在20世纪30年代所目睹的——政治家常常会为了避免冲突而犯错。对于基辛格这样的德国犹太流亡者来说，想要从敌人的背叛和自身构成的弱点中挽救民主，需要通过自觉的努力，"从环境的压力中争取些许选择的权利"。"如何争取和平与公平，如何争取战争的结束而不导致暴政，如何争取公平却又不带来激烈巨变——如何实现这样的平衡，是政治家在核时代一项长久的工作。"

包括政治家、核战略家、政策顾问在内的领导阶层不得不为开展强有力的行动开辟空间——既不是自杀式的疯狂，也绝不讨好顺从。这是一项需要勇气和创造力的工作。基辛格与其他战略家一起，数十年来一直致力于有效使用"绝对武器"——绝对武器是一种象征，一种威胁，更是毁灭的来源。核战略意味着为了人类文明的需要对可怕的力量进行谨慎操控。在早期一篇有关这一主题的文章中，基辛格曾写道："对美国来说，储备核力量与使用核武器的意愿同样糟糕……如果我们不希望将自己置于核武器的僵局,最好还是发展其他方案。"

写这些文字的时候,基辛格刚过 31 岁生日并取得博士学位——这一思想成为他身为战略家和政策制定者的试金石。他始终坚守这一立场不动摇,后来的所有著作和行动都以此为依据,并始终回归这一前提。许多战略家并不同意基辛格提出的"替代方案",但绝大多数人都和他一样,希望把美国巨大又昂贵的军火储备真正利用起来。基辛格在哈佛的同事托马斯·谢林冷静地观察发现:

> 伤害的能力在战争中并不新鲜,但对于美国来说,无论是用于攻击还是用于防御,现代科技都大大增强了痛苦和伤害的战略重要性,因为它们纯粹,毫无建设性,又无法带来丝毫收获。这也反过来强化了战争以及以战争相威胁的重要性——战争是影响因素而非毁灭的手段;战争是恐吓和威慑的手段而不是征服和防御的手段;战争是用来讨价还价和威胁恐吓的。

谢林在结尾处也响应了基辛格的观点:"无论我们是否喜欢,军事策略都已成为一种暴力外交。"

基辛格不提倡核战争,但是他也拒绝接受这样一个消极的信念,即核武器的存在能威胁到敌人。正好相反,如果敌人确信美国方面不会冒险发动核武器末日大战的话,核武器的存在还可能鼓动对方挑战美国的利益。他认为法国和美国在越战中的受挫也应归咎于类似的战略缺陷。基辛格解释道,"即使面对没有打击能力的国家,摧毁的能力也很难转化为对其有效的威胁"。

作为学者和政策制定者,基辛格的任务就是达成这一艰难转变——使美国的核军储备真正威胁到敌人,作为安全来源被同盟所接受,并作为有效的外交手段被政治领导人加以使用。基辛格借助多部著作,跻身此领域颇有建树的专家之列。早在1955年,这一领域的先驱之一伯纳德·布鲁迪便评论说自己和基辛格在"精神上一脉同源"。几年前在哈佛时,基辛格有力的思想,他掌握广泛资源的能力,和他看上去无穷无尽的能量就吸引了威廉·艾略特的注意。布鲁迪和其他战略家也正是看上了他的这些品质。布鲁迪进一步证实了艾略特的判断,他认为基辛格是一个"天资聪颖、见地深刻、勇敢无畏"的观察者。尽管他们在很多问题上意见相左,布鲁迪还是同意大家对他的赞扬,认为基辛格具有"新颖、深邃"的洞察力。

大量溢美之词以及诸多强烈的反面批评使基辛格成为20世纪60年代举足轻重的公众人物。他写了不计其数的文章和著作——比同时期其他战略家都多——既面向专家群体,又面向普通读者。包括斯通在内的很多读者都发现,基辛格对美国核武器的立场的辩解是不负责任的。更有甚者,例如电影制作人斯坦利·库布里克,则把他描述成邪恶的天才——"奇爱博士"。究其原因,这一切都是因为他太有名了。1954年获得博士学位后,基辛格迅速成为公认的专家,他努力想要掌握战争新技术,并在此过程中获得了广泛的社会关注。他在一些人眼中是智者,另一些人眼中是恶魔。也许算不上全面代表,但他至少是美国核战略的合法代言。

基辛格之所以如此广受关注,是因为他具有出色的沟通不同团体的能力。与常人不同,他能够把新一代跨大西洋精英和新生的战略魔法师结合起来。他把自己在新的（以哈佛国际研讨会和国际事务中心为中心的）冷战网络中的位置与自己和布鲁迪、谢林以及其他杰出核专家的接触结合了起来。基辛格扮演着概念合成器的角色。他把两方面结合了起来：一方面是西方文明的世界视角（体现在美国精英身上），另一方面是出于外交政策需求对权力的衡量与分析（战略魔术师的工作）。战略不只是为政策服务的杠杆性武器，基辛格认为，战略强调了价值的传承。在这一背景下，基辛格在他第一本有关核武器的著作的结论中"对可以在社会经验和自己的个人见解、传统与未来中架起桥梁的英雄领导人的角色进行了哲学反思"。有效的战略将加强文明的道德品行，赋予智慧的领导人更大的力量，还能重塑人们对于国家目的的信心。

这一关于国家权力的论断为基辛格打开了多扇大门。德怀特·D·艾森豪威尔、约翰·F·肯尼迪、理查德·尼克松、杰拉尔德·福特——接连几任总统都对基辛格有关外交和军事方面的创新提议表现出了极大兴趣。基辛格的地位无人能及——他既是新兴冷战体系方面的专家，又深谙核武器相关知识；他既能解决当代政治挑战，也能解决核时代的军事危机。用艾森豪威尔的话说，基辛格的著作"非常有趣、值得一读"。

20世纪50年代末，基辛格不仅成为一位桥梁人物，也是一位"重要的战略家"——他协助规划美国大的政策框架，并将新的攻击技术用于更为广泛的目的。基辛格的方法正是其他分析家口中适用于高水平战略的路线：努力"预测战争轨迹，并通过预测，在不过分危害和平稳定或对于其他价值的追求的基础之上，尽可能扩大我方优势"。基辛格促成了一个新兴的宏大的冷战战略，这一战略提供了一种可以用于评价国际力量，并将其应用于地方性挑战或机遇的"货真价实的分析方法"。尽管他没有为欧洲以外的区域提供专业意见，但他提供的有价值的协助可以帮助我们把世界各地的具体冲突放在一个连贯的、大的框架中去了解和审视。他绘制的这张全球地图可以帮助领导人更好地了解世界的复杂性。

这就是基辛格的过人天赋：他有能力把不同的现象结合起来，并制定切实可行的政策。在核恐惧牵制形成的势均力敌的冷战格局之下，他的宏大战略对包括自己在内的政策制定者来说都卓有成效。但他的战略同时也深化了美国在与快速变化的世界相处中的盲点。基辛格的观点既促使美国在冷战中大放光芒，也导致了其不能告人的失败。作为战略家和政策制定者，这位有着大好前程的智者也成了时代的悲剧人物。

有限理论

基辛格沉迷于有限理论。1955年,他取得博士学位后发表的头三篇关于核战略的文章就批评了美国政府在与苏联的对抗中试图寻求"终极解决方案"的错误观念。美国的军事和经济能力在全球处于领先地位,并且在冷战初期得以迅速发展,但这还不足以确保和平。恰恰相反,过分强调增强美国国力容易导致错误的偏见,使人们更倾向于推迟向敌人做出让步,直到将来,也许在美国准备更充分的时候再与对手达成和解。按照这个理论,"和平来自实力"——我们目前只能采取遏制政策,未来才有谈判的可能。从某种程度上说,这正是美国政策的传统逻辑——内战以来在西半球、1941年以来在欧洲和亚洲,美国都采取了如此政策。美国一直避免与对手妥协,而是通过增加自己的实力迫使事情向着有利于自己的方向发展。

在没有针对美国领土的直接威胁时,单边主义是有效的。有着广阔海域的天然屏障和丰富的物产资源,美国可以远离敌人而独立于世,直到不得不大规模使用武力时再加入战争。"作为一个有着得天独厚地理优势和丰富物产的国家,正如我们在历史上绝大多数时候一样,我们可以放任危险成形,直到不得不投身其中。"美国就是这样陷入第二次世界大战的。究竟是否参战,美国一开始犹豫不决,但最终还是通过"产能战胜"对手获得胜利。一个国家的国际实力来自其在"资源和技术方面的优势地位"。这种"以美国的方式进行的战争"一直持续到冷战时期,因为决策者"认为主要的工作是使军事实力达到一定水平,而想要达成这一目标,又几乎完全取决于美国的政策和美国的压力"。

在这样一个热核时代,美国不得不放弃单边战略。据基辛格观察,"在强毁灭性、高速度的现代武器面前,再也没有任何事情刀枪不入;世界力量的两极分化削弱了我们传统的安全边界。"这正是驱动新兴核战略家工作的"美国安全的根本困境"。距离和压倒性的实力不再能保证幸免。一个实力略弱的对手,特别是苏联,也掌握着可以对美国造成无法修复伤害的技术手段。结果是,美国人不得不有史以来首次承认自己的力量是有限的。基辛格呼吁大家不要再抱有"可以通过'纯'军事手段解决我们的安全问题,战略的开始就是政策的结束等错误的幻想"。他认为,"随着核武器的垄断,我们在这一方面的优势也宣告终结。今后,我们也将面临那些不受欢迎的国家一直以来面临的问题:如何把想要的和可能的联系起来,最重要的是,如何接受并容忍可能发生的灾难。"

热核时代的种种限制使传统意义上的战争与和平这两个极端变得几乎没有了意义。为报复或预防未来可能的苏联侵略而发动全面战争,这将无异于自杀,"其后果比战争本期望解决的问题还要糟糕……这将不是政策指导下的行为,而纯粹是绝望之举"。然而,面对不断扩张的对手苏联,基辛格认为,放弃战争将与坚定追求和平同样致命。回忆起他自己有关纳粹侵犯的记忆以及西方同盟懦弱的绥靖行为,他警告称:"作为终极目标,和平可以一蹴而就,而所有紧张的局面都将随之而消失——没有比这更致命的想法了。"基辛格称之为二战之前"乐观时代的残留"。"无论何时,当和平作为避免战争的出路成为一个大国或者一群大国追求的唯一目标,国际体系就会任由最冷酷的那个国家摆布。"从长远看来,双方陷入核僵持,令苏联在局部地区得手,这对于美国安全的危害不比核战争要小。

美国实力有限,因此更需要深思熟虑,不能在战事上犯理想主义的错误。尽管美国从未有能力按照自己的意愿重塑这个世界，但是纵观其历史，美国还是一直都本着对自己最小伤害的原则，在这一基础上努力追寻这一天真的目标。与同时代的很多人一样，基辛格也是众多对前总统伍德罗·威尔逊大胆批判的作家中的一员——他认为威尔逊提倡的全球民主的概念既过分夸大了美国在国际变化方面应承担的义务，又削弱了其对盟友和对手做出必要妥协的积极性。基辛格认为，当威尔逊热情的理想主义没有产生所承诺的结果，美国人又把自己同堕落的世界隔绝了起来，以期能保护自己原则的纯洁性。这是伴随约翰·温斯罗普《山巅之城》中所反映的乌托邦主义的孤僻的伪善。它导致了威尔逊死后的另一场巨变。错误的预言之下，美国人虽然挺了过来，但代价巨大。而在热核世界，威尔逊的蠢行可能会造成无法挽回的损害。

　　基辛格的分析扩展到核技术和二十世纪战争的背景之外。他去哲学家那里寻找答案——斯宾格勒、汤因比、康德，等等等等。他在学生时代的作品中就研究过这些哲学家。核武器本身并不是问题；它反映了对自由限制的拓展。想到自己年轻时在德国目睹的惨绝人寰和国破家亡，基辛格为人类境况勾勒出一幅黑暗的画面："生活就是受苦，出生连着死亡。所有存在的命运是转瞬即逝。从来就没有永恒的文明，从来没有渴望能够完全实现。这就是必然性，历史的命中注定，死亡的困境。"

　　作为对威尔逊提倡的理想主义的替代，基辛格赞扬了梅特涅的"保守"政策。基辛格说，"政治最根本的问题"是"对正义的限制，而非对邪恶的控制"。

　　　　"惩罚"邪恶要相对容易，因为这是公共道德简单的表达。限制正义力量的行使要更为困难，因为他认为，正义既存在于空间也存在于时间之中，无论多么高尚的意志，都会被超越意志的力量所限制；自我约束的实现是社会秩序的最终极挑战。面对这一问题，梅特涅认为，在任一方面做得过分，便会对社会造成破坏。人类只是众多超越人类本身力量中的一个方面，因此个体的意愿纯属偶然。

基辛格的话语中包含了基督教和犹太教教义中的常见指代——上帝伟大衬托下人类的脆弱。引用了类似圣经的语言，他提到了"谦卑的感觉"和"内心和解"——这些都源自对更高力量的崇敬。上帝总是在提醒人类自己的道德目标和局限性。对宗教的敏感度为政治和外交赋予了意义。这对决定策略的手段和目标至关重要。在对梅特涅和俾斯麦的分析中，基辛格解释称，他们利用其宗教信仰，在阐述集体愿景的同时，也限制了追求这一目标过程中过犹不及的行为。对俾斯麦而言，"上帝提供了超越人类短暂性局限的机制"。自由和国家的强大并不能从无规矩的行为中产生，而要从自我限制的行为中获得。在犹太教义中，否定自我正是为了寻找更深层次的精神意义所在。

威尔逊想要纯洁社会的想法实际上是对这种信条的可怕背离，因为他认为在世俗的指引下，人类有无限潜力带来变化并有所成就。这是一种美国思潮之下产生的妄自尊大——这一思潮预言，当美国的观念和机构普及全球之时，将会产生和平的"历史终结"。即使是在大学期间，和其他移民到美国的人一样，基辛格也没有如此使命般的热情。即使他们有乌托邦式的承诺，现代科技和官僚制度似乎反而加剧了现代生活的"苦难与短暂"。对基辛格而言，这是一个"厌倦的时代"，"布痕瓦尔德和西伯利亚劳工营的人没办法像其父辈一样乐观"。20世纪中叶的公民没有理由期待更加美好的未来。

有效的政策应该能"认识到人类的局限性"。即使是拥有最强大武器的最厉害的国家,也不能按照自己的意愿来改变世界。因此,领导人必须接受这样一种不完美的现状,"个人的努力也是有边界的"。这就意味着容忍、合作,甚至是与敌人的妥协。我们要找到妥协的办法应对危险问题。基辛格写道,"追求我们无法企及的形象、希望、完美——这并不是生命的全部。"无论是个人还是国家,他们在坏的选择中艰难抉择,并由此赋予历史以意义。同为德国移民和冷战战略家的汉斯·摩根索也陈述过类似的观点:"在几种权宜之计中选择最无害的就是道德的判断。"

基辛格憎恨核战争,但鉴于美国实力有限,必须与核武器作斗争。二战以后,核武器已成为国际秩序的核心部分,而且也不太可能在短期内消亡。核武器永久地限制了美国外交政策的目的,迫使其接受自己终将走向死亡的命运。在以往的国际关系中,美国人缺少基辛格所说的"悲剧经历",但是现在他们可能得面对这样的可能性了。

基辛格的预感与当时几位主要思想家的观点不谋而合,例如历史学家C·凡·伍德沃德、神学家雷茵霍尔德·尼布尔。他们敏锐地洞察到,在冷战冲突与核对抗的背景之下,美国"天真无瑕"的年代突然终结。伍德沃德呼吁重新思考"国家对无穷的进步、物质手段的功效以及量与速度的重要性的信心,重新思考对成功的崇拜以及对美国武器战无不胜的信心"。美国不再是伍德沃德口中"自由安全"的受益者;不再是"邪恶世界中唯一一个天真无辜的国家"。美国人意识到,他们不得不更加谨慎地使用其资源,也不能再像以前那样,把自己的意愿直接强加于其他国家。而要实现这一切,不仅需要出台承认其局限性的新政策,也需要对其可以容忍不完美、容忍冲突、容忍"行使权力的负罪感"的国家身份进行重新阐释。与基辛格一样,伍德沃德认为热核时代是美国"例外"历史时代的终结。中年的压力已经取代了少年的无忧无虑。

要说是谁向公众传达了这种新的有关权利和身份的观点,那便非雷茵霍尔德·尼布尔莫属了。像基辛格和伍德沃德一样,他反思了自核弹发展以来美国的衰老化进程。尼布尔写道,如今"这个强大的美国比起之前那个在大陆安全的摇篮里摇摆,像婴儿一样无知安详的相对较弱的美国来说,更难以掌握自己的命运。同样一股力量,带我们越过美洲大陆的同时,也使我们与其他民族的命运交织在一起,把我们卷入一张巨大的历史网络——无法避免的,这张网中一些与我们方向不一致甚至是相矛盾的意志将对我们得到最渴望的东西造成阻碍。我们不能继续按自己的方式行事,即使我们深信自己的方式有望实现'人类的幸福'"。

尼布尔谴责全面战争的拥护者和永久和平的支持者。这两派都试图寻求一种超越人类能力的最终解决问题之道。同样地,他也批评了包括很多核战略家在内的主张技术修正的人,他们认为智力和理性能够解决由基本的世界观而生出的矛盾——特别是冷战中自由主义和共产主义之间的矛盾。尼布尔和威廉·艾略特一起,对美国文化和敌国文化贬低政治道德目标的行为进行了批判。与基辛格一样,尼布尔从德国学术传统中有关教化的内容出发,呼吁领导人正确使用武力(包括核武器)来对付敌人,并坚定认识本国的缺陷。威胁当前,需要有勇气有胆识,同时也要清楚认识到自己的局限。正义一方的勇士并不是新救世主的预言家,他们是戴罪的人类,努力求生存,众罪相衡取其轻。尼布尔还指出,虽然现代文明取得了不少成就，领导人还是应该竭力取得社会短期、渐进的改善，而不是改天换地的乌托邦。只有认识到自己权力的短暂，认识到即使是天佑的美国也不是永恒的，"人类必将灭亡"，政治家才会有一番作为。

尼布尔和伍德沃德所说的受遏制的美国正是基辛格口中冷战中的美国。他们不仅对热核世界有着共同的认识，也道出了美国在其中所扮演的扩张性的、微妙的角色。如今，美国不得不做出艰难的选择和持续的牺牲——这正是其之前所一直全力避免的。有关自由与公平的高尚原则需要在应用时进行变通。考虑到关系的相互依赖性和脆弱性，优越性的心态也需要进行校正。最重要的是，变革世界的宏大期许需要我们进行冷静的再次评估。美国人必须直面自己的局限性。

像伍德沃德和尼布尔一样，还是在本科时期，早熟的基辛格就借用了"衰老"这一比喻，开始思考局限性的相关问题。他把痛苦地意识到选择正在缩小形容为"青春"的逝去。"每个人的生命中都有这样一个时刻，他意识到在年轻时看似有无尽的可能性，到如今之变成一个实实在在的现实。生命不再是被令人心动的森林山峦环绕的广袤平原。"差不多过了30年，在结束白宫服役之时，基辛格又回顾了这一观点：

> 国家的生命就如同人一样，有那么一个时间点，青春看似无尽的选择突然就缩小了，而我们必须明白这一事实，并不是所有选择都还为你开放。这种认识可以激励一种新的创造力，可能不像年轻时那种天真烂漫、活力四射，但是更复杂，根本上说也更为持久。与自己的极限作斗争，这个过程永远都不会是轻而易举的。

纵观其职业生涯,从始至终,基辛格关于外交政策的所有观点都把重点放在了美国国力的局限性上。和其他战略家一样,他寻求在不危及国家安全的前提下对现代武器加以最大化利用。对基辛格来说,这不仅是对政策的技术分析,也包括了在危险世界中对美国愿望本质的哲学反思。尽管基辛格的想法并不是独一无二,但确实入木三分,并常常掷地有声。他的观点包含了对德国学术传统的深入理解和对当代挑战的关注,融合了对人类弱点的宗教觉醒与对创造性行为需求的历史感知。更为重要的是,基辛格的观点否定了美国必将走向伟大的出路,虽然他也认可美国强大的领导力将会是众多选择中最好的出路。对基辛格而言,美国离上帝虽远,但比冷战的任何对手更近。

关于遏制策略的评论

那些认为自己也许与上帝距离遥远但关系特别的公民，他们不会满足于基辛格对热核僵局"麻痹"的论断。基辛格主张的是一种重视创新主动性的战略，而不是依赖于对敌人威胁的大规模反攻。"正是因为我们的战略打击力量最强，我们才不能把所有的计划都建立在这种假设之上，认为战争一旦来临，就将是全面战争。我们应努力寻找到这样的战略法则：它不仅能赋予外交以最大的行动自由，同时还能直面这一问题——核时代是否只存在风险，而没有为我们带来任何机会。"

在基辛格看来，行动自由来自努力"寻求自身力量与我们不得不争取的问题之间的平衡"。这就意味着强调比例——有校对武力的能力，使之适应具体的、有限的目标。美国为了应对全面战争而发展的强大的核军事力量非常冗余负累。除了大面积打击之外，再无其他备选方案。它们是"发动全面战争"的武器，目的在于震慑对本国或盟国的直接袭击。20世纪50年代美国的军械储备强调"赶尽杀绝"而不是分散的武力手段。这种做法忽略了"地方防御的能力"。

然而，热核武器的技术本质并不是美国强硬态度的主要来源。最根本的问题，基辛格写道，源于战略的失败。纵观其职业生涯，基辛格一直批评美国遏制政策拒绝将有限武力与积极外交有效结合的做法。早在1950年12月，基辛格刚完成本科毕业论文的时候，他便指出，美国政策的活性本质(它"根本上的怯懦")和依赖大规模核报复进行威慑(它"概念的肤浅")的做法把主动权让给了苏联。在西欧以外的地区，特别是朝鲜和越南，莫斯科选择了"可以令美国不适最大化的参与方式，从而导致我们武力的分化，同时也使他们的投入集中在战略上无价值的地区"。华盛顿要求全面的战略优越性，但自身却处于相对较弱的位置。美国的政策制定者只能对苏联的行动做出回应，而不能按照自己的规则战斗。

矛盾往欧洲以外各个区域（即基辛格和其他战略家所谓的"灰色地区"）的扩张暴露出美国能力的有限。基辛格写道，"正是由于我们行动的犹豫不决"，才使苏联相信他们能够继续进行地区侵犯而没有任何"与美国展开大规模战争"的风险。美国军队这种要么全面开战，要么无所作为的特质使苏联认为，对待自己在欧洲以外地区的入侵，美国不大可能有所回应。

基辛格认为，华盛顿方面在军事原则上不够灵活，进而直接导致震慑对手时存在严重缺陷——这已经在1950年中苏合力支持攻打韩国时得以证实。热核武力在这种情境下完全没有震慑的作用。不论对手还是同盟，他们都不相信为了保护首尔、台北或东京，美国会冒着损害自身的危险与苏联进行核交火。正如朝鲜战争最开始几周显示出的那样，除了同归于尽或传统的奋不顾身，美国的军事结构和指导其运用的军事法则都没有给出任何替代方案。

为应对共产主义，美国国务卿迪安·艾奇逊呼吁建立区域"优势地位"，恐吓外敌入侵，并且在必要的时候对其采取报复行动。基辛格回应称，这一政策有可能导致过度扩张或消极不抵抗的结果。"它并没有解决在共产主义没有对我们或盟国发起直接攻击的情况下，要如何展现实力地位的问题。除了对苏联的行动进行回应，这样做并没有真正解决如何把力量转化为政策的问题。"艾奇逊的遏制策略只能放任苏联方面掌握斗争主动权，同时，要求美军在其最薄弱的方面进行反击的做法只能引发在全球范围内稀释美军力量的后果。基辛格解释称,"试图在苏联势力外围的每一个地方都取得优势地位,我们事实上给了苏联总参谋部部署我军力量、引诱美军陷入无尽冒险境地的机会。"在基辛格看来,20世纪50至60年代,美国在全亚洲的行动正是陷入了这一陷阱当中。

遏制政策也是导致基辛格口中盟国"不负责任"、民主社会公民"心理"弱势的原因。这些正是基辛格职业生涯中最为担忧的问题。对基辛格来说,不论是诉诸战争还是在西欧世界采取绥靖政策——这两个极端都比苏联的势力还要可怕。基辛格已经被魏玛德国的经验吓怕了,无论是他还是其他战略家都很担心,在面对外部强敌的情况下,自由民主的国度会有坍塌的危险。基辛格对这两个极端强烈抨击道:"不要忘记,对自由世界的维护不仅仅是力量的问题,而是意愿的问题。"

遏制政策可以颠覆集体意志,因为它鼓吹的是要么全有要么全无的孤注一掷的心态。在这种心态的指导之下,外敌入侵之时,美国要么发动大规模战争,要么就只能接受现状。但显然,这两种前景对当时的西欧来说都并不乐观——他们或者要承受开战的后果,或者就只能被苏联暴政所禁锢。基辛格担心这种在战略上必败的情况会引发绝望、疏离,以及失败主义的思潮——这些都是20世纪30年代导致民主坍塌的原因。它将"榨干"联盟力量和国内政治的元气。"盟国们可能会感到他们没必要采取任何军事行动,同时也开始相信,只要能够取得和平,付出任何代价都在所不惜。"我们需要更灵活的政策,军事威胁加上外交手段,这样做才能形成基辛格所说的有利的"心理氛围",从而确保同仇敌忾对抗共产主义的同盟行动一致、有效、克制。

身为学者和政策制定者,基辛格一直在其著作中并通过行动提出倡议：想要对付苏联，就要采取多元武装力量和协同外交动议相结合的方式。他呼吁，特别是在西欧和日本，要建立更广泛的本土武装力量，以"承担地面防御这一主要任务"，并且在全面核战争之外，提供更多元化的退敌之法。他还支持建立一支集强破坏力、速度、操作性于一身的部队——"一支在苏联各关键中枢攻击距离之内，紧凑精悍、极其灵活的美军战略储备力量。"这支与"英国盟军在结构上并行"，受训使用高科技武器在外国领土作战的美军战略部队将"驻扎在中东地区——不会因距离苏联国界线太近而对其构成明显威胁，但又足够在战时迅速集结，并做出反应"。这支部队将对苏联领土构成极大威胁，使美国在危机产生时不必诉诸热核战争，同时又能起到震慑敌人的作用。

基辛格还主张开发应用于战术战场和对敌人领土进行战略打击的小型核武器。各国可通过部署此类武器，在无法全面歼灭敌军的情况下，仍展现出严阵以待、可以随时投入战争的意愿。有了这些武器，一旦战争爆发，人手不足的美国和西欧军队不仅可以对强大的共产党军队造成一定程度的打击，同时又能把打击控制在可控的范围之内。小型核武器将成为"对抗苏联挑战的备用武装力量"。有了小型核武器，面对苏联对西柏林和台湾的攻击，美国不必以大规模核报复行动相威胁，便可用有力且克制的行动进行回击。敌军将受到重创，同时又不致产生无可挽回的后果。有限核战争的理念为防止冲突升级提供了新的军事解决方案，被基辛格称为威胁采取大规模报复行为的必要"补充"。

发动有限核战争，使战场和城市上空都弥漫着放射性蘑菇云，这场景想想就非常可怕。但基辛格强调，为未来可能的战争做足准备，这样做是具有重要战略价值的——它可以使美国的震慑更具威慑力，而不致在对敌人进行报复性打击时，仍被敌人威胁会对自己进行全力围剿。小型核武器可以在不使冲突加剧的前提下形成局部防卫。（有了它）美国领袖便不必立刻在为了给西柏林出气而把自己置于危险境地和由于害怕本土遭到报复就彻底放弃西柏林两者之间做出选择。美国方面也可以在不损害美国利益的情况下，在欧洲和亚洲问题上有了底气。基辛格写道，"有限核战争是在合理代价的范围内，阻拦苏联阵营迅速占领并扩展至欧亚大陆外围地区的唯一手段。"它可以实现利用"最小武装力量"达到震慑和防御的目的。

借用托马斯·谢林有关战争其实就是国际谈判手段的观点，基辛格强调说，小规模核武器在与敌人周旋谈判的过程中非常具有政治价值。全面核战争是孤注一掷的提议，不给人留下任何妥协的空间。一旦战火燃起，就断无回头的机会。相比之下，定位准确、力道均衡、有约束有控制的核力量部署却给了冲突中的双方深思熟虑、权衡取舍、调停安抚的空间。武力威胁和外交调停双管齐下。抱着希望达成对我方有利的协议而不是纯粹打击报复置对方于死地的态度，核武器可以用来对敌人造成具体伤害。从这个意义上讲，小型核力量将成为谈判的筹码，如果巧妙利用，将达到诱敌妥协的目的。有限核战争的概念将使核武器真正成为有价值的东西。强国之间的军事冲突也将会变得更加理性，伤亡也更可控。

基辛格试图使战争回归其一般定位，作为其他手段对政治进行延伸和补充。对利用热核手段歼灭敌人的执着扭曲了美国最初的想法，使之过于执着地把重点放在"纯粹的"，不受限制的核冲突上来。但很少有战争真正采取了这样极端的方式。即使在第二次世界大战中，对毒气和其他生化武器的使用也是有一定限制的。包括纳粹德国在内的交战国在此方面都有一定克制。面临共产主义在前方多个战场的侵略与进攻，美国不得不做好准备，分散地、有限度地动用其最强大的武器进行抵抗。基辛格解释称，发动有限战争"是为了达成具体的政治目标，一旦有了这一目标，便势必会在动用的力量与待达成的目的之间建立某种联系。我们这样做是要影响对手的意志而不是对其碾压；是想令对手感到接受条款似乎比继续抵抗更具诱惑；是要努力达成具体目的而不是把对方一举歼灭"。这样看来，有限战争已成为助我们实现重要政治目的，使我们不致陷入更可怕冲突深渊的有效手段。这一手段虽然可怕，但在基辛格看来，却比遏制策略下的其他手段要好了许多。

这一有关有限核战争的论述立即引发了很大争议。基辛格1957年出版的著作《核武器与外交政策》一书在美国热销，并成为当时研究美国战略者必读的主流论著。包括伯纳德·布鲁迪、雷茵霍尔德·尼布尔在内的很多著名评论家都对基辛格在这本书中的分析大加赞扬。布鲁迪称其为"迄今为止对美国国家安全政策论述得最好的书"。尼布尔也指出："如何在核时代重塑有关战争与和平的传统观念——这是近年来在此话题上论述最深入的一本书。"他用自己的道德威望对基辛格有关小型核武器的观点给予支持："我们必须以目标为导向，随时准备发起有限战争，并恰当使用武器，并取得战争的胜利。基辛格对未来各种可能性的分析谨慎而睿智，在近年来实属罕见。"

但也有批评者反对称，基辛格过分夸大了政策制定者控制核武器的能力。一旦一国在冲突中引入核武器，便很难阻止冲突升级。托马斯·谢林认为，虽然核武器和常规武器之间的界限非常清晰，我们却很难在小型武器和大型武器之间、有限核武器和全面核力量之间划分一个界限。谢林预测,一旦核武器进入战场,即使是最小规模的介入,未来战争都将更多诉诸核武器的毁灭力量。谢林的观点引发了一些作者的共鸣,也说服了绝大多数政策制定者对基辛格的策略进行抵制。作为有限战场之用途,即使是小型核武器也太危险了。

因此,基辛格不得不在有限战争方面做出让步,但他仍坚持培育小型核力量。20世纪60年代,作为美国("战略")战场的欧洲,其核武器储备增长了50%以上。特别是英国军队,他们特别热衷使用这些小型弹头,以形成应对苏联入侵更可靠、更安全的威慑力量。基辛格仍然对美国政府过度依赖大规模核报复的态度心怀不满。在其整个职业生涯中,基辛格一直努力使核武器真正起到适用于独立军事目的、服务于更广泛政治目的的作用。他跳脱开传统的观念,通过核演练的方式,试图赋予"我们的民主以最大的行动自由"。

基辛格构想的战略储备包括了小型美国核武器和大规模同盟军事力量。有了这样的军事储备,美国军队在地理和破坏力方面得以扩展,在应对外敌入侵时也就拥有了更多的政策选择。美国将具备按照自己的意志发动相对低成本、低风险战争的能力。与大规模报复行为不同,"逐步部署军力可以使我们不致陷入被自己的武器技术反噬的恶性循环"。危险日益加剧,想要对其进行有效管理,就需要具备灵活而不是机械的"应对所有可能的危险和挑战的能力"。这正是动态领导力的题中之意。基辛格写道,"考虑到现代武器的威力,寻求比热核屠杀更加温和的替代方案,应成为我们战略学派的重要任务。"

更灵活地配置军队武器装备,这样做可以重塑国际体系的"流动性",通过"全面战争以外的行动"更好地为美国利益服务。20世纪50年代,还有很多人也发表过类似言论。基辛格的想法并不算独树一帜，但却是一个才刚获得正统学术圈认可的学者对于手段与目标潜心研究、深思熟虑的结果。基辛格的政治生涯才刚刚开始，他便已经知道如何在诸多限制的情况下把握主动权制定出应对策略。他赋予了冷战政策以新的意义，并得到了很多观察家的肯定。

艾森豪威尔总统正是这些观察家中的一员——他在向其助理推荐基辛格早期著作《核武器与外交政策》一书时评论称："作者针对某些一般或流行看法或错误的观念展开论述，正如我说的，我认为至少从这个角度来讲，你将在书中找到自己感兴趣的内容，并从中获益。"但和很多读者一样，艾森豪威尔也并不是对基辛格书中所有的观点都表示赞同。作为德裔犹太移民，年轻的基辛格不可能为冷战提供一劳永逸的良方，但他对其进行的战略分析却非常鼓舞人心、影响深远。

25年后的基辛格对冷战策略仍持相同看法。在其回忆录中，基辛格写道：

> 遏制政策把权力和外交看成是政策中两个独立清晰的元素或阶段。它致力于达成最终谈判结果，却又不对谈判内容提供任何指导。这一政策隐含的意义是，力量对比是不言自明的，而一旦谈判开启，其内容也将不明自明。它并没有回答，在敌人没有对我方或盟友发起直接攻击的前提下要如何展现优势地位。它也没有明确，如果敌人一心想着如何对我们侵蚀包抄而不是和平谈判，我们在取得了优势地位之后又将何去何从。

谈 判

基辛格反对艾奇逊等人把绝对力量凌驾于谈判之上的想法。他认为，在使用新型武器的同时，也应对苏联释放出和谈的信号，摆出愿意谈判的姿态。美国将在武器多样化的同时寻求外交途径多样化。在军事上采取更灵活的姿态，美国就可以拥有更大的主动权，以应对威胁，促使苏联按照美国的方式与其合作。基辛格提出，"随着军事方案的多样化，我们的外交也会变得更加灵活"。美国领导人可以把部队的派遣和调动作为对大国和谈的象征性贡献，提出更具体的措施激励敌方与我方合作，令人更相信我们想要保护盟军的决心，也使在这个热核时代中生活的普通民众对生活更加充满信心。从这一意义上说，外交需要恩威并施，胡萝卜加大棒的政策。

基辛格指责提倡采取遏制政策的人没能创造性地利用谈判这一手段。在其职业生涯当中，基辛格一直强调，这些人错失了与苏联达成有利于美国的协议并展现善意的良机。他坚称，即使苏联方面没能接受美国释放的和谈信号，提出战略妥协也可使苏联处于守势，并为美国提供制约盟国和本国公民的有力手段。1955年7月，艾森豪威尔总统与苏联领导人赫鲁晓夫在日内瓦进行高峰会谈之后，基辛格写信给白宫，呼吁双方进行更多的会面与会谈："毫无疑问，渴望和平是包括苏联阵营在内的全世界所有国家最主流的民意。美国的所有政策都要以此为依据展开。"虽然美国要有所准备，苏联未必会做出妥协或让步，但基辛格强调，我们也必须"为真正的和解敞开大门"。如果莫斯科方面真的不愿意通过外交手段达到和平，"我们也可以以和谈失败作为基础，向苏联阵营施压"，并创造"令苏联愿意和解的动机"。

基辛格认为,超级大国峰会令美国认识到自己力量的极限和潜能。开展谈判的提议展现出美国勇于妥协和让步的决心,并把做出积极回应的责任放在了共产主义国家身上。这是有关战略利益和冷战"心理维度"的争论。这是在呼吁各国通过外交手段而不仅仅是武力加威胁的方式达成一致。又到了这样的时刻,由政治家为各自国家的人民畅想和勾勒一个全新的未来。

正是从这些角度出发,基辛格继续呼吁美国领导人主动想办法解决美苏之间的紧张局面,特别是双方在欧洲问题上的争端。可以达成一个"大妥协",对欧洲大陆进行永久分治——跨大西洋社区由具有共同"西方"身份特征的国家管理,东边的部分则由俄国人的势力范围统治。基辛格认为,这两个世界可以和平共处。梅特涅和俾斯麦也曾意识到这一可能性,并使用了外交加武力的方式,管理着两个欧洲。他们也曾置身不同国家之间——比利时、意大利、奥匈帝国——并建立了一种流动("多极")体系,在这一体系里,一方所得未必会导致另一方所失。拿破仑和希特勒都没能意识到这一方案的智慧所在;他们都曾试图统治欧洲大陆,野心未能达成,却在不经意间推动了欧洲大陆的统一。

令许多人大跌眼镜的是,基辛格与冷战修正主义分子一样,谴责美国放着外交和调停的方式不管,却偏爱强硬和威胁的路线。早在1955年,他便对许多政策制定者无条件反对苏联的立场表示过质疑。他指出,通过战术作战而不是直接反对的方式"揭露苏联的前后矛盾本应是美国的任务"。"可事实上呢,"他哀叹称,"我们一直采取的都是折中的办法:我们声厉内荏,一方面我们语气强硬,对苏联侵略者起到了震慑的作用;另一方面我们行动又不够强硬,不足以使苏联在行动前三思。"美国语气强硬,其重视严厉军事行动的做法严重损害了美国的国家形象和国家安全。

基辛格认为,二战结束时美国的相对实力处于最高水平。因此,美国当时的领导人应该更积极更创新。在不动用热核毁灭力量的前提下,他们应将武器更有效地应用于军事目的。他们应主动提出与苏联和解,努力谋求双方更为开放的关系。他提到了英国首相温斯顿·丘吉尔和美国记者沃尔特·李普曼——他们反共立场坚定,同时又承认了谈判的可能。丘吉尔和李普曼都对遏制政策的被动性进行了批判——各大国在不断增加军事储备,而遏制政策却在鼓励外交不作为行为。基辛格还引用了丘吉尔在冷战伊始呼吁采取展现力量和寻求妥协相结合的方式时所说的话:"任何一个有理性的人都不会认为,摆在我们面前的时间是没有期限的。我们应推动事情向前进一步发展,并促使问题得到最终解决。我们不能漫无目的缓步向前,被动等待事情发生。我这里所说的,是任由不利于我们的情况出现。"

外交的任务就是提供战争和毁灭以外的选择和解决办法。外交手段可以与武装力量结合使用,但绝不能成为军事教条的替代品或被其制约。与同盟和敌人进行谈判是我们策略的关键——我们期望核武器和常规武器能真正为达成期待目标,特别是在实现西欧和平与繁荣方面发挥作用。基辛格写道,"目前看来情况尤为如此——可动用力量及其使用方式已经在很大程度上决定了我们都有哪些选择。"

基辛格曾多次指出,美国错失了良机,没能同苏联就欧洲问题的和平解决进行谈判。他从第二次世界大战刚结束时讲起:"1940年代末遏制政策刚刚兴起。那时候,无论是军事力量还是外交战略,情况对我们都是最为有利的。那时候是就未来欧洲局势进行谈判和讨论的最佳时机。但我们错过了机会。"当时的美国没有认识到自己正处于最有利的地位,其影响力在未来将大打折扣。与丘吉尔的观点一致,基辛格认为,当时的美国领导人应当向约瑟夫·斯大林提出通过和平手段将欧洲一分为二分开统治的提议,并对自由流动和人身自由给予一定的保护。这样做既符合西欧和美国的利益,承认了美国力量的极限,同时也使美国在定义战后欧洲格局上扮演了更为积极的角色。这样一来,美国便可通过谈判把握主动,并迫使苏联方面做出回应。

基辛格认为,美国第二次错失良机发生在朝鲜战争期间。他指出,在这次战争中,美国自始至终都没有把军事力量与外交手段结合起来。1950年9月15日,以美国为首的联合国军登陆仁川港,战局曾一度朝着有利于联合国军的方向转变。但杜鲁门总统不接受任何谈判,一心想要一举歼灭敌军。他的决定反映了美国追求敌人无条件投降,不接受任何谈判的普遍心态。杜鲁门高估了美军的能力,同时也低估了共产主义国家,特别是中华人民共和国支持北朝鲜的决心。基辛格认为,在中国军队介入之前,"在我军处于优势地位的时候",总统应抓住机会,适时推动谈判,推动双方达成对美国有利的协议。

战争又一次朝着不利于美国的方向发展,杜鲁门当局也开始设法从战争中抽身——在基辛格看来,白宫这次又走向了另一个极端。他指出,美国当局没有以升级战火相威胁诱敌妥协,反而"除了纯防御性质的行动以外,完全暂停了所有军事行动"。仁川登陆之后,杜鲁门无条件拒绝了任何谈判的可能;中国介入之后,他又没能努力争取谈判的可能。基辛格认为,在这两件事情上,美国当局都没能把武力和外交手段有效结合,从而推动达成有利于美国的协议。美国没能提出有效措施,推动双方达成妥协,并结束战争。美国试图仅依靠武力或仅依靠外交手段就使事情得到"妥善解决"的心态导致了朝鲜半岛长达半个多世纪的僵局。而在此期间,基辛格一直哀叹他们错失了机会,没能通过政治手段使交战国之间达成一致。

基辛格还提到了约瑟夫·斯大林逝世(1953年3月)前后的那几个月——美国又一次错失了向新一届苏联领导人提议和谈的大好时机。1953年6月,东德工人大罢工正如火如荼地进行——基辛格认为,如果当时美国能提议和谈,并辅以持续军事行动的助力,势必会对克林姆林宫的新主人带来压力,从而促使其在欧洲和其他地区实行更为柔和的政策。基辛格谴责美国的政策制定者没能牵头召开由美国、苏联、英国和法国四巨头参与的新一轮峰会。美国本可借这次峰会提出德国统一以及东西欧和平共处的协议,并借机把握主动权。基辛格认为,遏制政策重武装力量、轻外交妥协的思路使美国没能抓住苏联最脆弱的关键时刻而有所作为,他对此悔恨不已。

> 时至今天,我们仍为1953年的疏忽之过所困扰。当然,如今永远也无法证明,当时若采取了更为大胆的政策,是否就真能扭转战略形势。若要争论起来,那些提倡不作为的人始终具有优势,因为如果要选择另一条路线,风险是一定的,而益处却并无法保证。但如果真有那么一个时刻,我们有机会离间苏联及其同盟,削弱苏联阵营的力量,斯大林逝世之后无疑是最佳时期——否则我们就只能承认,无论在任何情况下,美国都无法动摇苏联及其阵营的力量。

基辛格与包括迪安·艾奇逊、德怀特·艾森豪威尔在内的知名遏制政策倡导者不同——他们提倡以耐心加大规模武力威胁的手段抗击共产主义阵营的敌人。这些人认为，时机永远都对美国有利，我们可以继续等待，等到更好的时机再进行谈判。基辛格对此完全不赞同。他认为，与共产主义阵营的对手相比，美国的相对力量正处于下滑状态。美国"从未真正明白，虽然我们的绝对力量是在上升，但随着二战后苏联的元气逐渐恢复，我们的相对力量势必会下降"。回到自己本科时对斯宾格勒和汤因比的研究，基辛格认为，美国虽然仍沉浸在反法西斯战争胜利的喜悦当中，但却早已过了那个认为自己无所不能的青年时期，正步入束手束脚、呈现衰退之势的中年。核武器的扩散、共产主义变革（以亚洲尤为剧烈）、民主社会公民士气的低落——这些正是这一过程背后的原因，同时也是其表现症状。"历史从不允许休憩偷懒或停滞不前。据我们所知，历史上所有的社会都经历过衰落，而其中绝大多数最终都走向了彻底衰亡。"

衰退在所难免，但并不是不可逆转——至少可以暂时逆转。如果领导人足够强大，则可以通过制定策略化劣势为优势。这需要适时且创造性地利用外交手段。基辛格认为，出色的政治家应该可以凭借其出色的技巧和敏锐的直觉"与转瞬即逝相抗衡……他应当知道，历史的敌人正是永恒；但没有谁因此就有权轻言放弃。作为政治家，为了自己的人民，他也必须努力，去创造，与人类一切制度的最终命运——衰败——进行抗争"。

基辛格指出，华盛顿方面应采取更加大胆的策略。如果能更有效地使用包括核武器在内的军事手段,更灵活地运用外交手段,美国就能更好地维护西方文明。美国若能在冲突时主动拿出和解建议,就可以将苏联置于被动防守的境地,消除公民对美国政府渴望和平决心的疑虑。与丘吉尔、李普曼、伍德沃德,以及尼布尔观点一样,这是一个有关局限性与主动权的策略。这一策略反对遏制政策中被动性和单边主义的目标。古巴导弹危机之后,基辛格曾写道:"把由专家组成的政府的审慎、严密、技能等特征与能为我们带来无限可能的充满想象力的行为相结合——这是我们所要面临的巨大挑战。"

发挥想象

基辛格呼吁发挥想象力的提议吸引了很多知名人士的注意——他们当中有民主党人、共和党人、美国人,还有西欧人。20世纪50年代末,人们对热核武器毁灭性的恐惧、因为外交手段停滞不前产生的挫败感,以及西方甚至是很多第三世界国家对冷战直言不讳的批判之声的出现——这一切都使人们迫切需要新想法和新理念的出现。基辛格正好满足了很多群体在这一问题上的需要。小亚瑟·施莱辛格正想为民主党制定更为有效的外交政策,因此他在美国外交关系委员会及下属知名杂志《外交事务》上均提到了基辛格的这一想法。另一方面,共和党知名人士、前马萨诸塞州参议员小亨利·卡伯特·洛奇也呼吁白宫要留意基辛格"思路清晰、影响深远、有建设性"的提议。与美国两党一样,西德外交部对基辛格及其政见也颇有兴趣,他们甚至特意研究了他的著作,并把他当成潜在同盟进行观察培养。基辛格的想法之所以影响如此深远,是因为他命中的,正是冷战中的各国最关心的核心问题。

基辛格不仅提倡在战略上充分发挥想象;事实上,他自己正符合了许多对此感兴趣的观察家的想象。他所提倡的世界主义;他通过冷战高等学府所建立的人脉网络;他敢于打破陈规,对策略进行创新的创新精神都再一次使他成为瞬息万变的世界中举足轻重的人物。虽然他仍然无法真正被精英群体所接受,但他另辟蹊径,对替代策略进行的认真钻研也为约翰·F·肯尼迪、纳尔逊·洛克菲勒等巨头提供了有用的素材。对于那些想要自内而外改变传统冷战智慧的圈内人来说,基辛格这个圈外人简直再完美不过了。

身为德裔犹太移民，基辛格也似乎正是做苦差事的合适人选——提一些尖锐的问题、深入调查险恶的政治话题、组织学习项目——这些都是那些非犹太人看不上眼的工作。从冷战高等学府到白宫，基辛格一直扮演着这样的角色。而无论是在哈佛、在白宫，还是这两者的过渡期间，基辛格一直都在有权势的非犹太人的庇护之下。他为他们的野心服务。他从学者的角度为其提供领袖力的同时，还承担着最为卑微琐碎的行政职责。虽然基辛格这个名字打响了，但他主要还是在幕后工作——在那些更易被大众接受的人物身后工作。他是一个充满想象力的外来桥梁人物，是身处由精英组成的外交政策机构边缘的、颇受尊敬的策略家。

纳尔逊·洛克菲勒是美国最富有家族的后裔。他政治野心十足，对基辛格颇为重用。1955年，洛克菲勒受任成为艾森豪威尔总统心理战的特别助理，负责制定出能突出美国渴望和平的决心、培养反共情绪、向苏联施压使其在有利于美国的协议上签字的新的外交政策。热核武器的僵局是洛克菲勒和很多观察家都不愿意接受的。随着苏联军火装备的不断强大，莫斯科方面对其理念的大力鼓吹，美国常常被置于战略和政治上的防守地位。在接下来的15年里，洛克菲勒把精力和财富都放在了创新思想、把握冷战主动权上。为艾森豪威尔政府效力没多久，洛克菲勒就设立了自己独立的"特殊研究"项目，试图寻找遏制政策之外的出路。以"特殊研究"项目为起点，洛克菲勒在1964年和1968年两次竞选总统，虽然都以失败告终。在这两次选举中，基辛格均贡献了智慧，承担了大量的组织工作。

两人的初次见面是在1955年8月——日内瓦夏季峰会刚刚结束，洛克菲勒邀请基辛格加入一个他发起的组织，共同探讨并制定新的冷战策略。和施莱辛格、洛奇等人一样，洛克菲勒早就从基辛格早期著作及其在国际研讨会的表现中看到了这位年轻学者身上的创新潜能。基辛格精力充沛、观点令人信服，还能凝聚和拉拢各色选民。这正是洛克菲勒想要的。据洛克菲勒描述，两人第一次见面时，基辛格是那样的令人"印象深刻"。"他旁征博引，能调动多方事实和论据，并提供给抗辩的双方。他是一个非常理性的思考者——善于从更宽泛的角度思考问题。"与其他学者脱离实际只会空想的做法不同，基辛格既是策略家，也是网络缔造者。据洛克菲勒回忆称，"他既有想法，又愿意花时间和精力把这些想法付诸实践。他完全了解我想通过此项研究达到何种目的。他会立刻着手执行——他知道写资料要去找谁，他们都是些什么人，即使自己不认识那些人，他也知道怎样找到那些认识他们的人，知道在这一领域谁是国内最一流的。"

年轻、智慧、有创造力的基辛格很快就吸引到洛克菲勒的注意。德裔犹太人性格中孤僻怪异的成分又使他平添了几分魅力。"你看，"洛克菲勒说，"我猜亨利在大学时就有那么一些标新立异。他不是传统概念中的学者，他就是一个标新立异的家伙。所以说他会有那么一点格格不入的意思——或者你随便怎么定义都好。"洛克菲勒认为，"学术圈里的那些超级大脑"视野太窄也太过传统。他希望标新立异的想法能为冷战政策开辟出新的方向。他希望在重塑世界秩序的过程中，有局外人的参与。

财大气粗的洛克菲勒意识到自己可以吸纳基辛格这位新晋博士毕业生，利用其学术和行政实力为自己效力。他帮助基辛格在政坛立足，同时也使基辛格在资源、地位，以及未来发展上都不得不依赖于他。这种关系可以确保基辛格至少在短期之内都将主要为洛克菲勒服务。虽然基辛格自己也从这种关系中获利不少，但至少到 20 世纪 60 年代末为止，他却在一定程度上沦为了有钱金主的奴仆。基辛格与权力阶层的关系如今与洛克菲勒的政治成功紧密结合在了一起。与几百年前的欧洲贵族一样，身为精英阶层的洛克菲勒挑选了一名犹太人，赋予其特权，使其服务于自己的目的。在这段关系中，两人均有获利，但究竟谁属于从属地位，却仍存在争议。社会对基辛格作为"洛克菲勒的人"开展的活动毁誉参半。基辛格政策上主张挑战主流冷战思想中的遏制政策的同时，却进一步肯定了精英统治的理念。他一方面批判主流外交政策的制定者，另一方面又不得不成为其核心人物洛克菲勒的幕僚。

基辛格奉行的"动态保守主义"的策略使他得以完成这一棘手任务——这一策略在避免遏制政策限制的同时，又保有了文明的核心价值观念。作为美国的俾斯麦，洛克菲勒将与孕育西方社会和平、繁荣，以及普遍自由的敌友双方达成妥协。他将把包括传统武器和核武器在内的武力威胁与外交手段相结合，为国际社会有限制的变化提供可能。动态保守主义把新技术与传统的国家结构相结合，将向世人展示"传统是如何支撑进步的"。基辛格又回到自己早期关于"教化"的著作，以及他对试图用科技的方式解决人性问题做法的批判，并解释说，洛克菲勒应当利用"动态保守主义"去对抗冷战中普遍存在的"使人沦为可操作个体"的趋势。在一个充斥着热核武器危险、无神论唯物主义思想以及单调枯燥的官僚主义风气的社会中，"动态保守主义"将起到"提升人类个体尊严"的作用。洛克菲勒是一位非常有魅力的领袖，他将通过创意革新，重塑美国人一直以来的人生价值的基础。从本科时起，这一直是基辛格思想的基础架构，无论是如今为洛克菲勒效力，还是后来助力理查德·尼克松，他所有一切的努力都是在这一思想的指导下进行的。

无论是遏制政策还是基辛格所提倡的策略，都是对抗共产主义影响蔓延、维护传统价值体系的保守努力。两者之间的关键差别在于，基辛格的理念强调通过"动态"的途径解决问题。大量发表学术文章和政治演讲，与相关人物保持密切书信往来——这些都是基辛格有别于传统策略的新举措。基辛格想法中不走寻常路、敢于打破常规的一面特别吸引了洛克菲勒的注意。他的提议为打破冷战僵局提供了新思路，使特立独行的洛克菲勒成功地从一系列政治家中脱颖而出。

有了基辛格这位德裔犹太移民标新立异想法的助力，身为名门之后的洛克菲勒更显远见卓识、魅力四射。约翰·F·肯尼迪总统是这一形象最完美的典范。与肯尼迪身边被称为"新拓荒者"的幕僚一样，基辛格的策略有助于塑造洛克菲勒身为"国内唯一勇气与德行兼备，能够去推行这些艰难的甚至可以说是吃力不讨好的举措，以确保我们得以生存的领袖人物"的形象。基辛格和洛克菲勒希望能抓住20世纪60年代公众之间日益增长的对冷战的不满情绪，这一情绪在"苦于寻求人生意义的年轻人、居住在郊区的中产阶级，以及所有对国家或国际事务感兴趣的人"当中尤为明显。若真能找到遏制政策以外的路线，洛克菲勒将有望成为共和党的肯尼迪。

联邦外交政策

基辛格的战略愿景在他 1962 年 2 月为洛克菲勒撰写的哈佛大学演讲稿中得到了充分阐述。冷战中的高等学府是宣传新政策理念的最佳地点。身为纽约州州长、充满抱负的总统候选人,以及外交政策改革的积极倡导者,洛克菲勒一开始便念了一段祈祷文:"在我们现今的世界里,基督犹太一家亲的传统思想所定义和倡导的、有关自由个体的价值和尊严的历史概念正面临着最严重的危机。"

这些演讲所要最终传达的基本理念就是,时代正在召唤,今天的我们迫切需要新一代美国人向开国元勋学习,发挥政治创造力和大无畏的精神,用长远的眼光看待问题。开国元勋为我们设计出国家的秩序结构,在这一秩序里,自由的人民可以在和平的环境中工作并收获繁荣。我们是这个世界中的一员,因此,如今的我们需要建立的不仅仅是一个国家的自由框架,而是自由世界的框架。我相信,虽然我们当中很多人也许还没有意识到或不愿承认,我们需要以前所未有的反应速度和执行能力去实现这一切。

基辛格是有意与肯尼迪认为目前这代人正面临生死存亡,应承担起责任的相关言论进行类比的。但和"新拓荒者"所暗示的潜力无限的理念所不同,基辛格在洛克菲勒的讲稿中刻意缓和了语言,把重点放在了美国能力的极限上来。在认可美国在大萧条和第二次世界大战中非凡成就的同时,洛克菲勒提醒听众:"过去所取得的成就甚至无法保证我们今天最基本的安全。无论是从深度还是广度上讲，过去的不朽早已被今天我们所面临的危机所超越。"这正应和了基辛格之前的提醒，提醒大家要警惕切勿追求"全面解决方案"或试图彻底"终结历史"。

"联邦的理念"强调"在法律和制度框架内运转的"不同主权主体之间"力量的平衡"——这一理念在承认自身局限的前提下，希望能有机会改善美国国家安全。洛克菲勒解释称，"联邦理念鼓励在原则的支配下，以目的为引导的创新和创造。这一理念可以确保更加深思熟虑而不是机械地回应，在实现自由的同时，又不会一不留神陷入无政府主义的泥潭。简言之，这一理念志在维持自由和秩序两者之间微妙的平衡关系——而我们个人的自由、和平，以及繁荣都是完全建立在这一基础之上的。"联邦制是无政府主义和帝国统治之外新的出路。这一制度的隐含意义是公众对共同遵守的规则的共识，同时允许在安全合理范围内的自由竞争甚至是冲突。

在国际范围内，联邦主义能够确保敌我双方在追求和平的道路上达成基本合作。与此同时，它也肯定了文化、意识形态以及政治体系上多样性的存在。联邦主义不是要对共产主义进行疯狂遏制直至其崩溃，而是试图把共产主义甚至是其他政治体系放在一个更大的关系框架当中去。这并不仅仅是美国为西半球设计的模式；俾斯麦为实现德国各城邦之间的和平，甚至是整个欧洲的和平也采取过这一方式。基辛格写道，"德国领导人发现，企图在全球范围内树立权威并不能获取和平，和平需要不同主权国家之间进行合作，在敌对国家之间建立可控关系的基础之上达成。"

无论是联合国还是其他国际机构，它们都无法实现基辛格设想的联邦世界。这些机构在遇到那些需要更深刻的理解力、更富想象力的领袖能力的任务时存在技术壁垒和机构冗余的问题。从这个意义上讲，联邦主义并不是要建立一个世界论坛或全球政府，而是要通过力量调整或指出一条鼓舞人心的方向，培养一种合作的社会氛围。开明的政治家需要在国家体系之内行事——在其打磨原则、调整队列和阵营的过程中，国家体系也在相应进行着调整和改变。这便是"动态保守主义"在现实操作中的表现。在俾斯麦的模式里，国家的守护者同时也是历史变革的预言者。在向洛克菲勒描述自己理念的过程中，基辛格又一次老生常谈，谈到了领袖力和局限性。"一个民族只有亲身经历才能真正受教；等真正'知晓'之时，通常已为时已晚。但作为领袖，就应把自己的理想当成是已经实现的现实去行动和执行。"

基辛格认为，联邦主义外交政策就意味着承认单边力量的局限性，提倡谈判沟通，开动脑筋努力争取与敌人实现共赢。这一外交政策力求在光明前景和威胁挑战之间、胡萝卜和大棒之间实现平衡。它一方面肯定了大国的力量和合法性，另一方面鼓励打破国界——特别是在基辛格通过国际研讨会以及其他途径建立起来的冷战网络内部——开展活动。最重要的是，联邦外交政策应依赖于大国某些特定的领导人的行动。将由他们来建立全球合作、权威共享的体系框架。他们将"创造属于自己的现实"。

基辛格并不是说说玩而已。他在自己的著作中概述了联邦主义策略的三个主要元素，后把它们付诸实施。一个"多决策中心"的"大西洋联盟"，一系列限制国际竞争的"基本准则"：这些都是他取代遏制政策的核心做法。基辛格写道，"20世纪60年代的10年是呼唤英雄行为的10年，我们也许并不总能从民众好评里获得慰藉……我们必须勇于接受这样的悖论:我们在加强军事力量的同时也要控制军备;追求国家安全的同时也要寻求谈判的可能;协助新兴国家实现自由自尊的同时也不能对他们对所有问题的注解全盘接受。如果我们不能做到以上所有,那么我们将全盘皆输。"

"大西洋联盟"

可以预见的,基辛格跨大西洋的身份与跨大西洋安全观产生了重合。他提出美国必须加强其在西欧的核心联盟——这是联盟战略的最初起源。北大西洋公约组织(北约)内部国家之间的密切联系有助于根本价值和利益得到保护。这是冷战争论的一个关键领域,如有希望同敌人达成和解,这里也将成为主要突破口。在西欧,华盛顿方面将展现其阻止共产主义侵犯的决心,明确表达其致力于国际和平的承诺,并向世人展示建立自由资本主义社会的可能。西欧地区的和平对扩大美国影响,建立与其他地区的合作至关重要。一个强大的北约可以整合美国及其盟国之力,从而推动联盟提议的顺利发展。只有北约强大了,对手才会相信,对于他们来说,谈判比冲突更为明智。跨大西洋社区之于20世纪的联邦全球视野,正如同东方海岸线国家之于19世纪的联邦大陆视野。这便是那片圣地。

基辛格在1961年写道:"十几年来,北大西洋沿岸的国家一直依靠伟大的马歇尔计划的资助过活。"美国为二战后的重建和联盟提供了资金援助。其援助曾巩固了我们的共同目标——如今共产主义威胁日渐嚣张,我们需要对这些目标进行重新审视。"下一个十年,我们需要突破在过去的一个半世纪中占统治地位的国家主义的羁绊,创建新的政治框架。"基辛格呼吁建立能够把外交目的和军备力量更深刻结合起来的"大西洋联盟"。"北大西洋共同社区"将"增强政治凝聚力,向着联邦体系的方向进发"。

基辛格并不是在提倡强化官僚制度或者建立类似超级大国的存在。在他的定义里,这些都是有违联邦概念的。相反地,他呼吁建立"主权国家"联盟,使"权力在联盟内得到有效限制"。受法国总统夏尔·戴高乐建立跨大西洋领导人"理事会"提议的启发,基辛格认为,通过建立跨大西洋主要大国领导人"执行委员会"的方式,可以实现外交及军事政策的联邦化。他们将达成统一立场与苏联谈判,共同商定欧洲和平稳定的大义,汇聚资源和智慧,持续向莫斯科方面施加压力,以避免冲突。要想为基辛格联邦主义的理想提供架构,需通过外交手段而非国际范围的官僚体系。

领导人之间更有组织、更两厢情愿、更高效的协作可以给民众注入更大的信心。这样做可以抵消民主本质中保持中立和失败主义的倾向,也可以使北约国家除了被动回应,对共产主义采取遏制政策以外,能有更积极的行动目标。在这一背景之下,基辛格写道:"想要成为伟大的领袖,除聪明之外,更要头脑清晰,眼光敏锐。想要树立崇高的地位,不仅要孔武有力,更需要建立在道德目标基础之上的强大实力。"在基辛格看来,由各大国组成的执行委员会可以为跨大西洋联盟提供方向和灵感。

和绝大多数美国观察家不同,基辛格针对戴高乐对这一点的理解进行了大加赞扬:"他走的是俾斯麦风格的外交路线——俾斯麦为实现自己心中普鲁士应有的地位进行了不遗余力的努力,而后又本着小心谨慎、约束克制、节制适度的原则努力维持新的均衡。"基辛格提醒读者,戴高乐曾"不止一次敦促西方国家在世界范围内协调其政策",其中美国、英国以及法国应势均力敌,占据绝对主导地位。美国拒绝了这一设想,因为它把其他主要联盟排除在外了。基辛格对此表示认同,但他认为美国不应在反对戴高乐的立场上这样不知变通。"戴高乐还提出了建立更广泛论坛的可能,但却没有人对此进行进一步探究。"在基辛格看来,华盛顿错失了一次提升法国等主要欧洲国家主权,同时建立政策协调新体系的良机。

基辛格想要借用戴高乐"理事会"的想法，并在规模和范围上对其进行稍许扩充。他认为，由包括西德（或许还有意大利）、法国、英国、美国在内的主要大国组成的"执行委员会"为确保跨大西洋社区未来活力提供了必要的联邦构架。这些国家是欧洲大陆的天然领袖。因为有着强大的经济和军事实力，他们也是最能影响苏联政策的国家。正如戴高乐曾提出的，执行委员会将替代冷战早期的权宜之计，为这些核心国际主体提供一个能够开展持续磋商的场所和论坛。真正的协调需要有这样一种联邦机制的存在。基辛格说，"历史告诉我们，只有英国、法国、德国通力合作，才能实现欧洲的和平稳定"。在全球冷战的背景之下，美国如今在这一进程中扮演了核心角色，必须由美国促成取代"旧的国家间敌对状态"的战略一致的达成。

虽然核武器摧毁能力巨大，却有望借新同盟阵线的机会，取代西欧传统的战争防守模式。回到自己早前发展更多样作战能力的提议，基辛格认为，想要确保达成跨大西洋战略协作，最有效的办法就是大家都拥有核武器。很多人批评基辛格说他想法鲁莽轻率。迫于压力，基辛格虽然没有收回自己早前的倡议，但他不再强调要在冲突中有计划地使用小型核武器。他开始提倡有控制地使核能力向"执行委员会"的参与国家扩散。基辛格写道，"建立欧洲核力量"要比一味追求美国的绝对统治地位更为明智；他甚至预言，"在影响欧洲统一的诸多因素当中，拥有核自主权，这只不过是其中最微不足道的一个罢了"。

在这一框架之下，西欧领袖想要动用部署在自己领土上的武器，将不用再征得美国的同意。他们可以独立动用武器。英国、法国（已经在建立自己的武装力量）、西德和意大利将更加确信自己有能力决定自己的未来。

基辛格还强调,最重要的是,这些联盟国家将在协调欧洲防御行为与美国行动的过程中把握更大主动权,而不必担心有各种政策或武器系统而自己无法掌控。

在军事问题上——尤其是核领域——欧洲与美国之间的密切联动是符合双方自身利益的。不管他们具有怎样的正式自主权,但对于我们的同盟来说,战争当前,放着美国方面显然要更加强大的核力量不用,非要仅靠目前手头拥有的或未来有可能拥有的小规模核武器去硬拼,这种可能微乎其微。欧洲和美国在核领域密切协作,这是由双方的自身利益决定的;而在这种合作关系当中,欧洲显然比美国获益更多。

基辛格强调,在核问题上保持独立性有助于培养责任感并快速成熟,对双方均有益处。这样做还有助于同盟关系的进一步巩固——各国完全是根据自己的意志做出的决定,他们选择以美国马首是瞻,是因为这样做最符合自己的利益。北约更明确的震慑姿态将令法国、西德、英国信心大增,因为一旦自己的领土面临有限攻击,他们也可以(在没有美国行使否决权的情况下)动用核武器进行反击。他们不必再仰仗美国,指望对方会冒着把自己置于险境的风险而去帮助法国或西德。同样地,针对越过侵略行为的回应,莫斯科方面的疑虑也将减少。

想要实现基辛格的战略愿景,建立一个更强大、更加自信的大西洋社区,北约联邦化将主要通过核武器的联盟化实现。苏联的热核力量是跨大西洋社区面临的最大威胁,只有开辟全新方法,共同拥有核报复能力,才能维持这一社区的灵活性、凝聚力和实力。在这一点上,基辛格的想法是非常修正主义的;他的想法与20世纪六七十年代遏制政策的倡导者一贯坚持的核不扩散原则背道而驰。他始终认为,在不发动全面热核冲突的情况下,拥有核武器将是一个有益的信号,是用来与他人周旋谈判的重要砝码。只有全面普及小型核力量,在面对共产主义入侵的时候,如有必要,才能有机会进行欧洲区域防御,甚至是发动有限战争。

1961年,刚刚入主白宫的约翰·F·肯尼迪及其贴身顾问便对基辛格有关核策略以及美国与西欧关系的观点表示了极大的兴趣。与艾森豪威尔一样,新官上任的肯尼迪并不是对基辛格所有的建议都完全赞同,但基辛格的思路是一种创新的尝试,若能解决美国在外交政策上日益面临的困境,这本身便十分令人期待。从这一意义上讲,洛克菲勒和肯尼迪都看到了基辛格身上打破传统、破除旧习的潜在价值。麦克乔治·邦迪是基辛格在哈佛时候的系主任,如今是总统国家安全事务方面的特别助理。邦迪断然阻止了国务卿迪安·拉斯克试图把基辛格收至麾下的行为。基辛格实在是不可多得的宝贵人才;肯尼迪想让他为白宫服务,在国家安全委员会为制定关键领域的外交政策献策献计。邦迪在给基辛格的信里写道:"总统先生让我在您方便的时候尽快与您取得联系,讨论您加入我们团队的可能。从总统先生的角度来讲,目前唯一比较复杂的情况是,也许有不止一个政府部门都想邀请您加入。总统先生不想对任何一个部门的需求指手画脚,但他特别想让您知道,如果您有兴趣,他愿意亲自跟您探讨加入由我和沃尔特·罗斯托组成的、直接听令于总统本人的特别行动小组的可能。"邦迪后来又补充说,"我们需要您的帮助,特别是在武器和政策这个比较宽泛的领域,以及有关德国问题的方方面面。"

1961年3月，基辛格开始了白宫兼职顾问的工作。他很快便把自己有关核武器联邦化以及建立"大西洋联盟"的想法应用到了对政府政策的评价当中。在首个写给总统的有关"主要防御选择"的备忘录中，基辛格呼吁，在无法发动欧洲全面核战争的情况下，应尽力扩大核武器的覆盖范围。在谈到美国及其盟国时，基辛格建议肯尼迪说："我们必须时刻做好使用核武器和常规武器的准备——虽然我们会尽一切努力把最先使用核武器的责任转嫁到对手身上。"基辛格一方面建议扩张军备，另一方面也建议加强与西欧同盟的磋商，与苏联积极开展谈判，通过和平手段实现德国统一。基辛格认为，德国的统一至关重要——这有助于展现美国想要服务于西欧公民，特别是德国人民利益的决心，令他们有发言权，因而在跨大西洋联盟中更加举足轻重。基辛格没有指望德国的统一能够一蹴而就，但他特别强调说如今的分裂局面是不合理的。而分裂的责任必须要算在苏联头上。基辛格承认，虽然"除了德国人之外没有人真心希望德国统一，但要证明德国统一为何无法实现，却是我们的重任"。也许西方国家是不得已才默许了德国的分裂，但容忍分裂的风险是，德意志联邦共和国亲西方的立场将受到动摇。

在这一点上，基辛格与他的另一个老板纳尔逊·洛克菲勒看法完全一致。1961年夏，基辛格鼓励时任纽约州州长的洛克菲勒支持提升"我们的军事实力，尤其是在有限战争中可以利用的军事力量"。基辛格还指出，我们"必须做好谈判的准备。但我们应该表明自己在民族自决原则上的立场"。苏联对西德以及美国其他同盟的威胁已升级为危机，倘若我们能在大西洋国家合作方面有所进展，则有可能使不确定性向着有利于我们的方向发展。基辛格向洛克菲勒和肯尼迪都忠告说"我们应该抓住这一机会，积极推进一些以北大西洋国家联盟为目标、有建设性的项目的进展"。

基辛格对德国的了解以及他对国际问题的独到见解使他又一次成为两党关键人物争相拉拢的热门人物。他是为数不多的曾效力于共和党和民主党领袖的策略专家。在洛克菲勒和肯尼迪之前，他还曾在杜鲁门和艾森豪威尔政府担任过较低的职位。不难想象，基辛格同时效力两党的行为一定会让人对他的忠诚度产生怀疑。这也将成为后来引起反复争议的话题，尤其在1968年，他一方面协助林登·约翰逊总统与越南的谈判小组，另一方面仍通过洛克菲勒为共和党工作。基辛格为双方效力的行为是他的个人选择，但这同时也是由他的背景和出身所决定的。从哈佛到白宫，贵胄巨头对基辛格的专业知识和创意的头脑颇为依赖；他们需要一个知识与组织能力并重、能连通大西洋两岸国家的桥梁人物。而与此同时，他们却并没有真正把他看作是自己人。邦迪出身波士顿贵族家庭，他一方面效忠共和党，另一方面也加入了肯尼迪的幕僚团队。身为德裔犹太人，基辛格贡献了重要的智慧，但却永远不能被那些美国最好的俱乐部里开朗乐观的精英人士所真正接纳。他仍是个局外人。正是因为他认清了这一点，他对自己的处境异常敏感。

1961年10月，基辛格发现自己被邦迪排除在一些关键的政策会议之外，一怒之下辞去了白宫兼职顾问的工作。虽然在肯尼迪的邀请之下，基辛格成为总统在核策略和德国问题上的私人顾问，但他和总统的接触受到了严格限制。基辛格抱怨说，对于肯尼迪圈子里的人来说，身为犹太圈外人的自己不过是受到了政府的利用，充当了一个"乱提建议的人而已"——"从外围随便给点建议"，对政策的实施几乎没什么发言权。

在一次很难得谈到他对反犹太态度的看法时,基辛格描述称,无论是在哈佛还是在白宫,邦迪"都会用一种礼貌有加,但却不自觉的屈尊降贵的态度对待我——那是波士顿上层人士对待那些以新英格兰的标准看来,有着异国背景、风格迥异的群体一贯持有的态度"。

基辛格的不满并不仅仅是针对邦迪个人的。他强调说,用一堵墙把柏林一分为二之后,肯尼迪政府便接受了对德国的长久分治。华盛顿方面不再坚持支持德国统一,没有能改变现状的积极计划,还一厢情愿地认为西德将一如既往地服从于美国的利益。肯尼迪拒绝让西德拥有独立核能力,与此同时,还要求增加"补偿"性支付,用来弥补美国军队在欧洲的费用支出。基辛格预言,西德将出现信任"危机",对美国的领袖力大失所望。他写道,"如果这一趋势继续下去,结果就是,一个有某些特权保障的西柏林将逐渐腐朽,意志消沉,中立情绪将在德国蔓延,北约将被大大削弱。"当看到自己提倡核武器联邦化以及建立更广泛大西洋联盟的提议被忽视时,基辛格谴责白宫称,他们放弃了战略性彻底休整,反而去追求短期战术效益。"如今有一个司机正驾车全力冲向悬崖,而我就是坐在司机旁边的那个人,还要帮他确保油箱是满的,油压适中。"

和许多美国领袖人物一样,肯尼迪一方面被基辛格改革跨大西洋联盟的呼吁所感染,另一方面,却不愿意放弃对欧洲的静态分治以及美国在北约内部已经建立起来的统治地位。这些是遏制政策的基础,也是美国战略思想中稳定最常见的来源。20世纪60年代盛行的核不扩散政策以及与苏联进行谈判的做法强调的是美国和苏联对欧洲事务更为集中和自负的管理。例如,1963年的《禁止有限核试验公约》禁止了大气层实验,这使得意大利、西德等国进行核能力测试的努力变得更加举步维艰。法国已经拥有了自己的小型核力量,但仍需借助美国的力量进行自我防御。所以,在肯尼迪及其继任者林登·约翰逊的努力下,一个权力更加灵活、分散的大西洋联盟并未能得到实现,美国在大西洋半球的主导地位反而得到进一步加强。

"更多决策中心"

基辛格外交政策联邦化的设想主要聚焦在欧洲——这是基辛格的主要研究领域——并向更广阔区域扩展。二战以后，美国和苏联的统治地位得以确立，两国主要盟国分化为两个阵营，许多观察家口中的"两极"世界得以形成。各国要么向华盛顿，要么会向莫斯科寻求帮助和庇护。两个超级大国掌握了可利用资源，并试图通过资源分配建立政治影响力。寻求庇护的代价就是，必须和美国或苏联结盟，并与对方阵营形成对立。在两极世界当中，与一个超级大国成为朋友，就势必与另一方为敌。一方哪怕很少的所得也必然意味着另一方的失去。这是可预见的，同时也是非常刻板而容易引起冲突的环境。

有很多国家——例如南斯拉夫、印度、印度尼西亚、加纳，以及后来的中国——这些国家都试图在两个超级大国之间寻找"中立"地位。它们想要在保持独立性的同时充分利用两大阵营的资源。虽然像印度这种规模的国家确实取得了一定效果，但这样做常常会引发与邻国及其支持者美国和苏联冲突的升级。例如，印度分别于1962年、1965年和1971年与受美国或苏联支持的国家开战。在这几次战争中，虽然印度努力想要维持其中立地位，但为了迎战有外部支持的对手，印度领导人不得不向美国或苏联这两个超级大国寻求支持和帮助：1962年，印度紧急求助美国支持，以对付有苏联撑腰的中国；1965年和1971年，印度转向了亲苏联的立场，与受美国支持的巴基斯坦交手。与其他国家一样，印度也无法逃脱两极冷战世界带来的压力和各种束缚。与很多观察家一样，基辛格谴责中立主义，认为这种试图逃避在国际体系中行使权力的行为是一种错误的期待。经历过殖民主义的国家尤其容易产生这种"对中立主义的盲目崇拜"——但事实上,避免做出艰难的选择,反而更容易将他们置于被剥削、面临更多冲突的境地。

在很多评论家看来,两极化不仅是无法更改的事实,还是战略稳定的来源。两极化使力量评估更加容易,超级大国在直接冲突爆发时保持克制也变得更加必要。两极化可以消除不确定性,从而避免由于预估错误或愚蠢失误而导致核战争这种无人乐见的局面发生。最重要的,两极化使敌友之间在维持现状、防止潜在灾难性局面发生的过程中形成了一系列共同利益。这在古巴导弹危机中表现得尤为明显——肯尼迪和赫鲁晓夫均放弃了自己在加勒比地区的利益,他们接受了大国之间关系和平稳定的基础,而没有在该地区挑起核争端。在欧洲和东北亚,类似思潮使1962年以后美国和苏联逐步走向合作,而这常常是与当地参与者的意愿相违背的。据一位作家写道,至少对于主要核国家来说,两极化使冷战变成了一种"持久和平"。

对此基辛格并不认可。基辛格写道,古巴导弹危机之后,两极化其实助长了苏联扩张的气焰。因为赫鲁晓夫认为,美国不会为了阻止苏联对古巴或其他小国的侵略而不惜发动战争。正是如此,赫鲁晓夫才敢在距离美国领土这么近的地方,肆无忌惮地向菲德尔·卡斯特罗提供核导弹。苏联这样做是要支持盟国,增强苏联对美国的打击能力,同时羞辱美国。基辛格解释称,赫鲁晓夫认为,在两极化的世界里,权力的平衡和走向正朝着有利于自己的方向转变;他坚信,由于美国惧怕苏联的力量日益增长,华盛顿方面不敢对苏联的行动进行强硬回应。在两极化的格局中,一方领袖可以寄希望于对手小心谨慎,从而剑走偏锋,只身犯险。

想要改变这一局面，美国要表现出决心，并让更多的国家参与进来，对苏联的扩张行为起到震慑和阻止的作用。基辛格赞扬肯尼迪说，他决心坚定，不惜冒着发动战争的风险，也要迫使苏联从古巴撤军。美国在军事上的绝对实力以及愿意使用武力的意愿对我们来说至关重要。"如果不是美国能够在主动攻击的情况下赢得全面战争，并且即使遭到苏联的突然袭击，也能给对方造成无法承受的伤害的话，危机不可能如此迅速而干脆地得到解决。"只有展现出随时可以开战的军事实力，才可以使咄咄逼人的强敌有所收敛。

与此同时，与前国务卿迪安·艾奇逊及其他人一样，基辛格担心美国在未来的冲突中无法展现出其在古巴危机中一样的决心。他认为美国领导人需要避免在"强硬"和"温和"的政策之间不停摇摆——这是国人争论的主要焦点，也是肯尼迪政府甚至是前几届政府都没能处理好的问题。基辛格没有又回到之前的那套"老生常谈"，而是呼吁为解决纠纷采取切实的行动——尤其在欧洲，要通过展现实力和提出认真的谈判方案相结合的方式解决问题。如果做不到以上所有，随着广大公民和同盟不再关注迫切的战略需要，美国在古巴导弹危机问题上的坚决立场也将只会是昙花一现。这正是需要美国总统站出来采取主动的时刻。基辛格写道，"我们现在就有机会来定义我们的立场，而不是把苏联的需求浏览一遍，看看里面哪一个也许是可以忍受的。尤其是，在另一场柏林危机发生之前，趁同盟还在被我们在古巴危机中所表现出来的积极性所激励和鼓舞，这正是我们提出中欧问题解决方案的最佳时机。"

基辛格并没有期待20世纪60年代局势就能遵循这样的轨迹发展。在肯尼迪和约翰逊任总统期间，美国政府过于犹豫不前、缺乏想象。两极化的格局使美国创造性地从战略角度思考问题的能力被削弱。基辛格哀叹称,美苏两国之间这种僵化的格局已经成为所有外交决策毋庸置疑的行为框架——这使每一位身处白宫的人都沦为了"事件的囚徒"。他们总是时刻准备着如何应对,而不是如何引领。想要与苏联对抗或是改变美苏关系的焦虑感遏制了主动出击的积极性。基辛格观察到,虽然他们使用了"新疆界"这样的字眼为自己包装,但各国专家其实都是在"把之前政府的政策炒着冷饭"。他不奢望真能有一个开明进步、魅力四射的领袖人物突然间横空出世,打破两极世界战略格局的所有假定。从某种意义上说,肯尼迪就已经是"我们最好的,也许也是最后的希望了"——但即使是他,也没能重新定义美苏关系。

想要打破冷战僵局,打击苏联冒险嚣张的气焰,唯一切实的解决方案就是改变目前的国际体系格局,鼓励各方力量向着有利于美国的方向分散。基辛格解释称,一个有着"多决策中心"的世界将更具灵活性,有利于创新外交政策的实施,有利于各方达成共识,而不是放任两大巨头进一步巩固其统治地位。在"多极"体系中,超级大国不会因为对手一有什么风吹草动,便风声鹤唳,立刻认为自己岌岌可危。他们承受的风险也会减少,因为其他大国角色的转换可以对其在非洲、亚洲、拉丁美洲等"外围"地区的失利进行一定程度的弥补。因此,与其让两位荷枪实弹的枪手进行决斗,不如让冷战成为由国家组成的流动的同盟之间的竞赛,力量随时在流动,以寻求自己优势的最大化,而在这一过程中,基本的平衡得以维持。

这种力量的扩散鼓励各国政府出自自由意志而不是迫于压力才与美国合作,这"与我们的利益以及理想状态是完全一致的"。在西欧,这样的战略构架可以确保美国更有效利用其西欧同盟的潜在优势,而欧洲同盟在与美国相处的过程中也将更坚定、更自信。在欧洲以外的地区——特别是共产主义阵营以及那些刚刚从殖民主义解放出来的国家——美国对区域权力中心更大程度的认可有利于其制定出更有吸引力的政策。基辛格强调，与其把外部政治关系模式强加于这些地区，或者就直接忽视这些特定的区域，只有用多极的眼光审视国际体系，美国才能抛弃那些简单的口号，与更广大国家寻找到利益的共同所在。这样的美国才会带着更明确的动机去寻求国际妥协，而不是把自己的生活方式强加于别人。这样的美国才会想要寻求与当地合法领袖合作，而不是试图按照自己的意愿凭空打造和培植符合自己诉求的领袖。

这是典型的19世纪外交以及詹姆斯·爱迪逊在《联邦党人文集》中构想的多极主义的核心逻辑。更多、更广泛决策者的参与可以激励调整、创新、合作；可以防止一两个超级大国专权暴政的局面出现。最重要的，可以使那些从广泛意义上支持区域自治的人们受益。有了更多的权力中心，我们就有了更多的变革选择，每一个个人才会有更多机会缔造不同。在多极化的世界里，娴熟的外交可以得到最大效度的发挥——其影响要远比在僵化停滞的冷战体系的制约下大得多。

20世纪60年代，基辛格制定了帮助美国培育符合自身利益的多极世界的策略。这一策略将替代之前的核僵持状态，取而代之的，是强调与新伙伴之间建立密切工作关系的行动及施政纲领。美国的资源已经在超负荷运转，在这一策略的指导之下，我们将会更多地依赖区域参与者的力量，而不是单单依靠美国的支配地位，美国的影响力也会随之提高。尤其在亚洲，对多权力中心的认可将解决美国一直以来面临的双重困境：与共产主义阵营的中国长久以来的冲突以及自掘坟墓的越南战争。基辛格多极化的构想有望扭转冷战以来在这些地区悲剧性的甚至是导致区域瘫痪的长久停滞局面。基辛格解释称,"超级大国的时代即将结束。建立新的国际秩序的理念至关重要。"

中国正位于基辛格新战略框架的中心。与包括法国总统夏尔·戴高乐在内的很多观察家一样,基辛格笃信中华文明内在的伟大。据基辛格在欧洲的一个固定谈话对象回忆称:"他被中国所深深吸引。中国是一个充满自信、有学识、有积淀的国家,也对自己身为世界领袖的历史身份有充分的认识。"像是德国这种"中间王国",它对其邻国的统治靠的不仅仅是暴力,还有文化教养,例如"教化"的力量。虽然基辛格对中国社会的本质知之甚少,但他坚信,中国将在为本区域新兴国家提供秩序方面发挥积极作用。在地缘政治以及意识形态上与苏联的敌对,以及二战期间日本侵略者对中国的残忍侵略带给中国人的鲜活记忆——这一切都会使北京方面认为,与其他选择相比,美国也许是一个侵略性更低的区域合作伙伴。虽然基辛格给人的印象是一个冷酷无情的权力政治分析家,但他相信,中国是维护亚洲关系稳定甚至是区域合作的天然文化根基。他后来也评论说,中国社会不具有"扩张主义"秉性,而是一个"内向型"社会——他们做事情"深思熟虑,耐心十足",不会冲动行事。

基辛格能做出这样的评价是非常了不起的,尤其在当时的历史背景下,中国在朝鲜战争中扮演了积极作用,但他强调说,"共产主义的中国已经成为国际社会,特别是亚洲一个很重要的现实。"他呼吁在"不对其抱有幻想的同时,与其进行接触"。

> 我们不能代劳,帮中国大陆与国际社会其他国家建立更正常、

沟通更顺畅的关系；中国必须依靠自己的努力，将自己从自我隔绝的困境中解放出来。但我们可以做更多的工作，促使这一天的到来，使中国意识到，与外部世界建立合理、有建设性的合作关系是符合其自身利益的。

基辛格相信，身处稳定的全球环境，中国方面对于美国的提议一定会进行积极回应，因为正是这一策略使美国重新返回本就属于自己的强国地位。如果说两者有什么不同的话，中国此时的现实状况使中国想要回归地缘政治常态的愿望更加强烈。基辛格解释称，"我们必须鼓励共产主义中国，使其在亚洲和平进步的进程中发挥一定作用。在这一秩序之下，中国自身的安全将不再受到威胁，其合法利益也将得到有效保障和表达。"基辛格把这一提议写到了总统候选人纳尔逊·洛克菲勒1968年5月1日所做的有关外交政策的一个重要演讲的讲稿当中。在这次演讲中，洛克菲勒呼吁培育国际社会开放的心态和态度，对美国的军事投入进行限制，扩大与国际社会的共识。演讲还肯定了某些特定的区域力量，特别是中国的重要性。洛克菲勒宣称，"协助或鼓励这样一个伟大的国家和人民进行自我隔离，我们并不能获得什么，也证明不了什么。相反地，我们应该鼓励接触与沟通——这对我们双方都有好处。"作为权力的文化和政治中心，中美在亚洲的伙伴关系可以减少冲突，从而确保整个地区更广泛的利益。

美国许多其他知名人士，如林登·约翰逊总统、总统候选人理查德·尼克松等，都振臂高呼，呼吁在双方近20年的敌对状态之后，与共产主义中国展开外交接触。1966年7月，约翰逊承诺试图在华盛顿和北京之间达成"和解"。他解释称,"只要7亿人口的中国大陆被排除在世界大家庭之外,亚洲就永远无法实现持久和平。"1967年年底,尼克松承认说:"我们绝不能任中国就这样独立于国际社会之外。"越南战争之后,我们对待亚洲问题要慎之又慎,中美之间要保持持续对话。1968年,基辛格提倡,中国和美国这两大一直处于敌对状态的国家之间要改善关系。他的这一提议并不是凭空而来的创举。因为,即使是最坚定的反共分子也越来越明白,中国已经成为国际社会不可否认的事实,成为探讨全球安全问题中不可或缺的参与者。

在20世纪70年代,美国对中国提出这样的提议,这几乎是历史的必然。正如尼克松在其言语中所表现出来的,越南战争的逐步升级使中国作为区域力量的重要性得以凸显。在南亚,中国政府向与美军作战的北越部队提供了大量帮助;只有与北京政府达成和解,双方在南亚的冲突才有望得到解决。随着越南战争愈演愈烈,且大有蔓延至整个区域的趋势,中苏长久以来一直争执不下的边界问题日趋紧张——中国方面开始对美国的提议进行积极回应。20世纪60年代末,中苏两大社会主义国家进入低水平战争时期,双方直接军事冲突频发,甚至有动用核武器的风险。中苏之间的大决战一触即发——这样的现实使得双方都开始改善与美国的关系。和华盛顿方面一样,北京和莫斯科方面也非常希望能够限制军事投入,拉拢对手对付共同的敌人。与当时绝大多数细心的观察家一样,尼克松和基辛格对当时的形势了然于胸。

基辛格的理念之所以独树一帜,是因为他试图把中国纳入有体系的全球策略当中。改善与北京方面的关系,这是从两极遏制策略向多极联邦主义策略这一根本性结构转变当中非常重要的一部分。基辛格在1968年就曾写道要建立"莫斯科、华盛顿、北京三方面组成的三角关系"。这是一个远超过越南或南亚未来的愿景。这是基辛格一直以来努力的一部分——通过多方协商,把各方力量联合起来,建立美国的全球影响力以及处理全球问题的灵活性。三角关系的建立有助于加强华盛顿在亚洲、欧洲,以及其他大陆的区域影响力。这样做直接承认了美国直接干预做法的局限性,但同时也为外交途径创造了机会。美国将放弃冷战时期充当全球军事统治者的主张,并以共产主义阵营和非共产主义阵营之间具有压倒性政治影响力的身份介入,并推动事情的发展。基辛格解释称,"我们能制定出针对这两大共产主义大国的相应政策,因此,和平的机会将大大提升。"与遏制政策强调孤立敌人的做法不同,持续对话的政策强调为了双方的共同利益而进行和解。

在基辛格的联邦主义架构中,美国将作为唯一的核心外交玩家、唯一的世界调停者而凌驾于其新的合作伙伴之上。华盛顿的领袖们将成为所有主要地区、所有主要大国之中唯一掌握有效影响力网络的一群人。他们将成为这一对世界局势不可或缺的国家中最杰出的领袖。虽然在基辛格看来,大的权力结构正在削弱,新的区域忠诚度正在崛起,但国际社会需要具有远见卓识、能够协调和组织多方利益的领袖人物的出现。任何国际组织或专业官僚机构都无法替代。这正是美国,特别是美国总统需要扮演的角色——确保国与国之间的竞争保持在文明的界限之内:和平、稳定、尊重文化成果。只有白宫能拥有足够的资源和手段,可以在如此大的范围高效运作。只有美国可以掌控这一多极的世界,而不会有暴政或破产的风险。

培育"大西洋联盟",开放同中国的关系,与其他区域力量寻求和解——

这些都是确保新的美国全球榜样地位的基础。这使美国政治领袖力的作用空前重要。作为对自己十多年之前著作的呼应,基辛格又回到这一论断,那就是,"实用主义是远远不够的;它只在价值和目的方面具有意义"。美国的领袖地位并不仅仅意味着支配和强加。在一个具有多决策中心的世界中,总统需要创造共识。"他必须能够填补人民的经验与未来之间、我们的现实与渴望之间的鸿沟。每一个伟大的成就都曾是心中理想。10年后我们所生活的世界将正是我们今天所怀抱的愿景,我们今天所投身的事业追寻的意义。"

基本原则

基辛格试图把美国打造成等级化世界中的全球管理者和建立共识者。他既反对帝国主义理念中由单一国家统治遥远国度的做法，也不赞同另一个极端，即在一个类似联合国大会的机构当中，所有的国家都是平等的。就基辛格对现代德国历史的观察，帝国的体制会无限消耗社会资源，滋生对抗。而正如一战后他亲眼看到的欧洲的情形，在受到一心作恶者的挑战之时，民主的政体又容易产生混乱、冲突，并呈现弱势。基辛格试图通过军事姿态、谈判加劝说的方式支持等级化格局——在这一格局中，最强大、最"先进"的国家国际影响力最大，以此类推，力量稍弱、次先进的国家的影响力按比例递减。很显然，这样一种愿景把经济工业化、拥有核武器和文明传统的跨大西洋社区置于全球等级制度的顶端，美国也处于上层。中国、日本以及苏联也都在接近顶端的位置。而非洲和拉美的国家，除极少数例外情况之外，都在接近底端的位置。

这一愿景是含有种族和文化偏见在内的，也具有欧洲殖民传统的烙印。19世纪的大国正位于基辛格国际体系的"中心"；其昔日的殖民对象则处于决策的"外围地带"。这一论断体现出对军事和经济力量的粗略分配，也体现出"教化"之于基辛格策略的重要性。基辛格之所以把中国纳入所谓的大国行列，是因为同很多人一样，虽然他对中国的了解非常有限，但他意识到，中国具有深厚的历史和文化传统。中国是一个睿智且成熟的社会，能够在多极化的世界中为世界和平负责。在基辛格看来，绝大多数第三世界国家都不具有这样的特质。这些国家大多做事冲动，不按常理行事，且依旧处于"正在觉醒"的状态。基辛格以这一惯常分类为起点对全球力量进行等级排序，并通过其策略使之固定了下来。

虽然基辛格一再呼吁加强美国外交政策的灵活性，但其联邦框架中的文化精英主义却是静态的。这从很大程度上受到了基辛格和其他德裔犹太人 20 世纪中叶带到美国的世界观的影响。学术上的准备以及政治经验——而不是国家主权的想法或是对国际机构的计划——将引导对国家的统治。权力分配将遵循精英统治的模式——在这一模式下，有些国家因成就优于他国而享有优先特权。基辛格建议政策制定者要认识到美国在处理遥远国度问题上的局限性，并呼吁鼓励区域自决；但他仍认为那些新独立的社会只是由伟大国度的资本而塑造的历史的被动接受者而已。这正是由文化等级制度而构建的联邦愿景。和平并不能通过国家意志的自由表达或理想主义者的蓝图实现。和平将由各超级大国缔造，而那些小国则将按照地区情况对其进行适应或改造。

在这一背景之下，基辛格提倡对"基本原则"达成认可。他使用"基本原则"这一概念并不是要促进个人权益或人权，也不是出于国际法律程序的考虑。"基本原则"构成了确保等级化正常运作的一系列国际准则。这些准则对于可以接受的行为、特定利益的保护，以及冲突的管理都设定了标准。这些准则一旦建立，国际事务的解决将更加文明——人们将在实践的基础之上达成共识，而基辛格所倡导的体系的运作也将取得更广泛的合法地位。联邦制和等级化将催生"自愿合作"作为世界的组成方式；而包括冷战遏制政策在内的其他出路都将变得令人无法想象。

道德和公正对于基辛格来说至关重要，但这并不是评判对错的通用准则。世界要远比这复杂得多。领袖人物所要面临的抉择无法遵循抽象的道德标准。基辛格曾目睹魏玛德国自以为是的无力，基辛格为消除对整个人类的威胁，也曾不得不动用包括对文明国度进行持续打击等非人道行为的世界大战。国际的公正需要建立包含对大大小小的邪恶行为严厉制裁的基本原则。基辛格提醒称，"一个国家如果把道德上的完美作为检测其外交政策的标准，那么这个国家将既无法实现完美，也无法保证自身安全。"

对于基辛格来说，国际伦理能促使基本原则的实现，而这些基本原则虽不能彻底消除不公，却可以使其减到最小。与哲学家的工作相比，这正是政治家艺术的真正所在。这也正是基辛格为什么认为，应由源自学识和经验的适度和节制，而非年轻冲动来定义哪些才是可接受行为的原因。在天真的人看来，人权是极具诱惑力的，但却与地理政治环境严重脱节。文化等级制的基本原则更有可能阻止那些对道德最严重的威胁——尤其是核战争——的发生。这些基本原则给了多样性和不同的力量以空间，能在国际混乱之间创造秩序。

基辛格对"国际行为准则"的一贯强调反映了在这个不道德的世界中对道德伦理的这一基本判断。他之所以有这样的视角，正源自他身为德裔犹太难民的人生经验以及冷战知识分子的身份。这一视角进一步加强了身为战略家的基辛格所制定的国际体系联邦制愿景。最为重要的是，他的想法开辟了承认自身力量和理想局限性的美国外交政策的新局面。各方达成共识，认可权力在不均衡的国家之间进行分配，这将确保国际关系稳定；在不必担心全球毁灭风险的前提下，各方为"创意的迸发"开辟空间。基本原则对打破冷战僵局的桎梏，驱赶核恐惧来说都至关重要。

让那些不把基辛格的学术著作当回事的人大跌眼镜的是，1972年基辛格将这一愿景付诸实施，通过与苏联方面谈判，就基本原则达成协议。

协议签署国承诺"用克制的态度和最大限度的创新精神为更大程度的和平和稳定而努力"。这项协议为如何统治这样一个"人类决定便可以带来巨大灾难的时代"提供了路线图。正是在他一直以来所贯彻的、充满创意的宏伟策略的引领下,基辛格完成了与美国主要冷战对手苏联的划时代协议的签署。基辛格的宏伟策略决定了他所奉行政策的一贯行为方式。

越　南

到 20 世纪 60 年代，亨利·基辛格已然跻身世界最知名、最受尊敬，同时也是最有影响力的战略专家之列。他的文章出现在美国和欧洲的各大畅销书、学术期刊以及潮流杂志上，可谓随处可见。同时，他不知疲倦地到处活动，与世界各地卓越的政治家、外交家和知识分子频繁地接触。在军队和在哈佛大学期间，基辛格就凭借超群的精力、出色的大脑和打破常规的主张脱颖而出。他为精英阶层提供了截然相反同时又极具吸引力的建议，用来解决当今社会所面临的挑战。在内部人士的外交政策辩论中，他以旁观者的视角，带来新鲜而有用的看法。汉密尔顿·菲什·阿姆斯特朗是出色的国际事务内情杂志《外交》的主编，他评价基辛格称："基辛格是最智慧、最适合这一领域的人之一。"西欧的一位主要领导人恩斯特·范德伯格尔曾经和基辛格共事三十多年，他说："从我俩相遇的第一刻开始，我就一直对他的各种分析无比崇拜，这些论述达到了几乎难以超越的高度，实际上，它们从未被超越……他是我们这一代人里最出色的'大脑'，闪耀着令人惊艳的光辉。"

在基辛格所有的见解中，他几乎从未提及不断升级的越南战争，与同时期其他战争冲突相比，越南战争消耗了美国更多的人力物力。基辛格在 20 世纪 50 至 60 年代发表的大量文章都刻意回避了这一主题。跟其他战略专家一样，他密切地关注东南亚战争，还多次到该地区访问。同时他也很痛心忧虑，持续关注国内日渐显现的对于这场战争的争论。随着美国及其同盟反越战呼声的日益高涨，这件事情成了基辛格著作中挥之不去的暗影。"1965 年，我第一次访问越南，"他对汉斯·摩根索说，"就确信我们当时的做法是根本没有希望的,然后我决定在政府内部做工作,努力让战争结束。但这一决定是否正确,我们不得而知。"

基辛格倡导建立一个更加联邦制、多极的层级制度分明的世界,试图通过这种方式来摆脱冷战思维——是冷战思维让美国卷入了一个无论成败都注定无法承受的冲突里。他努力探寻一个机制来结束美国对越南灾难性的干涉,同时又不会对美国的势力造成不可逆的损伤,但结果不尽如人意。这其实是所有战略家们所共同面临的窘境。当受邀为《外交》杂志撰写有关该事件可能的解决方案时,基辛格一开始就叹息道:"我并不认可越南问题上的观点,我不知道该怎样写才能在最后论断的时候显得不那么挑剔,而且还能有所帮助和宽慰。"

文章最终发表于1969年,基辛格在文中指出,除了撤军,美国几乎别无选择。基辛格倡导加强越南南部军事力量(后来被称为"战争越南化")来替代美国士兵。同时他也支持与北越政府以及越南南方民族解放阵线进行谈判,以缓解美国撤军带来的影响,并维护美国在其他地区的势力及信誉。"无论我们在越南的势力如何,也无论对我们行动的评价怎样,体面地结束这场战争对世界和平至关重要。其他任何解决方案都有可能引入别的势力而使国际秩序更加复杂。"如果政治家们放任东南亚事件消耗美国的声誉和决心,那么日益多极的世界将会失去其全球管理者;世界将会一片混乱。基辛格下定决心阻止这种事情的发生。

早在1966年,基辛格就利用他广泛的冷战关系网开拓出秘密"通道",方便美国政府和河内政府进行对话。W·埃夫里尔·哈里曼是位老练的政治家,后来成为约翰逊总统在越南战争中的首席谈判代表,基辛格与他一道,力图与北越代表建立起间接的非官方的交流。他聚集了来自法国和东欧的人物，其中以学者居多，一起探查河内政府的情况。这些人与美国的对手有着私人或者工作上的联系，同时又可以免受公众的严密监督。尽管国务卿迪安·腊斯克对这些努力持怀疑态度，基辛格还是凭借其培养的不断强大的国外联系，征服了国防部长罗伯特·麦克纳马拉、马克斯维尔·泰勒将军和约翰逊总统。像当年在哈佛一样，基辛格充当了这些急需全新外交解决方案的领导人之间桥梁的角色。国际化的视角、遍布全球的联系人、倚靠精英政治家而非传统外交政策的官僚机构，所有这些使得基辛格为白宫政府做出了极具价值的贡献。基辛格继续为共和党人纳尔逊·洛克菲勒工作，但林登·约翰逊也同样需要他。

在战略层面上，基辛格跟随他自己的主张，尝试武力加外交的政策，一方面在地面以及空中增加军事压力，同时也主动提出和解并做出妥协。他试图以美国停止轰炸促使河内政府保证不再向南部进行渗透，并就结束战争展开"富有成效的讨论"。但这一做法失败了，因为北越领导人们始终相信他们在战场上比在谈判桌上更有优势。基辛格承认，美军和南越军事力量的拙劣表现，促成了这一结果。

1968年5月，"春节攻势"数月后，冲突急剧升级。美国和北越终于开始了面对面的谈判。巴黎和谈中，华盛顿方面要求河内政府限制其军事活动，以此作为美军停止轰炸的条件，双方僵持不前。南越政府虽然与美国结盟，但反而加剧了这一僵局。西贡政府领导人承认美国的撤军会导致他们政权的垮台。离开了美国军事力量的支持，南越无法作为独立国家而存在。尽管美国的谈判代表，尤其是埃夫里尔·哈里曼持相反的观点，他们的西贡朋友深知，任何维持北越军事力量的解决方案对西贡政权而言，都等同于自杀。

1968年美国总统大选将至，林登·约翰逊越发迫切地希望能够在谈判中有所突破。军事施压不起作用，公开呼吁和平也无济于事。9月底，华盛顿方面抛出限制北越军事力量的要求，作为交换，美军停止轰炸。哈里曼的私人信函中表达得更加清楚，他和其他美国政策决策者认为，任何巴黎和谈有所进展的迹象"对休伯特（汉弗莱，民主党候选人）来说都是难得的反击机会"。北越代表对美国这一新的提案表示出兴趣，但南越方面，预料之中，予以拒绝。约翰逊总统于10月31日发表美国单边停战声明，同时承诺拓展巴黎谈判。而这一举动并未经得南越政府的同意。

1968年，基辛格仍处于谈判的外围，但他通过国内外联络人关系网对相关事件保持密切关注。在他的主要赞助人纳尔逊·洛克菲勒错失共和党提名后，基辛格在汉弗莱和尼克松竞选团队都曾担任过非正式外交政策顾问。记者西莫·赫希指出基辛格曾利用职务之便向尼克松传递消息，称他的竞选团队曾经支持南越政府对巴黎和谈的蓄意阻挠。共和党人担心谈判上的任何突破都会让他们将选举拱手相让给民主党。这一论断意指基辛格破坏了争取和平的机会，并且以此锁定了他在未来尼克松政府中的位置。

基辛格并不否认他在1968年与民主党和共和党都谈论过越南谈判的事情。他认为，那些暗指他或尼克松团队的人阻挠了和平协议的达成的言论是对他的"恶意歪曲"。虽然没有明确的证据证明基辛格传递给两大竞选阵营怎样的消息，但也没法说明他的行为损害了巴黎和谈。北越不会跟日益衰落的无能总统达成什么关键协议。同样，南越也不会接受这样的总统给出的对南越来说自杀式的协议。双方都在等待大选的结果。

尽管各方面情况停滞不前，但基辛格作为国家间、文化间和党派间的桥梁人物，在收获权力的同时，再一次成为被怀疑的对象。到20世纪60年代，他几乎为美国所有关键政治人物都提供过战略分析。林登·约翰逊和理查德·尼克松等人成就了他的这一角色。基辛格尤其擅长培育新的关系网以及帮助需要新政策的政治家形成新的想法。他是流动的咨询顾问，帮助各个领导人解决官僚、军事问题，排除政治障碍，改变现状。当年，在威廉·艾略特的帮助下，基辛格在冷战时期的高等学府首次确立了这一定位。他曾先后效力洛克菲勒、肯尼迪和后来的约翰逊——这是他为全球战略贡献的最核心的部分。基辛格的幕后智慧以及多位政要的支持，把他带到了1968年总统政治的中心。

  对基辛格游走多方阵营的谴责似乎忽略了基辛格的背景。但这并未改变对基辛格游走在多方阵营的谴责。在向尼克松和汉弗莱传递巴黎和谈消息的过程中，基辛格不顾私人利益，努力促使更有效的外交政策的达成。在他的整个职业生涯中，基辛格都在通过他的智慧促使美国形成更明智的战略思维。这在1968年引起了一场在多元世界所谓国力概念的重新定义以及对传统权威的挑战的广泛讨论。基辛格希望美国承认其能力有限，接受武力加外交的政策，接受一个更为国际化的联邦式框架，其中美国担任受约束的全球管理者。基辛格通过非正式的信息分享和关系网建设来达成以上这些宏伟的目标。他坚持与北越政府的谈判，其中就包括巴黎和谈。很遗憾地，这些会谈在基辛格所倡导的广泛战略思想转变之前，未能形成正式的解决方案。面对如此急剧的变化，任期还剩最后一个月的破落总统想要形成解决方案，几乎是不可能的。在众多选择当中，基辛格选定了尼克松，认为他有可能帮助自己实现政策变革。

沉　默

基辛格在20世纪60年代越南战争中采取了沉默的态度，这是应该被深刻谴责的。他是冷战时期早期涌现出的战略群体中最敏锐、最具想象力、最活力充沛的成员之一。他是这一群体的产物，具有这一群体所共有的概念局限性。如果说与其他人有什么不同的话，作为思考者，基辛格超常的活力使得他更容易受到群体共同盲点的影响。他卖力地分析当时的"大事件"，尤其是核武器政策，反而忽略了对战略探讨底层的传统观点的质询。尽管他为了能够超越自身所处的时代做出种种努力，但仍旧是冷战的产物。在越南和其他地区问题上，他忽略了三个威胁到整体战略共同框架的关键性变换。

非国家参与者的增长。基辛格和1945年之后的绝大多数其他观察者都认为，国际事务将继续由国家来主导。上一场战争就是国家之间的战争，而国家主导着战后格局。从他最早期有关19世纪外交政策的研究到后来有关美国对华政策的文章，基辛格强调的是总统、总理、独裁者和专制君主间的谈判圈子不断扩大的危险。他承认20世纪国际体系的中心不是欧洲，但他坚信在更大地理版图上权力的行使将继续瞄准欧洲。他还认为国家能够号召忠诚度并且为人民带来最好的保护，而思想运动则不行。这毕竟是最近的德国犹太人的历史经验。

而越南战争并不适合这一经验。这是一场内战，交战双方原本就不是传统意义上的国家。他们是民族主义者、共产主义者和宗教主义者——常常结盟，但并非是国家范畴内——他们在与现存体系对抗过程中结盟。在其他情况下能够带来稳定的武力加外交政策，对他们来说未必会带来预期的反应。越南人民和其联盟将他们的忠诚投入到争取独立的运动中。他们对国家独立的想法与基辛格的国家结构不相符，与欧洲式政府体系也不一致。最重要的是，他们不会接受一个将国家利益凌驾于人民诉求之上的解决方案——1945年的日内瓦大会和巴黎和谈。这并非是个全新的现象，但这种规模的非国家运动和决心及其反弹效果，在基辛格的整体战略布局中几乎不曾涉及。

对国家权力的广泛批判，一部分原因是受到越南战争的激发，这对基辛格的世界观带来冲击。20世纪60年代后期，几乎每个主要国家的人民，尤其是美国人民，不仅挑战政策内容，也会挑战制定政策的政治家的权威。基辛格所塑造的经过启蒙的勇敢的领导人形象，受到许多抗议者的谴责。他们不认为国家及其传统权威能够构建和平稳定的国际关系。在这种情况下，"大西洋联盟"的愿景和多极世界的设想，往好里说是与现实关联不大，往严重说简直就是背道而驰。在新兴国家和世界主要国家的"自由"运动，是20世纪60年代后期全球政治最大的特征，而这在基辛格的整体战略布局中几乎不曾涉及。

复杂性。尽管基辛格承认参与者越来越多，武器和其他技术也有了更大发展，使得控制全球变化的任务变得更为复杂，但他仍旧相信实现这一控制还是可能的。他继续将精力投入到诸如俾斯麦和丘吉尔这样超凡魅力的政治家的个人能力上，而置大量的技术细节和反抗声音于不顾。这样的人物，对于维持他所宣扬的体系的正常运行以及免于骚乱和战争困扰，有着关键性作用。但现实是，如此卓越的领袖太稀有了，而且即便出现了一两个，也很难找到继任者，这让基辛格唏嘘不已。基辛格的战略所依靠的是个虚无缥缈的大人物。

等待这样的大人物出现相当于在等救世主一样。他最终可能会出现，但你却无法预知是什么时候。整个20世纪70年代，基辛格都在热切盼望着这样的人物出现。虽然事实是他的工作已经脱离了20世纪特定的环境，他却始终相信自己是出色的思想家和政治家，他将会主导全球理念，同时也能控制本地化的应用。他是国家安全顾问，后来又担任国务卿，他把自己同时放到了与多个国家错综复杂、艰苦卓绝的谈判中，包括苏联、中国、日本、以色列、埃及、北越以及其他国家。基辛格在20世纪70年代早期的日程，让他没有一时一刻喘息的机会。他从一个谈判迅速地切换到另一个，试图把所有这些努力纳入精心调试的美国利益框架内。他描绘了蓝图，又在无比紧迫的时间点前将各个材料组装到位。他是视野上的大家、细节上的天才，他把自己塑造成"超级K"——冷战世界的救星。《时代》杂志称他为"全世界都离不开的人"。他欣然接受并不断强化这一无所不能的光环。

用圣经的话说，基辛格无限接近上帝。他立下雄心壮志，并靠超人般的个人能力赢得口碑。这不光是凭借个人的自信，也是靠着他所制定的宏伟战略的基础架构。虽然他认为权力有局限性，他却寄希望于政治家能够无所不知，并发挥很高的主动性。越南和其他地区涌现出一大批有影响力的参与者——有区域性的也有全球性的，有国内的也有国际的——他们的才智超越了任何一个独立个人，包括基辛格。他没办法把所有时间都投入到巴黎和谈艰苦卓绝的谈判中，但他同时能感受到不得不接受他的处理方案的越南村民的无奈。他没办法在参与苏联和中国的扩大会议的同时，又严肃认真地跟进东南亚军事进程。基辛格就如同在急流中挣扎游泳的人，他越是用力，溺水的危险就越大。

这些国际政治所面临的挑战在冷战时期并不罕见。正如基辛格本人所承认的，他的历史英雄们已然成为国内外危机的受害者，这些危机远超出了他们的知识范畴。1945年后，急速涌现的多样的视角、观点和武器让整个世界变得异常复杂——权力来源比以往更加多样。全球参与者数量剧增，影响力广泛，让所谓的万能领袖日渐衰落。仅凭一个人如何能够应对这如此多方面的挑战？基辛格尝试过，但失败了。纵观他的职业生涯，他一直完全不了解自己的政策所带来的影响，尤其是在欧洲之外的其他地区。他天真地沉溺于自己的设想中，以为靠一个政治家、一个国家就可以解决国际事务。

情感与信仰。基辛格所构想的世界由国家和国家领袖构成。这是经过计算的利益和协商之下的理性系统；这是睿智活力的勇敢者俱乐部，由基辛格这样的天才人物辅佐；这是哈佛国际研讨会的全球化体现，一群最精英、最睿智的人为着各自群体本着互惠互利原则调和各种利益问题。基辛格和戴高乐在"大西洋联盟"中建立的"指挥部"观点为国际事务管理树立了典范。

且不说围绕它的"现实政治"用词，这一愿景本身体现了沿承下来的文化阶级观念和对混乱预期的情绪反应。对于基辛格来说，国家领袖既是哲学家又是政治家，既是教化的理论者又是政策的实践者。虽然他的世界观基于此思想基础，但跟其他战略专家一样，他的建议强调的是对国际行为的"客观"判断。听从他建议的领导人都做出了冷静的选择。在决策者们所无法改变的情况下，牺牲和痛苦是无可避免的后果，他们只能谨慎地选择，两害相权取其轻。与很多国民的敏感正相反，基辛格的领导人们给出的是强悍而理智的决定。

可是，政治其实是由情绪、信仰和情感组成的。基辛格成了双重标准的受害者，这是知识分子的共性，尤其是那些制定宏伟战略的人。他不允许对他的超越价值观之上的客观判断进行分析和辩论，因为这是对他们的否定。文化阶级也是不可以公开讨论的话题。国家利益的道德内涵被看成是理所当然。美国的仁慈毋庸置疑通过把这些解读变为"现实"，通过在此基础上制定政策，基辛格关闭了其他的可能性。大国一定要在东南亚这种地区发挥指导作用吗？欧洲框架下的国家有必要主导国际事务吗？美国在全球事务中一直都扮演着好的角色吗？

这些都是开放性问题，直到今天也是如此。不同的判断带来对"现实"的不同解读。基辛格和他所处时代的其他宏观战略家们否认了这一事实，人为地将其支持者的政策选择范围缩小了。在越南战争长达二十多年的过程中，美国缓慢而持续地介入，且出现混乱情况，就是因为领导人从未对基本构想产生怀疑。他们没有把情绪、信仰和情感因素考虑在内，这些其实是越南和其他地区人民拒绝接受解决方案的原因所在，尽管那些方案看起来那么的理性。他们没能如领导人和政策制定者们所大力倡导的那样，客观冷静地思考问题，也完全没有创造力和想象力。

斯通在当时意识到了这一问题。"理智而明智的人们"做出了允许核武器、控制战争冲突和国际管理权等在冷战背景下看起来很聪明的决定。如果重新审视基本构想，所谓的战略智慧就会显得任意武断而且目光短浅。很少有人能够真正直面自己的局限。正如斯通所言，这正是历史学家的优势，因为他们可以跳脱自己所研究的那个时代。基辛格具备宽阔的历史敏感性，可是仍然跟所有战略家们一样，被自己所处的时代所控制。他是自己的局限性的牺牲品。

第五章　政治家的革命

20 世纪 60 年代后期是重要的历史分水岭。世界上几乎每一个社会群体的生活进程都有所改变。社会和文化传统同时受到了冲击，权威人物要直面"普通"民众的挑战。原本期待中的国际秩序不复存在，取而代之的是对全球动乱的恐慌。就好比几个纱线球，二战后稳定的地缘政治的纱线被人们从各个方面拉拽得一团糟。这是一个全球变革的时代，内外交困。

国家领袖们，尤其是美国和西欧的领导人，受到这一剧变的重创。周围世界接连崩塌，他们挣扎维持着自己的统治。当既有利益失去了公众认可之后，他们又试图抓住政治合法性这一点。英国外交部部长迈克尔·斯图尔特在他的私人日记里记录下了这一遍布各个国家的危机感。"十点钟新闻所呈现的画面令人沮丧，"他写道，"全球所面临的最大难题是缺乏对自由世界的思想认同……德国烦躁不安、法国自私自利，而我们自己漫无目的，美国痛苦不堪。"

汉密尔顿·菲什·阿姆斯特朗是《外交》杂志编

辑，在 20 世纪中期传达美国全球视野方面起到了推动作用，他呼应了斯图尔特的预测。阿姆斯特朗向他的一位年轻同事——基辛格——解释说，"自从沃伦·哈丁总统以来，美国的威望从未建立得如此之慢。我们有军事力量，有经济实力……来控制整个世界，但我们不具备道德威望，因为外国政府和人民知道在我们心里，那自以为让自己如此强大的生命力和优越感，已经被削弱被玷污了。"

基辛格跟阿姆斯特朗有同样的感觉。1968 年在同时效力于林登·约翰逊和纳尔逊·洛克菲勒的时候，他把自己定位为民主党和共和党的高级顾问。他其实并没有期待短期内有多伟大的政策上的成功。他担心这时期的动荡会破坏理性的政治决策。他害怕"已然横在眼前的漩涡"让美国重蹈魏玛德国的覆辙，充满暴力、混乱不堪而后坍塌。"下一任总统将很有可能是场灾难，"基辛格预言，"有望当选的候选人中，没有人有任何迹象表明能够把国家统一起来，重拾美国世界霸主的地位。接下来的 4 年将会是危机累积的 4 年——国内混乱不堪，国外局势紧张。"

"即便在最理想状态下，"基辛格告诫到，"下一任政府也会围绕着各种危机。我们在世界的每一个地区，基本都是靠资本来应付眼前的问题，极少解决过潜在危机。越南战争会带来的一个结果是美国不愿冒险插手海外问题，这一意愿一旦变得明确，那些潜在问题的难度将会翻倍。"正如第二次世界大战前夜的民主国家一样，大洋彼岸的人民早已变得乏力，相互分隔而且懦弱。冷战加剧了这种危险的局面，言辞尖锐刺耳，政策陈腐不堪。

包括林登·约翰逊总统在内的民主政治乐观主义者，寄希望于通过政府项目、政策妥协和个人说服来解决争执的根源。他们希望自下而上重新建立起公众舆论。他们会追随新政的感召,这一政策让大萧条时代的美国人重新对资本主义社会的持续生存能力和积极的外交政策充满信心。

然而,基辛格20世纪30年代德国犹太人的经历,使他的想法完全不同。他目睹了文明在惊恐而懊丧的民众手里坍塌。他经历过暴力升级的痛苦,体会过动荡中的偏见。跟其他有相似背景的人一样,基辛格对危急时刻民主审议的预期效果抱持深深的怀疑。仅靠政策妥协和公众说服根本不够。20世纪60年代后期的全球变革要求根本性的政策调整。勇敢的政治家需要将民众的力量和情绪引导到新的政策框架上,带来一整套全新的政治预期。

梅特涅、俾斯麦、丘吉尔——这些经历过危机考验的领导人——给基辛格树立了榜样。当面临内忧外患的时候,他们勇敢地将自己的国家引领向新的方向。他们承认之前政策的局限,将政治决策集权到中央,落实一系列伟大的战略。梅特涅在拿破仑战争的废墟上建立起欧洲联盟;俾斯麦促使德国从分裂走向统一;丘吉尔在法西斯主义失败的边缘打造出生机勃勃的跨大西洋联盟。他们所有人都成功地避免了过多地卷入解决具体的政治问题里,而是通过建立一个全新的关系体系,一个全新的行使权力的架构,来增强了自己的力量,削弱了敌人。他们并没有控制危机,而是绕过了它们。

眼看着美国在越南战争的军事泥潭里越陷越深,而美国民众又激情昂扬,基辛格坚信国家需要比以往更有想象力的领导人。他同意抗议者们的说法,陈旧的牵制政策和自由政治已经无法带来希望。问题不在于美国的实力本身;美国有这个军事能力来摧毁其越南对手,也有资源来满足其国内的不满。问题是这一权力如何组织，如何行使，又如何判定。美国需要从根本上调整其政策的基础理念。"未来是什么样，"基辛格写道，"完全取决于理念，这一点比国家实力本身更为重要。"

1971年，基辛格被问到"四年后政府将会怎样"，他结合自身对现有危机的敏锐以及十年多来一直在酝酿的战略观点给出了答案。"这一届政府上台之时美国的战后政策智力资本已然用尽，周遭环境决定美国的战后政策需要做出改变。"他解释称，"我们需要调整自己的外交政策来适应社会的新情况。我们无法对世界上每一个地方负责，因为这超出了美国的体力和智力资本。我们希望在第一阶段首先清除旧时代的底层建筑。第二阶段，我们可以试着建立起全新的国际矛盾解决机制——一个更加稳定、更少危机且对单一资本依赖更小的机制。"

基辛格所有的经历——政治难民、反情报官员、学者和战略家——都为他后来重新建立外交政策打下了基础，也为"清除旧时代的政治障碍"做了铺垫。他拒绝"现成的解决方案"，鼓励小而精的领导人"董事会"（基于哈佛国际研讨会的模型建立），这样有利于新鲜创意的迸发。与他之前的论述相呼应，基辛格认为这种董事会可以取代冷战时期的两极政治，形成以中央集权、多中心决策以及秩序井然的组织为特色的国际体系。基辛格试图将一个有序而充满变革的宏大战略付诸实践，这一点是他比任何其他历史人物更出色的地方。在危难时期，他的这些努力成了他卓越的力量。面临着国内外的变革，他进行着"一个政治家自己的革命"。

基辛格把自己当作政治家，他要保护美国的国家安全，以起到捍卫自由、抵抗国内外敌人的防护堤的作用。他也是位革命者，迫切希望动摇标准规则，实行替代政策方案。政治家和革命者的双重身份下，在秩序与变化、实用主义与理想主义、领导力与说服力之间,他很难做出平衡的选择。为实行他的战略方案,他先后担任尼克松总统的国家安全事务特别助理和国务卿,但最终还是没能权衡好以上矛盾。在向公众宣传改革的时候,他太过于政治家了,而对传统外交官来说他又太过于革命。

这一未决的矛盾局面反映在基辛格的政策以及他与尼克松的关系上。在他任期以及之后的数十年,争议始终围绕着他,中心问题便是政治家该如何涉足革命。基辛格所属的20世纪中期的这个时间,正是领导人们挣扎应对层出不穷的社会和政治变化的时期。基辛格更多地聚焦在对这个问题的职业化思考上。然而在职业生涯结束的时候,他陷入了跟他年轻时研究过的那些大人物一样的窘境——被不断加剧的危机所包围,而他却给不出满意的答案。尽管做了各种准备和付出诸多努力,基辛格还是没能超越围绕着他的动乱。正如他在20世纪60年代后期预测的那样,基辛格和其他政治家们仍旧是他们无法控制的更广泛的革命力量的革命对象。

从洛克菲勒到尼克松

基辛格与冷战时期的关键人物们保持着不停歇的通信，他的信函通常都是以正式的口吻写成。然而，在1968年12月末，他给长期赞助他的纳尔逊·洛克菲勒写了一封信，极少见地包含了个人情感。因为要准备进入尼克松政府任职，基辛格详细描述了洛克菲勒的"友谊以及我们之间的关系对我有多么重要"：

> 你可能无法想象，终止我俩的合作对我来说有多么痛苦。但尽管我们不能直接共事，你的价值观和启发对我依然重要。我希望我们能够保持密切的联系，而且我坚信，在不远的将来我们又会重新携手……不管你做何感想，我都希望你知道，我俩的友谊坚不可摧，我愿为此赴汤蹈火。

基辛格对洛克菲勒表达了深切的感情，并且对他个人所给予的支持表示了诚挚的感谢。他的话语间也强调了这是一段不平等的关系，是富足而有地位的大人物对贫穷的局外人的慈善援助。基辛格因不能继续为洛克菲勒服务而感到抱歉，但他保证会继续效忠。最重要的，他向自己的赞助者长期以来在"价值观和启发"上所给予的指导表达了谢意。基辛格以一位功成名就的养子的身份给洛克菲勒写了这封信。即便在就职尼克松政府之后，他也仍旧保持着对洛克菲勒的尊重。

基辛格的感激之情发自肺腑，但始终是作为下属的感激。他们两人发展出富有创造力、相互信任且阶级分明的友谊。基辛格是雇工，洛克菲勒是老板。洛克菲勒给基辛格的回信强化了这一点，他对基辛格的"顾问"和"服务"表达了感谢。作为他表达"友谊"和"感谢"的方式——同样也是洛克菲勒彰显自己财富和地位的方式——他赠予基辛格5万美金作为礼物。这在当时是非常大的一笔钱，这更加巩固了两人的不对等关系。在如此大方的行为之下，基辛格亏欠了他的资助者更大的人情。

理查德·尼克松从不会和他的顾问发展出这样的人际关系。基辛格跟尼克松的接触开始于1955年，那年夏天，他给当时还是副总统的尼克松写信，邀请他到哈佛国际研讨会上发言。但尼克松并没有出席，尽管他确实读了基辛格的《核武器与外交政策》这本书。20世纪60年代，两人至少在正式场合见过一次面，应该是某次华盛顿特区的鸡尾酒会上，但他们几乎没怎么说话。他们当时其实并不在一个社交圈内，没有特别多交流的机会。基辛格当时关注的是与冷战时期的大人物建立联系，比如洛克菲勒，而尼克松当时在共和党边缘活动。一直到1968年8月末，基辛格以疏远的居高临下的姿态写了信，信中他质疑这位前副总统能否"适合"国家最高领导人的位置。而基辛格对尼克松的个人评价更差，他曾对他的一位长期联络人说过："我讨厌尼克松。"

这两位相互疏远的局外人在之后的几个月里，并没有像基辛格的其他职业关系那样，发展出共同信仰和感情，甚至连雇佣关系都不是。他们都认可宏伟战略的重要性，但这无法说明他们对未来的共同希望有过交心的会谈。他们声讨假想的敌人——政治局内人、自由主义知识分子和媒体——但始终没有确定未来愿景。他们将如何改变世界？他们希望的结果是怎样的？基辛格独自深入思考着这些问题，但他和总统先生从未把这些主题通过严肃的文档形式共同确定下来。

他们的合作并非为了更高的目的,而只是因为便利结合在一起,怀疑、恶意以及忌妒充斥在这一不和谐联盟中。尼克松和基辛格既相互尊重又相互憎恨。他们有密切的工作联系,但始终把对方当作陌生人。当回顾在白宫政府工作的那段时间,基辛格跟赋予自己如此大权力的总统竟保持这么疏远的个人关系,这一点他自己也感到神奇。

尼克松和基辛格齐心协力面对公众危机。尼克松的一位外交政策顾问理查德·艾伦推荐基辛格作为国家安全官员,因为他具备出色的智慧、创造力和政治才干。著名记者小威廉·巴克利早年曾反对过尼克松,认为他缺乏持续的信念。但后来巴克利也竭力促成基辛格和这位候选人的组合。尽管与基辛格有理念上的分歧,巴克利承认他具备这样的能力和才智来维护政治权威,避免"急速走向混乱"。巴克利和其他背景各不相同的观察者一致认为,尼克松和基辛格是伟大的领袖,能够在这样混乱无序的时代让国家重回秩序和理性。当问到基辛格对任命为尼克松政府官员的意向的时候,他的前哈佛同事、肯尼迪的副手小亚瑟·施莱辛格说:"我催促他赶快接受。他绝对是最佳人选。"

对民主无序的担忧以及对无处不在的威胁的焦虑,是尼克松和基辛格的工作关系的基调。他们一直有对手,尤其在美国国内,这让两人团结在一起。他们总有对策来战胜他们国内外的敌人。尼克松和基辛格有着强烈的欲望来捍卫深陷危机的美国体系,这样他们的工作才能保住。他们会努力维持住那些服从他们的公民以及领袖。在危急时刻,两人的关系也与传统的政治做法正相反,将在政治边缘活动的外围人士带到了掌舵人的位置。

尼克松和基辛格对人类本性和民主社会抱持消极的看法,这跟他们各自受到社会偏见的经历有关。尼克松虽然从未经历过纳粹德国的反犹太暴力，但他来自美国农村，靠自己努力打拼出来，没有光鲜的显赫的关系。面对着诸如肯尼迪和洛克菲勒等来自美国东海岸精英阶层的蔑视，他和基辛格都不得不为自己的前程去拼搏去奋斗，也是这些经历塑造了他们的价值观。他们不认为扩大自由的范围，这个世界就可以自然而然地变得更好。自由的公民通常都是可恨的具有破坏性的，20世纪60年代后期的城市暴动似乎也再一次证明了这一点。在尼克松和基辛格看来，社会进步需要牢固的国家领导力来限定人类过分的欲求和仇恨。同样的道理也适用于国际体系，如果没有一个超级大国来确立秩序，那国家间的相互竞争将会把大家逼入绝境。基于这样的个人经历，尼克松和基辛格认为他们是心怀仁慈的铁腕人物，远超杰弗逊式的民主主义者。

尼克松很注重塑造强悍的形象。作为总统，他是首席政治家，组织他的私人顾问团通过制定政策偏向自己的朋友，痛击一长串的敌人——通常是以非法的手段。他在白宫营造了一种相互指责的氛围。他尖刻地对待包括基辛格在内的为他效劳的每一个人，批评不断，辱骂不停。监视和孤立对手——包括其他选举产生的美国官员——在尼克松这里是正当合法的。尼克松一心只想着进行无休止的斗争，所以跟他这样一位政治家来谈遵守宪法有关行使权力的限制以及制定公正无私的政策是很"敏感的"，或者坦白讲，根本就是笑话。在尼克松的理解里，国家安全就是总统拥有凌驾于法律之上的无上权力。他会动用手中的权力来将其支持者的利益最大化，他是选民们的私人经纪人，满足他们的各种需求。他会猛烈地打击对手，尤其是那些有着"该死的显赫地位"的对手。

从他日常的言行来看，与其说他是位政治家，不如说他是个暴徒。他曾经在受到美国主流媒体批判的时候，对基辛格说过："你的回击可不能手软。"尼克松命令他的副手抛弃体面而礼貌的惯用方法，当打击对手的时候，他们应当"拳打脚踢""持续暴击、暴击、再暴击"，"要吓得他们屁滚尿流"。

尼克松坚信他因战斗而生，也会因战斗而死。他的敌人终将发现他的弱点，正如他自己曾经对待他们那样。国内外的观察者只拿能力说话。尼克松对政策有着细致入微的理解，尤其在外交事务上。但他，用基辛格的话说，只是本能地习惯性地逞"匹夫之勇"：

> 他毫无顾忌地使用总统特权，他相信他的前任就是如此，很多证据表明，他对这一点深信不疑。而这些策略对解决我们国家的难题来说是不适合的，国家需要建立沟通的桥梁，需要我们的首席执行官，我们选举产生的唯一一位国家级领导人率先迈出第一步。而这正是尼克松所无论如何无法理解的事情，他太缺乏安全感，而且很奇怪的，他太过脆弱。

不安全感和脆弱感弥漫在整个政府。尼克松对各个驻外的外交人员的不信任，使得他把外交大权集中到白宫内。他想要比他的任何一位前任更多地干涉战略决策的具体细节。艾森豪威尔总统和肯尼迪总统已然将 1947 年成立的国家安全委员会从一个行政机构转变为决策机关。而尼克松在这条路上走得更远，直接把国家安全委员会当成了他的私人物品，经常在关键审议时刻把国务院和国防部排除在外。他担心自己政府内的其他成员会欺骗他。

决策的私有化迫使尼克松授权他的这位国家安全委员会顾问每天密切监督国外事务。总统有太多的事情要处理，仅是最重要事务的细节都顾不过来。所以尼克松转向让基辛格来执掌政府的外交政策大权，是不得已而非有意为之。正如理查德·艾伦、小威廉·巴克利和其他人都证实过的，基辛格具备这样的头脑和野心来胜任如此角色。他既是著名的学者又有出色的政治才能，而且他也不属于精英俱乐部。尼克松意识到他可以像洛克菲勒之前做的那样，利用基辛格的才能同时又很好地控制他。这位国家安全顾问可以肩负无数的职责，但他始终都要依靠总统来赋予他持续的权力。他的声望并非国务院授予的（至少1973年前如此），也并未拥有广泛的选民。"基辛格的权力来自尼克松。"总统的长期写手威廉·萨菲尔观察。他回忆称，在尼克松政府最初的几年里，"基辛格对于尼克松来说，与其说起到了刺激作用，更多的其实是组织者和执行者。因为当时总统最迫切需要的是从混乱中理出秩序"。

这位国家安全顾问像老练的职业经理人服务自己的帮派老板那样为总统服务。尼克松大声疾呼要求秩序，基辛格就尽职尽责地洗耳恭听。之后，他需要解读这位老板肆无忌惮的言论，找寻其中的特定目的和隐藏的问题。这差事可不好干，因为如果总统的不理智言论执行得过快或者他隐藏的想法未被捕捉到的话，就很有可能招致他的暴怒。基辛格回忆称，总统身体里有"多个对立的人格"相互斗争。"有时是思想深沉的、富有哲理的、隐忍的尼克松；有时是激烈的、冲动的、狂躁的尼克松。有时是他的这种人格占上风，有时是另外一种，偶尔还会是两种人格的混杂。每次会议上，我们都无法确定是哪一个尼克松占了上风。"基辛格说总统的内阁顾问们"学着把他的话在心里打个折扣，过滤掉他在压力之下所做的决策。

我们认为应该推迟执行激进的指令,给我们的总统重新思考的机会,以便把他的其他人格的角度结合进去,然后再通过我们实行出来"。

跟其他帮派一样,尼克松才不会顾及手下的个人空间。基辛格所为之工作的这位老板要求他 24 小时"在线",时刻准备着承受他的怒气还要捧着他脆弱的自尊。以下电话记录发生在 1973 年 4 月 17 日临近半夜 12 点,尼克松打电话给基辛格痛诉因为"水门事件"而不断累积的压力。

尼克松:有些人只管自己的利益,就攻击总统。我压力太大了……说实话,要不我就站出来,直接回击他们算了。

基辛格:这是绝对不可能的,恕我直言,总统先生。这绝对不行。这对您的形象,对选举会有怎样的影响,甚至后人也会对此说三道四。您为什么要这么做,这么做又有什么好处?这样做对谁有益?这么做根本帮助不了国家,也帮助不了卷入其中的任何一个人……您拯救了这个国家,总统先生。历史只会这样写,没人知道水门是什么东西。

这一对话正是总统与他的顾问间不协调关系的写照。尼克松的话里充满了愤怒和自怜,他要求他的下属确信不疑地阿谀奉承他。深更半夜的,基辛格发现自己不得不忍受老板的不稳定情绪,表现自己的忠心,更严重的,还要忍受他的暴怒。同时,基辛格还得负责安慰和缓解尼克松的情绪。他得区分清楚总统先生是故作姿态还是别有用心,然后迅速地判断出总统所说的话会对政治决策产生何种影响。对基辛格来说,尼克松是高高在上的大老板,基辛格处于弱势地位。如果他判断失误,那总统一时兴起就能轻松地把他赶出权力体系。作为帮派老大的助手，基辛格压力很大，他要时刻表现出在政策层面和心理层面上总统先生超越众人的能力。这跟他在冷战时期的高等学府和洛克菲勒竞选团队时候完全不一样，虽然在那里他并没有被更平等地对待，但至少那里的人更有教养。

　　在基辛格的职业生涯中，他一直受到反犹太主义的困扰，但在尼克松身边工作时这些偏见表现得尤为突出。洛克菲勒至少会尽量避免直白地表现出反犹太主义倾向，而尼克松不同，他更加公开地表达自己所持的偏见。他频繁地攻击犹太人心怀不轨。他在媒体、商业、学界以及以色列国家到处树立犹太敌人，称他们是不值得信任的，有秘密的组织，而且攻击总统的时候完全不把自己当作美国人。马克·费尔特是美国联邦调查局影子"二把手"，后来被称为"深喉"，当尼克松听说他在泄露关键信息的时候，立刻就关注到费尔特的背景。"他很有可能跟犹太人有关。我还说不清。但以往经验都是这样的。"尼克松认为犹太人有背叛倾向，不能让他们触碰政治权力，"我们在竭力避免犹太人进到政府里以维持国家的正常运行，因为如果他们参与进来就会有很严重的问题……这样的政府本身就存在漏洞"。尼克松身边围绕着的，都是经他认可的"不会对犹太人手软"的人。他像对待其他敌人一样，用彪悍的帮派手段对待犹太人。

　　尼克松当然也意识到，他正在将极大的外交政策权力交到了一个德裔犹太人手里。他坚信犹太人具备超强能力，尤其在密谋叛变方面，这一认定更加坚定了他的决心，也同样加深了他对基辛格的怀疑。他的这位国家安全顾问在他眼中变得既是同盟又是对手。尼克松担心基辛格会跟媒体界对自己持批判观点的犹太评论家相互勾结，他下令密切监听基辛格的电话。当提到《纽约时报》的编辑马科斯·弗兰克尔时，尼克松解释称:"亨利对弗兰克尔有强迫症,因为他是犹太人……亨利——《纽约时报》,我们拭目以待,看他是否跟弗兰克尔说话。"基辛格确实跟媒体分享过信息,但把这一举动跟犹太阴谋论联系起来,正说明总统对犹太人的成见有多么深重。

基辛格在众多问题上被尼克松的反犹太偏见所困扰,尤其是在对以色列的政策上。1973年,基辛格因其在越南谈判的努力而获得诺贝尔和平奖,尼克松怀着忌妒的心情给基辛格打了电话,对他奖金的捐赠分配给出了建议。没有任何铺垫,总统先生就咆哮了,"我绝不会给以色列一分钱"。基辛格大吃一惊,随后回答:"当然不会给。这完全不可能。我从未给过以色列任何东西。""你不应该给。"尼克松不断重复。"对,我肯定不会给的。"基辛格再次向总统保证。这段对话深深地刺痛了基辛格,让他久久不能忘怀,三十多年后,他公开了这段对话的内容,但隐去了总统怀疑他对以色列过度忠诚的实质性材料。

基辛格担心受到20世纪60年代暴动惊吓的公众和政治家们,会有越来越强烈的反犹太倾向。"我作为一名犹太人,"他向记者苏兹伯格解释道,"非常希望了解总统心里是怎么想的,又会做何反应。"苏兹伯格回忆说基辛格"非常震惊当权派中有那么多人跟他说过自己的感受,虽然是下意识的,但很显然都是反犹太的。因为基辛格在白宫政府的高级职位,他们似乎忘掉了他的犹太人身份。一位非常重要的人物最近就非常自信地跟他说过,他坚信一定有犹太——共产主义阴谋论。亨利对此很是害怕"。

基辛格深知,没有人真正忘记过他的犹太身份。伦纳德·加门特,也是一位犹太人,为尼克松担任国内政策顾问,之后又担任法律顾问,会议称基辛格曾私下抱怨政府里存在的"这该死的反犹太倾向"。加门特解释

"基辛格在白宫政府内被当作外来的天才对待——他是个风云人物，但也是个局外人。他的同事认为他是天才，但也一致对他的口音和风格多有非议，当然反犹太言论也是尼克松核心集团闲谈时的重要内容……正如黑人永远也无法改变自己的肤色一样"。加门特说，"基辛格也永远不能——实际上也是永远不想——摆脱他的犹太身份。"

在跟这位有着如此偏见的总统的关系中，在有着如此偏见的公众环境下，基辛格努力投入工作，尽量弱化世界范围内弥漫的对犹太人阴谋论的成见。在这一问题上，他始终处于防守地位，时刻担心来自总统办公室和其他社会群体的怀疑。但讽刺的是，他试图对反犹太主义避而不谈，反而迫使他不得不直面这一问题，无法像之前那样逃避过去。1973年10月，基辛格准备向美国参议院提交一份被任命者名单供确认，他发现犹太人占了绝大多数：

基辛格：我需要为欧洲裔的美国新教徒保留一份席位。我知道在犹太的宗教祷告会上，欧裔美国新教徒必须占10个席位，但我不能让他们全部进入[国务院]七楼。一位欧裔美国新教徒。这次是为了议会，我是否有这个权力呢？

助理国务卿大卫·阿布希尔：我尽力。是我写错名字了。

基辛格：恩，你给我写了[约瑟夫]思科；你能想象七楼的阵容吗——基辛格、思科、[赫尔穆特]索南费尔特、[亨利]瓦里茨？

阿布希尔：你希望大家都有幽默感。

基辛格：这是个天才的国家，但也有限度。嗯，说不定还需要一位黑人……

阿布希尔：那我去浸礼会教堂周围看看。

　　为一位直白表达了自己的反犹太倾向的总统服务，基辛格在某些场合反而需要强调他的犹太背景，来避免受到其他方面的剥削。上文提到非洲裔美国人，也表明基辛格所承受的压力不仅来自那些对犹太人不信任的群体，还来自寻求多样化外交政策的激进分子，他们希望限制现任政府里跟基辛格长相相似的人的数量，至少从肤色上要有区分。当面对任命更多黑人的要求时，基辛格做出如下回应："我作为犹太人处境很尴尬；我知道被歧视是怎样的感受。我们雇用了更多的黑人大使——更多的副助理部长，这样讲让我很尴尬；我想这听起来像是居高临下吧。"

　　基辛格发现自己所处的位置岌岌可危。他需要把公众从犹太人阴谋论的成见上引导开。对美国外交部中少数群体代表席位不足的批评越来越强烈，这也是他要解决的问题。尼克松的反犹太倾向和"沉默的大多数"种族主义倾向加剧了公众对这些问题的关注度。在这种情况下，基辛格无法回避20世纪70年代的同种族群体政治。基辛格凭借对自己的背景避而不谈而从外围爬到了权力的顶峰，而现在要他公开为效忠犹太而辩护，这对他来说是很困难的，尽管这么做很显然是正确的。作为一个二战后享受德国犹太人特权的移民，跟其他少数群体建立联系理论上貌似行得通，但实际操作起来却并非如此。基辛格的经历体现了社会阶层的纵向流动，通过投靠威廉·艾略特和纳尔逊·洛克菲勒等主流白人人物上升到美国社会。他避免与不那么成功的外围群体的横向联系，尤其是非洲裔美国人。民权运动之后，美国的政治版图已然发生了变化，基辛格没有经验也没有意愿来促使外交政策与现有局势保持一致。尼克松的个人偏见和政治操纵只能进一步加深了基辛格的困难处境。

总统和他的首席外交助手周遭所涌现的危机定义了他们的关系。他们努力管理着一个因为失败的外交干涉和尼克松口中的"内战"而四分五裂的社会。他们都在试图重新树立国家权威,但行为表现却非常不一致,可以说恰恰相反。尼克松和基辛格除了是合作伙伴更是对手,与其说是朋友不如说是敌人。危机感把他俩联结在一起,也同时让他们相互怀疑,相互憎恨,充满不安全感。他们没有互相融入对方的世界,但虽然两人在建立关系之初相互谩骂,他们也不信任他俩之外的其他人。

尼克松赋予一位才能超群的犹太人指挥国家外交政策的权力,但他对此并不乐意。基辛格为一位善变的总统扮演着阿谀奉承的顾问角色,他也很不乐意。他们两人携手把白宫变成了强盗窝,而非商议国家政策的地方。他们花费了大量的时间和精力谋划如何对付敌人,包括他们自己。这正是帝制总统的表现。

尼克松和基辛格成了利益共同体,尽管各怀心思,但他们互相需要对方。尼克松依靠他这位出色而精力充沛的助手来管理外交政策,基辛格需要一位强大的总统来赋予他推进有争议性改革的权力。他们的关系建立在恐惧和焦虑之上,他们的政策充满了对强权和保密的痴迷。对基辛格来说,洛克菲勒总统竞选活动的光明的正能量突然转变成了尼克松白宫政府的黑暗阴谋。这种环境下,基辛格宏伟战略中的政治家精神几乎没有施展空间。

公信力

尼克松和基辛格接手了一个混乱不堪的越南。他回忆称,在他到白宫任职不到十年的时候,他写过这样一段话:

> 我们就职的时候,五十万美国人在一万英里之外的地方打仗。按照我们的前任制定的日程,这一人数还将继续增加,没有发现任何要撤退的意思。死亡人数已达 31000 人。不管我们最初的战争目标是什么,在 1969 年的时候我们的海外信誉、我们社会的可靠性,以及我们国内的稳定都因为在这样一个遥远的国家的挣扎而受损,这一国家与北美大陆的距离,正如我们与全球影响力的距离一样遥远。

尽管美国的军事状况有改善的迹象,新一届政府仍旧"决意结束对越南的干预"。

整个 20 世纪 60 年代,基辛格都赞成维护美国对南越的支持,但到 60 年代末,他也加入到倡导协商解决战争的大军中。依据他广阔的战略眼光,基辛格呼吁整合多个有效的军事力量,开展包含地区大国在内的多边外交,并且鼓励交战方之间开展严肃的协议谈判。早在 1965 年,他就提出协商将会"开启战争的新阶段,而非标记它的结束。危险仍然存在,而且各种事务变得更加复杂,因为这背后有太多无形的因素。谈判需要认真而周全的准备,跟我们军事战争一样"。谈判和武力不是非此即彼的关系,而是把军事力量和政治手段结合在一起的机会——需要更多的军事火力和更多的外交举措。

他相信美国可以提升其军事表现，但基辛格坚持认为美国不可能靠无休止的武力毁灭来"赢得"越南战争。在这一问题上的暴力行为会进一步激发国内舆论，同样还会引起邻国中国以及苏联的反抗。基辛格清楚地记得几十年前的朝鲜战争，那时候冲突不断激化，美国和中国的士兵浴血奋战将近三年，还伴随有核武器不断升级的危险。华盛顿方面不得不寻求在越南的谈判方案，以避免这一危险进程并且保留美国的实力。仅靠武力是解决不了问题的。

美国不可能快速取得胜利，也不可能夹起尾巴逃跑。十年多以来，华盛顿方面是南越最大的支持者。越南对于亚洲的未来而言，是重要的战略支点，也是美国有关遏制政策的实验基础。20世纪60年代，美国将南越转变为资本主义经济的努力加剧了美国在这一地区的风险。如果华盛顿方面承认在南越的失败，那么别的国家领导人们在其他地区进行遏制，推行资本主义改革就更加缺乏合理性支撑，也会变得更加艰难。如果承认美国决策中的弱点，那就更加方便对手们挑战美国的全球政策。

就连反对战争的人们都认为从越南无耻地撤出将会损害美国冷战时期竖立起来的形象。阿德莱·史蒂文森，民主党的自由派领导人，在跟林登·约翰逊交谈的时候记录下了自己的这种矛盾情绪："我一想到在那里（越南）参与过深就不寒而栗，所有人都认为这是唯一选择……我已经为此担惊受怕了三年，现在我担心我们的处境是根本没有别的选择，只有一条路可走。这着实让我震惊。"

基辛格和史蒂文森在对待越南问题的基本态度上，没有过多的分歧。基辛格担心这场战争会成为美国的一场灾难，所以他想尽办法来结束它。

但这说起来容易做起来难。"我们不可能"基辛格说,"像换个电视频道一样,简简单单地从这一事件里走掉,它涉及2个政府、5个盟国,还有31000多名死者。"1968年后,成千上万的人开始"反对"越南战争,但他们中只有小部分人支持无条件即刻撤退。战略风险和意识形态风险太高,即便对那些想要快速解脱的人来说也是如此。

美国领导人在遇到大的挫折的时候——或许是20世纪美国军事历史上最具破坏性的挫败——奋力想要保住国家的"信誉"。他们强调要表现出持续打击敌人的决心,以及保证继续支持忠诚的朋友,这一点非常重要。第二次世界大战前的绥靖政策情况越发凸显,这让法西斯独裁者们开始相信他们的对手既虚弱又优柔寡断。诸如希特勒这样的人就做出了如此判断,发动了全球范围的战争。来自冷战世界各个背景的政策制定者们担心美国在越南的无力表现,也会带来类似的后果。

美国需要表现出,在必要时候有意愿和能力来调动绝对优势兵力。为了避免各处开战,华盛顿政府需要恐吓对手,让其相信如果他们挑战西柏林和韩国等美国的弱势地区,他们将会面临毁灭性回击。尽管美国是世界上最强大的国家,为保护其广泛的利益,它对实际使用武力的依赖不亚于武力威胁(军事实力预估)的程度。为了避免开战,有必要表现出猛烈武力打击的意愿。华盛顿政府在战争中任何懈怠的迹象,比如像在越南战争中的表现,都会让美国(和它的西方同盟作为整体)在面对挑战的时候很难维持无惧无畏的姿态。公信度要求表现得强硬,必要的时候甚至是野蛮的。它要求美国领导人信守承诺并且动用他们的武力。

托马斯·谢林是基辛格在哈佛的前同事,他在20世纪60年代晚期非常生动地解释了公信力的重要性,他称其为"脸面"。"如果一方在非关键问题上一再妥协,那当它面对真正至关重要的问题时就会很难跟对方成功地进行交流……这是毋庸置疑的。"谢林接着说,"这种虚无的自尊经常让政府官员们做出非理性的判断或者不体面的事情——比如欺负挑战他们的弱小国家。但其实还有一种更为严肃的'脸面',用现代术语来说就是一个国家的'形象',包括国家信仰(其实是国家领导人的信仰),人们对国家行为的预期。"在谈及基辛格在越南战争中的地位的时候,谢林说:

> 如果有人提出质疑,这类"脸面"是否值得为之战斗,那答案就是这一脸面是极少值得为之战斗的事情之一。世界上很少有地方是从本质上就值得冒战争风险,尤其是当它们被慢慢吞噬的时候,但是维护它们或者冒险保护它们是信守承诺的表现,有利于我们在世界其他地方或者之后其他时候的行动。"脸面"与国家的诚信相互依存,它是一个国家信誉的表现,也是其他国家对其行为的预期。

与美国所预想的正相反,其国家公信力(它的"脸面")在它干预越南战争十多年后,深受越南战况的拖累。美国从这一地区撤军,同时还要维持它作为超级大国的信誉,这需要一个认可美国实力而非承认其虚弱的解决方案。要达到这一目标,需要与北越政府严肃的谈判并且不断地进行军事施压。"我们的军事力量远达不到希望的程度,"基辛格给总统写信称,"但这是我们为数不多的谈判资本之一。"政府提出的"制胜战略"要求加大对敌方的打击力度。尼克松想要通过大量空中打击"狠狠地挫败对方"。"我的意思是先灭掉眼前这个,再灭掉另一个——然后攻击更多的地方。"尼克松想要给世界传达强悍的信号。但所有人,尤其是北越政府和他们在莫斯科和北京的支持者们应该"知道实际情况跟他所表现出来的还有很大差距"。

空军力量给了美国缓解虚弱形象,维持美军威力的完美机会。尼克松大力鼓吹他的要求,"以真正的致命的方式惩处敌人……我希望你能尽全力灌输这一精神,我尤其希望军队能翻身"。他命令基辛格:

> 我认为我们一直在说大话但没什么实际行动。这明显是约翰逊政府的弱项……我们完全有能力打击[北越]展示实力。唯一的问题是我们愿不愿意动用这个力量。我跟约翰逊所不同的是,我非常有这个意愿……只一次,我想要动用武力,我想让那些国家安全委员们自己认识到使用武力是非常强悍的、极具震慑力的,而且效果非常显著。

总统大力宣扬他作为硬汉的各种资质,而基辛格却要费力解读,将总统先生的这一情绪落实到日常政策中。他需要服侍好他的老板,还要在强悍政策得不到预期效果的时候承受指责。他还需要负责跟主要交战国进行巴黎和谈——包括北越政府、南越政府、越南南方民族解放阵线("越共")以及美国政府——同时还在跟苏联进行着谈判。基辛格把尼克松强盗式的宣言解读给多方国际听众。他的世界主义观和他的国外联络人关系网再一次成为无价之宝。

结合尼克松对强悍的要求,融合外交加武力的方式,基辛格提出了三点战略。第一,白宫政府会通过公开声明、私密谈判以及单边行动表明其从越南撤军的立场。尼克松政府会在就职后尽快减少美军在这一地区的出现,宣布于1969年6月第一次撤军25000人(战争的"越南化");第二,华盛顿政府将会从苏联及其他国家取得支持来达成有利条款。基辛格将与莫斯科方面改善关系,争取克里姆林宫的帮助来结束这场战争;第三,也是最为重要的,尼克松和基辛格会表现出创造性行动的意向——通常是违反美军行动的正常范围。他们会越过冷战世界规则,凭自己意愿打击不尊重他们想法的敌人。这一战略富于行动力,充满不确定性但又不失希望——跟20世纪60年代的政策僵局完全不同。

尼克松曾提出"狂人理论"试图威胁对手,但很显然,美国政府对越南的政策实则是基辛格外交政策的体现,这些政策相对复杂,是基辛格长期思考的结果。自第二次世界大战以来,美国领导人们就在武力打击和寻求谈判中间摇摆不定。以朝鲜战争为例,杜鲁门总统面对进攻起初组织了强烈反击,而后随着战事停滞和停火谈判的开始,转而接受了较为被动的方案。约翰逊总统在对待越南问题上,也重蹈其覆辙。最开始面对对方的攻击不断升级武力打击,而后又为寻求谈判减弱了轰炸力度。而基辛格打破了以往战争的条条框框,与尼克松相比,他创造性地也更灵活地调用美国各方面的资源,以期与对手达成互惠互利的解决方案。

结合自己和托马斯·谢林等人的理论,基辛格试图在越南战争问题上增加一个新的杠杆。他认为武力打击和外交谈判是不可分割的整体,都是军事冲突博弈过程中的组成部分。基辛格强调把握主动权,而非简单地打击敌人。正如俾斯麦那样,在危机时刻力图建立领导力和行动力。尼克松称之为"玩儿大了",但基辛格认为这是作为政治家在构想未来蓝图方面更深层次的体现——是"理念上的"转变。尼克松的首要目标是保证美国以优势政治条件结束越南战争;而基辛格力图重建国际体系并确定美国的全球地位。尼克松只关注军事策略和政治技巧；而基辛格努力挽救全球范围内"美国全面恶化的国际战略地位"。尼克松是实用主义者，基辛格是革命家。

基辛格为促成国际变革所做的努力，体现了他逃离纳粹德国后所累积的政治和外交方面的思考。他花费了大量精力为美国在军事方面提供新的选择。传统的行为模式在危机时刻不攻自破。一个伟大的领袖，基辛格认为，就是要在面临新的挑战的时候创造新的权力工具。而在越南战争背景下，这么做便意味着挑战已被广泛接受的美国国家行为。

美国传统的打击方式包括对北越目标进行的轰炸、对南部越共控制范围内的村庄进行汽油弹袭击，以及"安抚"农村地区。除此之外，基辛格大力提倡将美国的势力范围扩大到附近国家——尤其是柬埔寨。此前，约翰逊政府已然跨越敌方国界对其"避难所"发动过有所克制的袭击，而"早餐会"则昭示着白宫方面将以绝对优势力量对共产主义所控制的中立地区进行打击。美国将不再允许其对手在所谓的领土主权下得以庇护，而对其空军力量的调配也将不再有所克制。1969年3月，美国对柬埔寨进行轰炸，同年美国对这一非交战国发动了总计3650次B-52轰炸机袭击，投掷111000吨TNT炸药。1970年4月30日，尼克松发表声明称，除了进行空中打击，31000名美国士兵已经进入柬埔寨，用以对抗北越方面。基辛格对地面行动的不断升级持保留意见——他的两个助手罗杰·莫里斯和安东尼·雷克辞职以示抗议——而他本人极力支持总统通过扩大美国势力范围来把握战争的主动权。这一系列措施都是经过精心设计的，目的就是要传达"事态很有可能失控"的信号。基辛格预期以此让支持北越的苏联政府和中国政府意识到自己处于劣势。

对中立国家的传统军事打击是不够的。打击柬埔寨的行动对北越战斗力的削弱极其有限。基辛格还尝试扩大参与打击的武力种类，重新呼吁美国政府利用其核武器工厂为国家外交服务。基辛格所倡导的并非是发动核武器袭击，而是创造性地利用核武器演习来威逼利诱对手。这一策略其实是摆出震慑用的核武器装装样子，也是一场经过仔细考量的冒险。这是一次尝试，试图将未来局势从全面军事打击转换到对遥远的国家进行日常事务操控。

1969年10月，为寻求越南战争的解决办法，基辛格将核武器震慑的想法付诸实践。尼克松总统要求年底通过谈判实现停战；否则他将对北越发动新一轮的大规模高强度的袭击。在尼克松的指示下，基辛格警告苏联驻美国大使阿纳托利·多勃雷宁："火车已然出站，正沿轨道向前行进。"多勃雷宁和其他观察员认为，所谓"火车"指的是传统军事打击的升级，尤其是空中轰炸。而基辛格一直鼓动总统在传统威胁力量中加入一系列核武器演习。他这样做并非有意发动对越南的核武器战争，而是为了震慑苏联领导人，以便促使他们因为忌惮恐怖而不可预知的后果，转而寻求和平解决方案。基辛格试图塑造美国"非理性"的形象，跟尼克松让人捉摸不透的要采取"狂人"姿态相呼应。基辛格设计了一个方法，把美国表现出的"疯狂"引到其核武器能力和对越南战争的需求上。他把冲突扩大到柬埔寨，以此释放出"事态随时可能失控"的信号。

1969年10月6日上午，基辛格要求国防部长梅尔文·莱尔德增加国家战争投入的时候，提出了美国核武器演习的计划，这样"对面那方"就会"买账"。当天晚上，尼克松命令莱尔德"启动一系列强化的警告措施，以向苏联方面传达美国的战略部队时刻严阵以待"。尼克松的指示含糊不清，基辛格需要将这些模糊的话语转化为一套具体行动方案。总统先生希望塑造出强悍的形象，那他的国家安全顾问就要想尽办法，利用核武器方面有效地达到这一要求。基辛格和他的助手亚历山大·黑格将军迫使军队机构提交如下建议书：

1. "要跟苏联有所区别，要既不同寻常又意义重大"
2. "不要表现出威胁苏联"
3. "不需要大量的额外资金和资源支持"
4. "不需要征得同盟国的同意"
5. "不必降低必要的目标"
6. "尽可能少的公众曝光"

  高级军事策划家们拒绝了这一计划，因为这既违背了核武器震慑力的基本预设，还从其他已经计划好的活动上分散了国家资源。而且这计划看起来也并不想恐吓美国的对手。罗伯特·博思立中将是国防部长莱尔德的军事助手，他解释称脱离了发动核武器战争，这一孤立的行动计划将会看上去像个诈唬——或者说就是"装装样子"。博思立试图说服基辛格和黑格找寻其他的方式来满足总统建立强悍形象的要求。

  以上反对意见给了基辛格足够的理由喊停核武器演习，但他却仍旧向前推进。跟总统比起来，他自己更坚信核武器会给越南问题带来有利的影响。他还特别预测说，白宫内部不断累积的焦虑氛围和好战倾向，将会说服克里姆林宫去推动这场战争的结束，而且很有可能会按照美国提出的适当要求结束。同时，这还会在未来开创建设性核武器外交的先例，而非被动的核武器震慑。基辛格的这一想法早在 20 世纪 50 年代中期就开始形成，而且历经三任政府，一直坚持不懈地推动。直到 1969 年，他终于第一次有机会将这些想法付诸实践。

10 月 9 日，基辛格建议尼克松同意一系列具体的核武器演习，包括：

1. 在所选定的战略空军指挥部和北极星核潜艇指挥部保持通信沉默
2. 在选定区域停止常规战斗机演习
3. 加强对开往北越的苏联军舰的监视
4. 加强对战略空军指挥部的轰炸机和坦克的地面警示行动
5. 向前线派遣装载核武器的战略空军飞机

尼克松同意了，以上所建议的行动共同组成了核武器威胁——时刻准备对苏联使用核武器。这一警示并非真正可能进行核武器攻击，但一旦总统下令，它确实减少了美国调用核武器进行攻击的准备时间。最重要的是，这类行动必然会引起苏联军方的关注，他们一定会对美国的动机起疑。这才是尼克松和基辛格的目的：给苏联领导人心中种下不安的种子，由此促使他们从国际局势稳定出发，接受美国在越南的势力。

这次核武器演习 10 月 30 日结束，包括为加利福尼亚的三月空军基地和华盛顿州的仙童空军基地的 B-52 轰炸机装载热核武器。装备了核武器的 B-52 轰炸机执行 18 小时飞行任务，以真正实施核攻击时会采用的队形，越过北极圈，直逼苏联国界。这些任务很危险，尤其如果有装备了核武器的飞机误入苏联领空或者在苏联领地附近坠毁，很有可能引发美国和苏联关系的直接破裂。苏联观察家们也有可能将这次演习错误解读为真正的打击。所幸，这些都没有发生。基辛格精心设计的核武器冒险，在短时间内未造成政策损失。

不过，也没带来积极的效果。基辛格预期苏联驻美国大使多勃雷宁会考虑到核武器威胁而变得有所通融，可事实上并没有实际反应。尽管如此，基辛格仍旧推动核武器的重新定位，时不时加以核武器威胁，以使对手心神不宁。他始终相信核武器可以为政治目的服务，用来恐吓敌人，促成对美国有利的谈判。

美国对越南的控制遇到恼人的瓶颈，基辛格重申了他长期以来所坚信的理念，那就是一个国家包括核武器在内的压倒性的军事力量，几乎跟"使用武力的意愿"有同等的作用。为了使美国从不利于自己的战争中脱身出来，同时又能保全美国的国家信誉，基辛格试图通过展示军事实力来稳固美国在谈判中的地位，即使在向对手主动示好时也不例外。1973年10月，他也是采用同样方法应对，面对苏联可能干预中东事务的威胁，他将美国核武器警戒等级调高至"三级戒备状态"——是和平时期最高准备等级——同时积极促成美苏两方的政治合作。这正是基辛格长期以来所倡导的战略；与20世纪30年代和60年代民主党人所支持的"和平政策"完全相反。

美国国内对越南战争和其他美国军事力量的调度多有反对，这让基辛格明白他需要秘密地开展军事演习，免受公众问责。他的这一想法解释了1969年10月的核武器威胁行动，对苏联官员来说这次行动非常明显，而美国民众对此却不知情。根据基辛格自己20世纪30年代在德国的经历以及60年代后期在美国的经历，他认为美国公民并没有做好接受在必要的情况下动用武力的准备，尤其在政治极度动荡时期。基辛格在对越政策上的加强是为了迅速结束战争，这正是众多反对者所要求的；同时又不希望损害美国的全球地位，这也正是众多反对者所希望的。对基辛格来说,这不仅仅是战略问题,而是他自身作为德国犹太移民经历的体现：

> 美国国家荣誉和美国国家责任感之于我，并非空洞的词语。我能感受到它们强大的力量。我出生在德国巴伐利亚镇的菲尔特，六个月后希特勒在巴伐利亚首府慕尼黑发动酒馆政变。我九岁的时候，希特勒当权……在我移民到美国之前，我和我的家人不断受到流放和歧视。我的父亲失去了从事了一辈子的教书工作；我父母年轻时候的朋友也避之唯恐不及。我被迫进入一所被隔离的学校……即使后来我知道美国同样也有很多问题，我还是无法忘记，在当时那段残酷而饱受羞辱的时期，对于受到迫害的受害者们，对于我家人，以及对于我个人来说，它是多么大的鼓励。我永远记得，我第一次走在纽约大街上的兴奋。我看到一群男孩子，就赶紧准备去到马路对面，害怕他们打我。然后，我才突然意识到我身处何地。

基辛格将个人经历与对越政治决策结合起来,批判了20世纪60年代众多反对者们的"自我憎恨"论调。尽管美国在越南犯过错误，但他始终相信他要维护美国的全球地位,保持其"理想化、人性化,以及代表人类希望的方向"。当基辛格看到这句话的时候，他的使命感油然而生，认为自己有责任"推动这场战争以符合美国自尊自重形象的方式结束,美国的国力及信誉与所有善意的美国人民息息相关"，基辛格解释称,"美国不允许

第五章　政治家的革命

被玷污,美国精神不允许被分散,美国要以合适的姿态从越南脱身,以一种那些反抗者事后也会认同的、体面而自重的美国式姿态"。

基辛格在越南捍卫着他的美国梦——他作为从纳粹主义下获救的犹太移民,在美国陆军历练成熟,崛起为战后精英,成为冷战时期强有力的政策制定者。而现在他的美国梦受到了国际共产主义和国内舆论批判的威胁,他们试图毁掉他的职业所依赖的机构——军队、大学以及政府。为了捍卫他给美国国家权力所赋予的道德观,基辛格所推行的外交政策将公众干预和公众问责排除在外。他经常跟那些他认为危险的国内舆论背道而驰。否则,他认为,美国将会重蹈20世纪30年代的唯民主论者的覆辙,向大众政治的弱点和极端低头。对于基辛格来说,美国梦太重要了,不能任由大街小巷的抗议民众来决定。

苏联的秘密渠道

在基辛格眼中,所谓外交,是非常微妙的事情,不适合暴露在公众目光下。他几乎没有华丽而公开的正式使领馆工作经验,但却是幕后谈判的老手。在领导哈佛国际论坛和为肯尼迪、洛克菲勒和约翰逊担任顾问的那些年,基辛格非常擅长组织各个方面的精英为共同的目的而工作。在从事这些活动的过程中,他表现出无可匹敌的旺盛精力,强大动力以及睿智多谋。他天然就是桥梁人物,具备在人与人之间建立隐秘联系的本能敏感。

基辛格的全部职业生涯都贯穿着坚持不懈和个人魅力的完美结合,正是这一点让与他对谈的人卸下戒心,对他感到依恋。融合了顺迎的态度和睿智的学识,基辛格很清楚如何"搞定"对手。尽管他本人个子矮小面相严厉,但在会谈中却彰显出"比本人高大的人格魅力"。他可以让最疲倦的观察者感到印象深刻,也可以把控防御心最强的对谈者。

这一幕后角色并非基辛格专属。犹太人长久以来都处在这样的地位,为君主、当选的官员和其他领导人服务。很矛盾的是,他们在不同社会群体间起到的宝贵的桥梁作用,却也正因为如此他们无法在任何一个国家担任最显赫的公开职位;他们没有表现出足够"美国性""法国性"或者"德国性"。相反的,犹太人大多担任隐秘顾问、幕后人物或秘密间谍。基辛格用下面几个特点定义他的外交政策——幕后工作,远离公众视线,对象是一小群不同社会群体里的权力人物。他推进国际谈判和追求个人职业发展所用的方式相同,都是对强大而富于决断性的领导者的坚信以及对民主制度的不信任。

基辛格刚一就职便立刻将外交力量从国务院和外交部——美国政府传统的权力中心——转移到国家安全顾问手里，直接代表总统。他强调了白宫内的决策权要高度集中，同时大力倡导与国外精英人物建立秘密联系。尼克松和基辛格计划对公众、议会和其他政府机构——一切他们所不信任的人和事物——进行隐瞒。然后，通过基辛格经营的"秘密渠道"网，快速地与国外联络人建立联系。

这些秘密渠道中最为重要的当属与苏联方面的联络。苏联是美国冷战时期最主要的对手，对全球共产主义国家发挥着强大的影响力。尽管双方意识形态不同，但基辛格认为，美苏两方在避免冲突和维护国际稳定方面有着相同的利益。在越南问题上，"美苏两国最根本的利益所在"便是"不发生冲突"。两大超级大国有"责任维护国际和平，同时也告诉外界双方都希望结束这一战争"。要想结束战争，需要频繁而有成效的美苏会谈。与单纯依靠牵制政策和强悍政策不同，尼克松总统保证"开放沟通渠道……承认两大超级大国存在着差异，保证这些差异通过和平的方式予以解决"。美国与苏联高层进行协调和磋商。

基辛格长期以来都倡导遵循这些外交原则。他不断批判之前的领导人，认为他们忽视了在做出退让的过程中所付出的艰辛努力。在美国展示使用武力的意愿的同时，也要寻求通过协商的办法解决危险的纷争。这两条线要齐头并进。这一方法要求培育美苏两国代表间的个人关系——这些人能够求同存异，关注问题的关键所在，建立起共同信任，保证他们开诚布公的政治讨论不会曝光给大众。最后一点在基辛格看来是最为重要的。他和总统先生都担心非黑即白的公众舆论压力破坏谈判中必要的模糊不清、妥协和折中方法。成功的秘密渠道需要保密——所谓保密，最重要的,就是对美国民众的保密。前几任总统,尤其是肯尼迪,在危机加剧的时刻也得出了相同的结论。尼克松和基辛格将这一做法提升为他们对苏联关系的实践中最核心的特征。

基辛格有意把自己打造成在与苏联的秘密沟通渠道中美国方面的关键人物。1969年2月4日,在与苏联驻美国大使阿纳托利·多勃雷宁简要的会面后,基辛格向尼克松汇报:苏联的代表"迫切希望在更广泛的层面向前推进……与美国方面的代表进行对话,这位代表需要是您(总统)指派的深得您的信任,但同时又不是外交机构的成员"。这段话意味非常明显。如果美苏双方能够放下传统的故作姿态,通过各自派遣的代表密切合作,不拘泥于根深蒂固的政策利益而是注重双方影响,那么美苏关系很有可能得以改善。很显然,亨利·基辛格,而非国务卿威廉·罗杰斯,是美国的不二人选。

多勃雷宁的回忆录表明,对于这一角色安排,他其实并没有要求指定基辛格或者其他特定的人。基辛格主动出击,建议开拓外交程序之外的秘密沟通渠道。他促使美苏两国政府接受这一方案,能够较为满意地规避公众压力。多勃雷宁回忆称,在基辛格的敦促下,尼克松向他解释如果国务院出面解决这些问题,将"会把一大批政府官员牵扯进来,而这难免可能会造成意想不到的信息泄露。而有些问题需要严格控制在极小的范围内,甚至有些问题只限于总统本人知晓,这就需要通过基辛格和多勃雷宁的秘密渠道传递消息"。根据基辛格所说,苏联驻美国大使予以确认,苏联方面非常欢迎通过这位美国国家安全顾问"在复杂而重要问题上严格保密的信息交换"。入职仅仅几周,基辛格便改变了美苏两国间的互动形式。

形式变化带来实质变化。通过他们频繁——通常是每天进行的——对话,基辛格和多勃雷宁相互交换信息,试探想法,与各自领导人建立起信任。虽然很多冲突仍旧未能解决,但美苏两国在基本国际稳定方面的合作慢慢成形。基辛格直白地跟多勃雷宁说明美国希望体面地从越南撤军,缓解欧洲的紧张局势,以及控制盘旋升级的军备竞赛。多勃雷宁也表现出诚意,表达了列昂尼德·勃列日涅夫领导下的苏联希望与美国"和平共存"。美苏两方以前所未有的方式进行合作,就以下问题达成协议:柏林的永久划分(《柏林四方协议》)、不扩散核武器(《不扩散核武器条约》)、武器限制(《战略武器限制条约与反弹道导弹条约》)、欧洲安全及合作(《赫尔辛基协议》),甚至还包括国际行为的基本原则。

基辛格在以上所有协议中都发挥了直接的作用,担任美苏两方的桥梁人物。他利用自己所在职位,缓和双方的分歧,提出相互妥协的建议,主导美苏两方对谈者。他使协商谈判成为美苏关系中的常规组成部分,这在之前是从未有过的。正如基辛格在上一个十年所发表的文章中提到的,他用两个超级大国间"不可逆转"的联系,取代了两国之前冰冷的遏制政策的分离。

这便是基辛格缓和战略的根本——试图通过超级大国间的合作而非冲突来形成多极世界。这一战略包含持续的物力投入,同时也开拓协商谈判。它强调的是国际稳定,同时也鼓励领导人间新的合作形式。最为重要的是,缓和政策强化了等级制度,拓展了美苏两方在各自社会的发展,定义了合适的行为准则,指派各自选定的代表。这些政策本身没有什么新鲜,但通过秘密沟通渠道进行的关于未来世界的协商为这些政策提供了基础。尽管基辛格是基于美国力量的有限而开始寻求与苏联的协商谈判，但缓和战略却极大地扩展了美国的权威。这一战略把绝大多数民众以及选举出的领导人排除在政治决策之外。国会议员、参议员甚至经过专业训练的外交官员也无缘参与到与苏联的秘密沟通渠道之中。

北 越 谈 判

　　北越也没在苏联的秘密渠道内。基辛格认为苏联方面会向河内政府施加影响，但他也意识到这影响力有限。如果他希望通过武力加外交的方法促成越南战争体面地结束，那他就必须要跟北越领导人直接进行谈判。在为尼克松政府工作之前，他便多次强调这一观点。1968年12月，基辛格通过他与河内方面的法国联系人传达了如下消息："尼克松政府有意开展严肃的会谈……如果河内政府希望在1月20日之前就基本看法交换意见，那美国定会抱持建设性的态度认真对待，并且绝对保密。"这是基辛格以总统私人代表的身份，对北越进行秘密协商谈判发出的"善意的"邀请。这位美国国家安全顾问直到1969年1月底才告知国务卿威廉·罗杰斯——距离事件实际时间一个多月。

　　美国、北越、南越和南越民族解放阵线间的四方和谈已经在巴黎展开，而基辛格希望避开复杂的谈判框架，对河内代表——击破。他希望在秘密会谈中，能够将承诺和威胁结合起来，发挥个人魅力争取越南战争体面的解决方案。他也准备迫使美国的南越同盟达成共识，基辛格清楚地认识到西贡政权不可持续，而南越同盟们不同意任何美国对其支持的削减。虽然基辛格后来否认，但这位美国国家安全顾问频繁地接收到消息称西贡政府无法承受美国的撤军。1971年他和尼克松便可以接受美国不再插手到北越接管南部中间"体面的间隔"。与河内政府的秘密会谈给基辛格提供了控制这一进程的可能，同时又能维护美国的实力与信誉。

　　1969年5月22日，基辛格透过他法国方面的联系人放出消息："总统有意开拓现有谈判框架之外的其他渠道。可以想象，美越双方代表将在巴黎框架之外碰面,讨论解决方案的基本原则"。这是基辛格的典型做法。强调在一般外交场所之外的私密会谈,这样他和越南民主共和国代表谈判时,可以把外界的影响减到最小。另外,他关注的是"基本原则"而不是具体的条件,以期找到美越双方的共同利益,为交战双方达成协议提供基础。对基辛格来说,最主要的问题不是谁对谁错,而是双方怎样能够达成互惠协议。这才是他向越南民主共和国提出秘密会谈的目的。

越南民主共和国领导层的黎德寿接受了基辛格秘密会谈的提议。两人于1970年2月21日首次会面,又在之后的三年间为达成双方共同认可的解决方案而你争我夺。他们都同意美国从越南快速撤军,但在撤军条件上产生了严重的分歧。基辛格极力促成美越双方共同撤出越南南部,同时各省统一,由共同选举产生的政府管理。黎德寿拒绝了此提议。在他与基辛格的第一次会面中就明确地表示:"我们打赢了这场战争,你们战败。"他绝对不接受在他所要求的领地上,有越南民主共和国及其盟军之外的控制权。

对于黎德寿如此绝对的要求,基辛格从容不迫地予以回应。他并没有争论越南民主共和国对这场战争的认定,而是转向黎德寿结束冲突的诉求,同时又提醒他尼克松政府有非常明显将战事升级的意图。此外,基辛格又从个人立场强调了他的诚意和善意。他对越南民主共和国在战争中所表现出来的勇气表示尊敬,也很认可河内政府批判西贡(现称"胡志明市")傀儡政权时的公平公正。"我只想说,或许我们对战争的认定有偏差,但我们的心意是真诚的。"这种隐含着威胁的顺从,是典型的基辛格谈判风格。与当时白宫方面公开的好战态度极为不同。

基辛格没有以屈尊俯就的姿态对待他的谈判对手,而是对黎德寿平等相待,他俩都是克服重重困难,为自己的人民争取他们所认为的最好的利益的政治领袖,也深知决策的不容易。基辛格对自己的定位不仅局限于美国的谈判代表,同时也是能够把战争双方连接起来的桥梁,尽管很多时候美国政府内部都抱持不同的态度。基辛格是总统决策的内幕人士,但面对美国对越政策长久以来的传教士欲望和简单的地缘政治政策,他却不予置评。当黎德寿以"哲学家"称呼基辛格的时候,他认可了这位美国国家安全顾问通过自己的论述,让华盛顿政府和河内政府以某种微小的方式,得以跨越二者间早已固化的分隔。黎德寿从未如此评价过参加前期讨论的其他略显见识不足的美国代表。

基辛格并没有主导与黎德寿的谈判,而是像对待20世纪50年代以来他所面对的那些强大的谈判对手一样。虽然二位没能成为相互信赖的朋友,但也发展为互敬互重的谈判家。他们还培养起共识,他们长久而枯燥的工作一定要落脚到某项协议的达成,保证各自国家能从战事中稍做缓解。密集的谈判毫无疑问地让两人建立起私人情谊。在 1972 年年末的某次会谈中,黎德寿疲惫地笑谈:"你我真是竭尽全力了。"

尼克松政府对战争的升级并没有使北越方面在谈判桌上变得缓和,但的的确确增强了他们暂时缓解敌对状态的意愿。一位历史学家写道,1972 年之前,北越领导人都在担心他们的政权能否得以维持,因为密集的美国轰炸破坏了农业和工业设施。通过威胁与妥协相结合以及坚持不懈的努力,基辛格说服了黎德寿,让他明白帮助维护美国在越南的面子的必要性。他做出了北越政府会感兴趣的某个外交决策。

1972 年下半年,不论是基辛格还是黎德寿,两人都十分迫切希望达成协议。为了赢得再次选举的胜利,尼克松希望自己的形象是把国家从越南战争解放出来的总统。尽管美国对敌方地点的轰炸还在持续，美国在南越的军力已经在减少；到1972年年底，美国在越南的兵力为23516人，与尼克松刚就职时的五十万兵力形成鲜明对比。基辛格迫使北越方面能够在选举之前做出决定达成交易。他也意识到，撤军将很快削弱美国在这一地区的军事实力。

北越方面也感受到相似的压力，希望尽快协商一致。当权的河内政府秘书长黎德寿后来承认，美国1972年5月的轰炸以及对海防港的水下袭击"完全破坏了我们的经济基础"。这一政权在战场上溃败，同时在基础资源上也面临着严重短缺。这一局势也让尼克松担忧，伴随着即将到来的再次选举，还将会有民众舆论对战争的强烈不满。在这一情况下，苏联和中国可能会减少对河内政府的支持。基辛格对总统说"北越方面希望尽可能在我们选举之前达成协议"，他的这一建议是明智的。在与黎德寿达成了一系列暂时性协议后，1972年10月26日，基辛格戏剧性地对记者们宣布："和平在即。"

尽管双方努力协商，但直到1973年年初才达成最终协议。虽然双方的同盟——南越政府和南越越南民族解放阵线——都表示反对，双方还是急速地达成了协定。美国支持的南越政府，在阮文绍领导下，自美军撤出后，拒绝履行北越军队在南越的相关条款。而在南越的北越政府的同盟也反对阮文绍政府的统治。尼克松和基辛格在12月底重新加强美军的轰炸，以向北越政府施压，迫使其履行对南越方面的合约。结果，美国还是没能顾及南越方面的反对。而相似的，北越政府也直接忽略了其盟友民主解放阵线的诉求。

1973年1月23日，基辛格与黎德寿开启"巴黎协定"，越南秘密渠道达成最终成果。这一协定包括停战条款，美军彻底撤军，交换战俘等。该协定肯定了西贡政府的存在，但同时也允许北越和越南民族解放阵线力量继续保持其在南越的地位。美国撤军后，这些群体间的争斗不断加剧。在之后两年多一点的时间里，共产主义占领南越蔓延，实现了河内政府领导下的国家统一。1975 年 4 月 29 日，美国在西贡的最后一批外交人员连同 4000 多名当地盟军，从南越逃离。惊恐的越南人民包围了美国使馆，无助地想要抓住最后一班起飞的美国直升机，至此美国近 7 年的为停战所做的努力，以此而告终。

1974 年 8 月，尼克松在水门事件后辞职，杰拉尔德·福特总统接替他上台，他向如释重负的民众宣布："就美国而言，越南战争已经彻底结束了。"观察家们这才开始争论基辛格的活动是否有效。1973 年，挪威诺贝尔奖组委会授予基辛格和黎德寿共同获得诺贝尔和平奖，奖励其为和平谈判做出的坚持不懈的努力。亨利·卡博特·洛奇向基辛格表达了祝贺，称其"一手打造出奇迹"。洛奇甚至提议共和党拟定基辛格作为下一任总统候选人，尽管宪法禁止外籍移民参选。洛奇对基辛格"超人般的"旺盛精力和"出色的才智"大加颂扬——以上两点在他与黎德寿艰苦卓绝的谈判中得以完美体现。基辛格之前的导师纳尔逊·洛克菲勒也称赞他的这位前任顾问，"奇迹般的""处理越南局势"。1974 年，《时代周刊》杂志用魔术师造型的基辛格作为封面。标题为"亨利是如何做到的"，照片中这位双下巴的德裔犹太人从帽子里变出了一只和平鸽，底下是世界各国领导人在围观。他是"伟大的基辛格"——既是艺术大师，又是个谜。

并非所有人都认同基辛格的伟大。美国中央情报局在西贡的情报分析员弗兰克·斯奈普协助了 1975 年美国从越南的撤离，他谴责基辛格"太执迷于炫技"。他通过秘密沟通渠道,把全部决策权集中到他手中,反而失去了与平常事件的接触。当他不断扩展和谈的同时,20000多名美国士兵命丧战场,还有更多的越南民众失去了性命。基辛格与黎德寿的和谈是迫于美国国内的反战运动,但很奇怪的是他们竟然对南越的现实视而不见。这两位就战争进行谈判,但他们几乎完全忽视了战争本身的可怕。尤其是基辛格,他似乎从未质疑过他所捍卫的国家信誉是否值得不断增加人力成本。

而最后美国从西贡撤出时混乱而羞辱的画面,也让人质疑这旷日持久的脱身过程是否真的比单方面撤军更加能够维护美国的国家信誉。这一结论很难得出。基辛格与黎德寿谈判期间,正值苏联和古巴对非洲地区进行干涉。尤其是苏联领导人,尽管基辛格各种努力,他们仍旧觉察到了美国实力和决心的削弱。1975年美军撤离西贡的最后画面,很可能证实了这一分析。

越南战争之后的几年,对于美国外交政策来说是非常困难的。基辛格"奇迹般的"手段未能阻止美国国际影响力的衰弱。而在美国国内,反对的声音也各不相同,指责和争议不断扩大,尤其在尼克松被迫辞去总统职位之后。基辛格将美国从梦魇般的越南泥潭抽离出来,但却是以一种加剧道德危机的方式,这一点早在20世纪70年代初汉密尔顿·菲什·阿姆斯特朗等人就指出过。谈判中敏锐娴熟的技巧并没有带来预期概念上的突破。虽然基辛格的秘密外交渠道增强了其战术的灵活性,但是对民主弱点的畏惧以及国内不断涌现的动乱限制了他的战略想象力。尽管他竭尽全力,但还是未能跨过越南战争。

"中国是亚洲的领导者"

　　基辛格的战略视野最直接的革命性影响发生在越南之外——在中国、部分拉丁美洲和非洲国家。绝大多数观察家将这些地区的政策分割开来，因为他们有很明显的地域多样性。乍一看，美国著名的对中国的"开放"政策从政治决策上看似乎也很孤立。在基辛格的回忆录中，他特别指出与中国政府的联系，称之为迈出了"重大的一步"，"扭转了我们（美国）的外交政策"，"我们给外交政策带来了新的灵活性"。

　　中国在基辛格的战略视野中有很特别的位置，因为它地域辽阔、历史悠久。虽然基辛格对这一国家关注相对较少，但他明白中国对亚洲国家有着传统的文化凝聚力。中国是文明大国，有意愿也有智慧维护地区稳定。"中国人，"基辛格解释称，"是非常让人钦佩的。他们特定的道德政治素质使得他们不容小觑。"

　　跟其他观察者的看法一致，基辛格认为中国是地区性大国，"有意在共同利益基础上进行合作"。美国从越南撤军，使得中国的形象相对高大。共产主义政权曾经在北越反抗法国和美国的过程中伸出过援手。美国在其东南边界被迫撤退，给了中国安全感和尊重。此外，中国与苏联的紧张局面也促使中国通过不断发展的国际力量施加其影响力，同时寻求新的合作伙伴——美国很有可能就在其中——在可能爆发的战争中，作为与苏联对抗的同盟军。中国这个沉睡的巨人正在苏醒，慢慢地，从梦魇般的沉睡中醒来，重获它在全球应有的地位。

　　基辛格试图与中国建立有限的合作关系，将中国的崛起为美国所用。他目的是促成两国领导人建立起私人联系，为相互之间的信任和合作奠定基础，免受公众舆论和政治紧张局势的极端影响。与中国方面建立秘密沟通渠道，有助于美国以较少的美军人力成本，对亚洲冲突进行有效的管理。同时也给美国提供了解决国际事件的新的杠杆。与其独自坚守反共产主义的牵制政策，不如与共产主义大国合作，在其帮助下共同形成该地区的秩序。

以上正是基辛格所倡导的外交灵活性的体现，这一点在他入职前便一直在宣扬，他大力颂扬多中心决策的国际制度的优势，找寻美国国家影响力更多的切入点。基辛格写了大量有关美国军事力量的局限性的文章。他解释称："本届政府履行承诺的能力正在减弱，其反共产主义意识形态倾向也在弱化，比如对中国。"从基辛格入职第一个月开始，他便向中国方面提出了一系列建议——很多是未经尼克松知晓的——以期创建有效的秘密沟通渠道。

这些秘密行动并非仅针对中国。只要基辛格认为某些非西方国家有可能成为美国的地区合作伙伴，他便会投入到与这些国家的领导人建立秘密沟通渠道。他的这一做法，正是在践行美国联邦制的伟大战略。美国将会削减在泛大西洋区域的直接军事力量，转而与当地第三世界国家政府密切合作。美国的重心将从在越南那样雇佣更多的军事力量，转移到外交布局相关的谈判上，与他对谈的通常是面相凶狠但态度友好的人物。美国利用各种资源对当地政府提供支持，实行控制，以此培养双重权力，而非从头开始建立自己的统治。这一政策是不同制度间的合作，而非制度变革或者建立新的国家。这与基辛格早期提出的有关"灰色地带"的防守战略相一致，是他在越南战争之后，紧接着提出的改变美国战略的体现：

美国控制全球活动的地位已不在；我们需要推动这些活动。美国已经不能再把自己的想法强加给别人了；我们必须想办法搏得支持。在20世纪四五十年代，我们提供补救措施；在20世纪60年代末和20世纪70年代，我们的角色要转变成国际秩序框架的推动者，鼓励其他国家拥有主动权。从客观方面看，我们的确是超级大国，但我们的构想只有在其他国家自愿合作的情况下才变得有意义。我们可以继续支持国防行为，但必须要试着去鼓励而非扼杀地域责任感。我们的作用不应只体现在付出了重大努力，还应该关注结果区分成败……美国支持的各地域国家将接管他们附近区域的主要事务，而美国则需要更多地关注国际秩序框架，而非对每个具体地区进行管理。

尼克松入职第一年宣布了以上政策转型。1969年7月，他向记者解释称美国必须避免"在越南的那种政策，防止亚洲国家太过依赖我们以致把我们拖入冲突的泥潭"。尼克松总统誓言在未来"减少美国在区域冲突中的介入"，之后被称为"尼克松主义"。白宫政府鼓励独立、强大且富于主动性的友好国家政权。区域合作伙伴掌管各地区的发展和民主计划。美国向认可其持续影响力的当地政府——甚至共产主义政权——加大了支持力度。总体来说，美国与其当地同盟国的分工合作取代了美国的直接干预。这一灵活的代理人计划超越了意识形态差异。

尼克松言辞的重点是亚洲，而对基辛格而言，这其实是经过深思熟虑的全球战略。他对民主有效性的质疑十分深切，并以此为指导制定政策。他笃信欧洲中心的重要性，将"西方文明"的价值观沿承到美国社会。包括中国在内的第三世界国家并非是民主制度的延伸区域，也非重要利益的防守区域。它们是"灰色地带"，美国需要植入强大影响力，以便削弱潜在敌人的势力，避免其发展壮大到挑战美国的权威，这对美国来说非常重要。好战国家，本身并不可怕。但如果放任不管，任由他们发展和扩张——像第二次世界大战之前的法西斯政权一样——那将会危及美国安全。这些不断涌现的威胁，需要通过国际外交以及与当地政府合作来解决。

美国没有非做不可的理由来控制第三世界国家，但有强烈的意愿进行针对性的援助，以应对地域性的挑战者。在非洲，美国这一战略表现为与南非白人政府进行非正式的合作，尽管残暴的种族隔离政策横行。比勒陀利亚与美国有共同利益，那便是在新独立的黑人国家中控制基辛格所谓的"革命形势"。1975年葡萄牙人最终从安哥拉和其他南非地区撤出，基辛格建议福特总统形成秘密援助机制推动"和平过渡"到独立政府，保证其"稳定"且实行"与美国相互合作，保持友好的政策"。

基辛格明确指出，反政府的民族主义战士若纳斯·萨文比愿意与美国、南非甚至中国合作，对他的支持便是这一政策在安哥拉的应用。萨文比强烈抵制在该地区不断扩张的古巴和苏联的影响。非洲俨然成了国际冲突的战场，在这片陆地上有多达30000名古巴士兵浴血奋战，还有越来越多的武器装备从海外运送而至。在后殖民主义的混乱中，基辛格认为迫切需要表明友好的立场。紧抓着民主主义或者健全政府的抽象概念不放的政策,根本起不到任何作用。基辛格需要有所行动来保证美国在这样暴力泛滥的时期仍然把握着对这一地区的控制杠杆。"看,"他警示下属,"在这样革命性的时刻,如果一个伟大的国家不能提供军事上的援助,那意味着它将从此不再相干。"南非士兵抵制美国在这一地区的干预。

在拉丁美洲地区,基辛格试图通过抵制不断壮大的菲德尔·卡斯特罗政权来稳固其控制杠杆。在他的指挥下,美国长久以来推行的支持"温和的"地区领导人的政策得以扩展,这些人物要抵制马克思主义影响,保护美国的财产并且与美国合作。20世纪70年代初,政治领袖大批涌现,不断挑战既有规则。尤其是智利的萨尔瓦多·阿连德,他迫使基辛格找寻强大而可靠的人选与之对抗。基辛格在拉丁美洲的军事武装力量中,寻找那些野心勃勃,愿意对自己民族的人民使用冷血的暴力手段来镇压改革,进而壮大自身力量的人。基辛格充分认识到这些情况,授权美国官员同当地军事领袖进行联系,建立秘密渠道,作为巩固美国影响力的砝码。尼克松总统认可了这一方式,他解释称:"我绝不同意任何削减美国在拉丁美洲的军事力量的政策。它们是我们影响之下的权力中心。"

这些秘密军事渠道以维护地区稳定之名,抵制政治开放。美国秘密地提供支持——包括武器、资金和宣传——发动政变,用以阻止基辛格所谓选举产生的智利新政权。基辛格警告说,如果不采取行动,阿连德便会"巩固其地位,进而把矛头朝向我们"。尼克松详细解释称:

> 如果智利按照我们预料的那样发展,并且能够摆脱我们——我们在这一地区的公众形象非常重要——那将会给拉丁美洲其他持观望态度的人以鼓励……他们可以脱离我们的控制,而且这样做了也

没有什么后果，我们绝对不允许在拉丁美洲留下这样的印象。全球范围内兴起的摆脱我们的潮流太多了。我们并非敏感，但我们的反应必须要理智而正确。我们得要表现出我们的不满，我们绝不能容忍"见鬼去吧美国佬，但祈祷他们别滚太远"。有些时候我们应该也必须要反抗，倒不是因为我们想去伤害谁，而是告诉他们我们是甩不掉的。

1973年9月，尼克松和基辛格并没有组织推翻阿连德政府的政变，而是建立了以奥古斯托·皮诺切特为首的军事镇压政权。而这一政权，实际上促成了这场政变。基辛格通过了一系列中央情报局的行动纲领，包括"挑拨离间支持阿连德的团体及个人"，"利用阿连德的弱点和敏感招致批判"以及"在智利军事力量中"扩大联系。政变之后，中央情报局局长威廉·科尔比承认："美国的政策是保持最大限度的隐秘施压，以阻止阿连德政权的巩固。"中央情报局的行动包括"向智利各派政党、媒体及私营企业提供高达6476166美元的资金支持，用以反对阿连德政权"。科尔比主张"在建立新的军事政府的过程中，中央情报局不要直接出面"，美国政府在"对立政党及媒体的生存上给予了极大帮助"。科尔比刻意避免了美国与智利军方的合作，而实际上这一点在此次政变中起到了"关键性作用"。

基辛格所支持的智利、南非及其他第三世界国家政权在其国内实行残暴而频繁的暴行，对此基辛格虽没有大加赞扬，但也不妨碍他与这些领导人发展私交，他看中他们的铁腕手段且能有效操控手中的权力应对自己和美国共同的威胁。1976年，基辛格向受到美国援助的军事集团表示感谢，认可他们在智利、阿根廷和其他拉丁美洲国家发动的大屠杀。不过他却私下跟阿根廷外交部部长恺撒·古萨迪解释称:"我们密切关注阿根廷局势。我们希望新政府一切顺利,希望它能够成功。我们将会尽我们所能予以帮助。我们知道你们身处困境,这一时期非常特别,政治活动、犯罪行为以及恐怖袭击涌现出来,而且混杂一团,界定不清。我们明白你们必须要树立权威。"

而后,基辛格接着解释了他维护地区稳定的职责,尽管要求美国不要插手的公众舆论压力极其"疯狂"。"阿根廷的稳定对于我们半球来说十分重要,这是毋庸置疑的,这是根本……我们并不希望侵扰你们。我会尽我所能。当然,你们要明白,这样便意味着我们会受到侵扰。但是,我发现了,在人身攻击到达一定程度后,你反而变得无懈可击了。"

20 世纪 70 年代美国政策的政治"入侵"促使基辛格与地区领导者合作。他们是美国实行其干预政策的可靠选择。因为摆脱了民主的统治,所以实际上,与那些较民主协商的政权相比,这些独裁者没有了公众的严密监督,他们更容易做到。基辛格与智利的奥古斯托·皮诺切特和南非的约翰·沃斯特等人秘密接洽,有助于规避基辛格认为的美国权力的弊端,尤其在国内动荡时期。这些领导人将扮演地区"警察"的角色,强化他们所在的政府与美国政府协商确定的共同准则。"我们面临着,"基辛格于 1973 年向南非外交部部长解释称,"凄惨的境遇,整个世界都充斥着政治陈词滥调和社会教条主义……我会让我的国务院官员们控制他们的传教士热情,避免冒犯你们。"基辛格后来袒露,在他看来,南非和美国面临着相似的内忧外患,"虽然(两国)采取了不同的应对措施"。

"不同的应对措施"反映了在维护地区稳定问题上,美国的间接帮助与当地政权暴力解决之间的界限。这样便将基辛格和其他美国官员从他们所支持的暴力行动和大屠杀上摘离出来。在回忆录中,基辛格强烈否认了自己与这些事件的关系,包括1973年智利的政变,拉丁美洲对不同政见群体的"非法勾当",南非种族隔离制度的延长。在以上所有事件中,基辛格都没有控制当地事态的发展,也不决定其后果。他所做的,其实是将美国的政策加之第三世界国家,动用其地区力量为美国的国际利益服务,通常他们各自国家都付出了沉重的人力代价。这是基辛格有意做的交换,他坚信自己要捍卫美国的全球地位,同时又能解决美国国内反对使用武力的声音。面对他认为的针对强大而高效的外交政策的广泛改革,基辛格创造性地完成了自己的革命——将权力赋予那些被选中的领导者。

  智利、阿根廷、南非、中国和其他国家忍受着这一改革的弊端,而美国却以最小的代价享受着这一改革带来的在地区控制力方面的福利。美国没有在东南亚投入五十多万士兵,而是给奥古斯托·皮诺切特和他的其他第三世界伙伴送上一袋袋现金和一箱箱武器。皮诺切特利用美国提供的这些资源建立了国内的恐怖统治。智利的一位历史学家解释称:"智利的镇压行动规模大、种类多。在一个1973年只有1000万人口的国家,国家机关(或者他们雇用的人员)记录的死亡或失踪人数多达3000人;酷刑受害者成千上万;有记录的政治逮捕超过82000人;流亡人数高达200000人。这些还是最低估的数字,只能算是更大数字的基底线。"在阿根廷以及其他美国的第三世界盟友所发生的镇压,也达到相似数量级。

  美国国会在对实行恐怖统治的国家的援助上束手束脚,基辛格对皮诺切特讲:"我们非常同情你们的遭遇。我想上一任政府是想朝共产主义方向发展,希望你的这任政府一切顺利。但同时,我们也面临着巨大的国内问题,政府的各个分支都问题不断,尤其是国会,对于人权问题提出各种质疑,行政机构也遇到同样麻烦。你知道的,国会内部现在正激烈争论,想要进一步限制对智利的援助。我们是反对的……我们不想掺和你们的国内事务。"

  这一政策并非基辛格首创。在冷战时期,美国频繁地与反共产主义的领导者合作。基辛格弱化了反共的重要性,而是强调国际稳定,至少是维护美国的国际影响力。他对第三世界的铁腕人物的支持,更加贴近美国的外交政策。经济发展项目和民主化活动已经很难接收到美国的援助。1973年基辛格当上国务卿之后,国务院也转而反对这些活动。政策的个人化与地域责任的划分,将美国从一个前后矛盾的第三世界政治改革的倡导者转变为地区势力坚定的支持者。所谓"政治家才能",在这一情境下集中表现为对雇佣军事力量的领导力。

争 议

第三世界国家、美国以及西欧对基辛格提出的"政治家才能"的抵制引发了人权运动风潮——与此同时,在与皮诺切特等人的交谈中,他完全忽略以上要求。美国同伙在智利制造的暴行,加之越南战争中所遭受的痛苦,在20世纪70年代国际社会开始广泛关注外交政策中的人为影响。智利发生的暴行之所以反响强烈是靠着居住在智利的国际社会群体。智利居民与美国和西班牙等其他国家有着密切的家族关系或者工作联系。他们利用个人关系网散播皮诺切特镇压行动的消息,谴责基辛格对这一政权的支持。200000政治避难人士乘坐飞机逃离智利,有关死亡人数的消息迅速传出,无法忽视。

如果说20世纪30年代的纳粹难民进入了美国军队和其他国家机构来反抗法西斯主义,那么20世纪70年代第三世界的政治暴行避难者则在非政府组织中找到归宿。国际特赦组织是主要的非政府人权组织之一,以它为例,1974年至1976年其成员数从3000人扩大至50000人。佩佩·扎尔奎特便是新崛起的活动家的代表。他于1976年逃出智利,加入了国际特赦组织美国分部的委员会,最终成为该组织全球执行委员会的领导人。乔·尔德里奇在智利政变时任职卫理公会牧师,是新兴活动家关系网中的另一位代表人物。"我第一次听到人权这词是1973年9月11日,"他回忆称,"当时三分之一的智利人民突然丧失了这一权利。那一天是分水岭,这一决定性时刻让我知晓什么是对人权的践踏,它给我了驱动力。"尔德里奇移居到华盛顿特区,他在拉丁美洲驻华盛顿办公室工作——是基辛格在职期间涌现出的众多人权组织之一。

这些新崭露头角的倡导人不断在媒体和大学校园曝光，时间特意安排在国会委员会召开之前。用两位支持者的话说，他们提供了"越南战争时期的激进主义"与后来反对美国政策之间的桥梁。截至1975年，他们成功地促成两项限制美国对智利进行援助的国会决议：1974年的《肯尼迪修正案》，限制对皮诺切特政府提供军事支援，而后限制经济援助；1975年11月的《赫尔辛基修正案》，禁止对违反人权的政府提供援助。有关国会立法的友谊委员会是存在已久的游说组织，热衷于拉丁美洲事务，撰写了《哈金修正案》的初稿，通过各种协调使其通过国会决议。到20世纪70年代中期，非政府组织已然找到限制美国国会政策的强有力的立法机制。

人权运动家们也获得了华盛顿州议员亨利·杰克逊强有力的支持，为他们发声。虽然约翰逊更多地关注苏联问题、反共产主义问题和他自己的总统野心多过拉丁美洲非政府组织的活动家，但他站出来批判了美国与被镇压国家领导人之间的合作。他将贸易和援助作为证据，证明国外政权在改善其国民的待遇。以苏联为例，杰克逊议员要求苏联方面允许更多犹太人移民国外，作为回报苏联将获得与美国贸易上的"最惠国"待遇。基辛格之前答应给予苏联领导最优惠的贸易政策，但他不得不追溯到1974年对《贸易法案》的《杰克逊—瓦尼克修正案》。基辛格的政策激发出人权批判风潮，杰克逊既是这风潮的产物，也是创造者。

杰克逊和其他国会成员迫使基辛格在国务院增设了一个新的岗位——"人权及人道主义事务联络员"，很快又升级为国务院人权副秘书长。20世纪70年代，公共利益倡导者协助国会参议院政府运作特设委员会发表了两份史无前例的报告，详细阐述了中央情报局在智利的秘密行动。基辛格在入职第一年塑造了外交政策方面的公众舆论，但现在却发现自己身陷人权运动者的声讨之中。他们修改了公众议程。

这些对于美国政策的抨击,在基辛格看来是一种"孤立主义"——"我们的定位太过堕落,以致无法参与国际政策"。基辛格以一场公关活动作为回应,其核心是一系列"感人肺腑的演说"来解释他行动背后的道德目的。1975年夏天到1976年夏天,在繁忙的外事访问日程之外,基辛格到达多地对民众进行演说,包括密尔沃基、明尼阿波利斯、辛辛那提、匹兹堡、底特律、旧金山、达拉斯、芝加哥以及西雅图。在底特律,他号召民众:

> 结束自我鞭笞,因为这已经对美国的外交能力造成了极大伤害。是时候摒弃某些孤立时期以来的错误观念:比如认为我们总在被外国人欺骗;担心对盟国的军事援助会导致我们无法脱身;用国防支出太过浪费且会引发冲突作为借口;被传言所欺骗,认为美国情报局是违背道德的;怀疑外交政策的保密是为了欺瞒民众;还有认为只要动机纯洁就可以获得安宁,而这在历史上从未有过先例。

基辛格刻意回避了"人权"字眼。在提及美国对第三世界国家的领导人充满争议的援助时,基辛格辩解称:"我们必须保证国防力量,对其他国家谨慎地给予经济和军事援助带给我们富有成效的政治红利……在这样动荡的时刻,在迫切呼唤灵感的世界,我们国家有责任创造性地发挥我们的领导力。"

通过军事和外交力量达到思想灌输的目的,以及铁腕领导人的忠诚度,是基辛格思想贯穿始终的要素。为了捍卫自己的政策,他重新阐述了这些核心观念——也就是他的基本世界观。基辛格的演说受到媒体的赞誉，但却未能说服国内外的听众。他承认，稍微有些为自己开脱的意味，认为在越南战争和水门事件之后，他没办法通过快速的道德洗白来满足公众的要求。"我们肯定了循序渐进，而批判者们迫切要求付诸实践。"

在美国外交政策有关人权问题的批判不断累积，是更为深刻的社会变革的前兆。在基辛格看来，20世纪中期出现的跨大西洋群体为思想流动和影响力传播提供了引擎。基辛格的职业生涯反映了冷战政策专家们强大关系网的进一步壮大——大家有"西方文明"的共识也都需要在国防中使用武力。对那些第三世界国家脱离出来的不同政见者和悲天悯人的观察家们来说，心怀不满的民众组成的跨国组织的发展，成了获得认可和宣传思想的另一条道路。20世纪70年代这些组织开始活跃，随后的几十年见证了他们生机勃勃的关系网的发展壮大，其矛头指向的不仅是基辛格的政策本身，也包含提供了他职业发展基础的社会政治框架。

1975年8月，尽管美国和苏联起初反对，跨国力量仍旧成功地促成了人权法案《欧洲安全合作会议最终法案（又称"赫尔辛基协议"）》的编纂，标志着新兴倡导者力量登上历史舞台。正在上升的这一政治群体认为冷战策略及其理论基础是欧洲内外镇压行动的根源。他们认为基辛格是最典型代表，他虽然沿承了欧洲世界观但现在的表现却不足为信。逃离纳粹德国的犹太难民已然成为旧时政治；抗议越南战争、逃离拉丁美洲和非洲的暴行以及支持赫尔辛基协议的人权活动家们才是最新潮流——至少在当时看来是这样。

基辛格的政策体现了他成长时期开始累积的智慧和经验，其中突出的特点是对民主制度由来已久的质疑,对文化的等级观念、对国家权力的信任以及对政治混乱的恐惧。这是一个中产阶级犹太男孩在目睹了反对犹太民族的残暴以及公民政治的缺陷后,产生的个人担忧,所有这些都透过以上观念捕捉到。他的政策忽略了大众群体与之截然不同的关注点,常常在人们反抗殖民主义残余势力、与贫穷和剥削作斗争的过程中保持沉默——尤其是对欧洲之外的国家。而同时,基辛格的政策又吸引和加深了对这些斗争活动的关注。他非常明显地将人权问题从他的战略政策中排除在外,反而让它更加突出。直到职业生涯结束,基辛格仍旧坚持彻头彻尾的犹太思想,注意力集中在民主的缺陷和"领导人政治才能",即使是20世纪末简单的"人权谈话"都让他倍感不适。

基辛格革命历程回顾

我们该如何回顾基辛格的外交政策？真如某些人所宣称的那样，他是战争犯吗？

总的来说，基辛格是革命家。"我认为，"他对记者詹姆斯·赖斯顿说，"历史把我放在了一个关键位置，在这样一个从战后废墟向新的国际秩序转变的时刻。"基辛格凭借他冷战时期早期的亲身经验来打造国家的未来。作为国家安全顾问和国务卿，他持续不断地变革着美国的外交政策。

第一，他将美国从越南战争的泥潭中解脱出来，虽然付出沉重代价，但至少达到了全新的目的。他将军事镇压与和平谈判结合起来，从根本上改变了反共产主义的牵制政策。他把与对手进行交流提到重要议程——与北越、中国和苏联政府——进行面对面的谈判，而非单纯依靠武力将其隔绝。在发生冲突区域，他努力促成双方相互退让，而非一方的单独胜利或失败。基辛格强化了外交上一个全新的或有争议的重点。冷战时期最后几十年的显著特色不是相互隔绝，而是高峰会谈。20世纪七八十年代，美国把自己定位为全球外交领袖，和不可或缺的谈判伙伴。它与世界上最强大的国家——苏联、中国、日本、西德和英国——保持着最友好的关系，而这些国家间的相互关系都不及美国。如果不是基辛格任职，这一领导力是绝对不可能达到的。

第二，基辛格重新定义了国际事务中武器的使用。在他的指导下，美国推翻了之前所承诺的"不惜一切代价"。按照基辛格自己的论述，他改变了打击敌方的基本战略思路，更智慧，或者更准确地说，更精准地使用了军事力量为政治目的服务。在对待越南、苏联、中国和其他第三世界国家问题上，基辛格设计通过最有限的军事演习，达到谈判桌上最大程度的威胁。军事力量是最主要的谈判资本，但却无法解决分歧。而这样缓和的政策使得美国可以接受其对手的存在，并且将自己的实力变成有竞争力的控制杠杆，取代了非生即死的争斗。

第三，也是最为重要的，基辛格使对外交政策的日常管理免于公众的干预。在当时美国国内各个阶层各种动荡的情况下，这一功劳不容小觑。这要求美国政府内权力高度集中，需要具备几乎超人般的能力在各项具体事务中不断切换。对外交政策的保密，使得美国在社会动荡时期仍旧可以保持外交的一致性和灵活性。尽管干扰不断，它仍旧为快速打破既有的行为模式提供了基础。在水门事件的那些黑暗的日子里——当总统先生，用基辛格的话讲，表现出"自杀式心理状态"的时候——是他控制着局面，将宏伟的战略继续向前推进。暂且不论基辛格政策的本质是什么，这已经可以说明他在一片混乱局面中创造有利机会的超常能力。

基辛格创造性地进行了外交政策改革，为整个20世纪塑造了典型。包括罗纳德·里根在内的基辛格的继任者，一边谴责基辛格的同时，认为他对限制政策太过强调，一边又继续发展基辛格所创立的人际关系网和军事演习。虽然争议缠身，但在基辛格离任后的很长一段时间，他仍旧是全球最具影响力的外交人物之一。

成千上万的人因基辛格指挥的行动而丧命。他对美国声誉和影响力的关注，断绝了和平的可能，尤其在越南和智利。同时，基辛格忽视了对人权问题的立法，对广泛存在的批判国际秩序等级划分的声音也置若罔闻。这些是他社会想象力的缺陷，未能将外交政策改革与普通民众以及第三世界国家的社会变革结合起来。对于来自他所不了解的群体的挑战，以及与他根本观念和自身经历相冲突的想法，他无从应对。他是富于革命精神的战略家，但同时也是保守派的思想者。他的身上混杂了创造性的政治决策以及德裔犹太人的教化。他不断试错，但不是战争犯。

第六章　从德国到耶路撒冷

1973年9月22日，亨利·基辛格成了美国国务卿。1969年以来，他便在美国外交政策的制定中起着主导作用，不过是以理查德·尼克松的国家安全事务特别助理的身份——关于这一身份，基辛格解释称："这一职位是总统的私人助理，未经议会认可，完全倚仗总统本人的意愿，而且是私密的。"国务卿的位置给了基辛格名正言顺的身份，在美国政府内一大群外交家和其他外交人员中树立威信。更为重要的是，基辛格从美国政府中一个隐秘的身份，上升为备受尊重的公开的位置。他现在的职位，便是托马斯·杰弗逊、约翰·昆西·亚当、迪安·艾奇逊和其他伟大的历史人物曾担任过的。

基辛格对自己继任如此重要的公开职务十分感慨。他从未担任过如此显赫的职位。实际上，他是第一位把控美国外交政策的外国人。尼克松在基辛格的就职仪式上介绍他的时候，说这是"近期最为重要的时刻，我们必须把美国当作整个国际社会的一部分，而且历史上第一次出现由美国移民担任国务卿"。在父母、孩子、兄长的陪伴下，基辛格难掩其激动的心情。《纽约时报》报道称他的声音"因激动而颤抖"：

> 总统先生，你提到了我的出身，没错，我想世界上找不到第二个国家可以接受我这样身份的人站在总统旁边。如果说我的出身能够为制定政策有所贡献的话，那就是在很小的时候，我便目睹了一个建立在仇恨、强权和不信任基础上的社会将会遭受怎样的后果。而我经历过，也深知美国对其他国家人民来说意味着什么，它是希望，是理想。所以，为了能够在您的领导下追求和平，总统先生，我们不仅要解决这样那样的实际问题，还要知道，美国只有超越自己，才能够真正对得起自己。

基辛格在回忆录中写道，他的父母"像做梦一样"观看了就职仪式。"他们从自己的国家被赶出来；有13位家族成员成了种族偏见的受害者。他们完全无法相信35年之后，他们的儿子被任命为我们国家最高的行政职位。"基辛格达到了多么高的高度啊。

在这样一个特殊的荣耀时刻，基辛格选择强调自己的移民背景、遭受民众褊狭的经历以及保护美国社会名誉的决心，同时他也刻意避免提到自己的犹太背景。在第二天与尼克松的电话中，基辛格甚至因为尼克松未提及他是犹太人而表示感谢。

> 尼克松：当你说只有在美国，你这样出身的人才有可能站在总

统身边的时候，肯定会引起不少共鸣，不过，虽然这样会让相当数量的人感到受用……但怕是触动不了那些刚好有犹太背景的人。

基辛格：是的，而且您没有提到这一点，我非常感谢。

尼克松：当然不会提。这就是关键所在：就是要让你触动各个背景的人，可能是意大利人或者其他谁。他们可能会因为这件事感到一些些自豪……我们对这一政策所赋予的理想主义非常好。虽然你我都知道亨利在胡说八道，但这一点就是很重要。

这一时刻概括了基辛格的整个职业生涯。他与跟他一样质疑公众舆论价值的人共事，从而到达权力和影响力的顶峰。尼克松只是认同基辛格理念的众多国际人物之一，他们都认为要强调强大的领导力，而非呼唤公平与人权的简单口号。

那些炮轰尼克松政府所谓的违反道德和法律的罪行的记者们，不这么认为。他们认为这威胁到了国家权力的实行。基辛格加剧了尼克松对媒体的敌意："我太瞧不起那些杂种了，总统先生，他们竟然追问我水门事件。我说你们如此玩弄国家的最高权威，肯定要付出代价的。"

基辛格德裔犹太移民的经历引发了他对于民众攻击政治权威的担忧。他担心国内秩序"自杀式"崩溃，进而引起社会动荡和政策瘫痪。1973年7月，他严肃地谈及水门事件风声最劲时期对美国政府的指责："近15年来，在任何危急关头，我都从未真正担忧过，但现在我深切地相信，我们将会遭受无法挽回的损失。"他警示大家美国即将衰落；国家已然在"悬崖边缘"。

基辛格试图通过恢复国家领导力和转移国内不同政见的注意力来挽

救美国。他的职业发展便运用了同样的途径。基辛格从华盛顿高地爬到白宫内部,靠的就是结交强权人物以及规避对移民、犹太人和其他社会群体的敌意。他全身心投入到他自己所说的美国社会的"希望"和"理想"中,但他在实现目标的过程中强调的是强悍政策和实用主义。自以为是和多愁善感并不能拯救菲尔特地区;在基辛格看来,他们极具威胁性,会在美国引发同样的问题。基辛格作为国务卿,努力建立国际实力和维护国家团结,而非自我怀疑和种族特殊主义。

面对那些对犹太忠诚度持怀疑态度的人,基辛格好似在走钢丝,既要强调他个人经历所得出的普适"教训",又无法说明具体是怎样的行为导致了这一结果。他既要将德裔犹太人的经历中所获得的智慧表达清楚,又不能明确地提及德国和犹太特点。尼克松增加了这一努力的难度。虽然他自己多次(通常是负面的)暗示基辛格的犹太背景,但却劝说基辛格对这件事闭口不提。纵观基辛格整个职业生涯,在白宫政府内他都避免大家知道自己的犹太背景,因为担心公众和其资助者会有过激反应。20世纪70年代美国国内的争论只是加剧了这一趋势。

因此,在尼克松政府最初的几年里,基辛格都有意克制对中东政策的干预。阿拉伯-以色列冲突引发了对他忠诚度的担忧。美国政府内从未有过与冲突的一方有着精神联结的人,而且还担任如此重要而充满争议的角色。基辛格一开始便将中东政策的领导权交由他国务院的继任者威廉·罗杰斯。而实际也是如此,20世纪70年代之前,他所有的论述中几乎找不到任何有关以色列及其邻国的公开表述。他刻意与这一地区和种族政治保持距离。"我入职之后,"基辛格承认,"几乎从未过问过中东问题。我从未访问过任何一个阿拉伯国家,也对中东谈判知之甚少。"基辛格对犹太社群略微熟悉。"1969年前，我个人对这一地区的接触仅限于20世纪60年代对以色列三次简短的访问。"

尼克松认为基辛格的犹太背景是美国对待中东问题的不利因素，他质疑自己这位顾问的立场。基辛格回忆称，总统"怀疑我，担心我的犹太背景会让我过度偏向以色列"。与处理其他地区的问题不同，在中东问题上，尼克松将基辛格限制在"制定规划"阶段，几乎不让他触碰任何政策实施。总统先生不相信在美国的犹太说客和以色列政府，也不信任自己政府内可能支持犹太民族的人。他将基辛格和这些群体联系起来，要求他发挥"对这一群体巨大的影响力"。"他太让人抓狂了，"基辛格向他的前任军事助理以及总统的首席参谋长亚历山大·黑格抱怨，"他让我给犹太领导人打电话……就是犹太组织的头脑。你知道这只会适得其反。"

在基辛格就职国务卿两周后，以色列和其阿拉伯邻国间的战争就爆发了，迫使基辛格不得不直面自己的犹太背景和他作为美国政治家在冷战中进行的一系列活动间的关系。此时的美国总统在国内被水门事件所纠缠，在国外又有意扩展中东的冲突，因此在这场犹太人和阿拉伯国家争夺圣地的斗争中，基辛格成了最有分量的中间人。这让他十分纠结，一方面他个人对犹太人民许过誓言，另一方面又有保持公平公正的政治压力。"我永远都无法忘记，"基辛格解释称，"我的13位家人死在了纳粹集中营。原本用心良苦的政策因为失控而引发另一场大屠杀，而我还鼓励了这样事情的发生，这是我无法忍受的。绝大多数以色列领导人都跟我有私交。"在回忆录中基辛格自省："我不得不牺牲自己的个人情感，以国家利益为重。而事实上，考虑到历史上对我们民族由来已久的质疑，我更加有义务这样做。可做起来并不容易，甚至是痛苦的。可是，从长远看，以色列只有服从美国的战略利益,才能长久生存下去,而不是靠一时感情用事。"

以色列和阿拉伯领导人可并不总这样想。伊扎克·拉宾是以色列驻华盛顿大使,也在20世纪70年代担任总理,他回忆称基辛格与以色列间的关系反而给基辛格带来困扰和失望:"他在以色列并不被人理解。很多人经常忘记了他是美国的代表,而非流亡在外的犹太人。他遇到各种非分要求,通常我们对待他并不友好,国家官员和普通民众也是如此。"

阿拉伯领导人也对基辛格寄与过高期望。他们认为凭借他的犹太背景,他完全可以控制以色列和美国政策。1973年10月30日,基辛格在与埃及外长伊斯米尔·法赫米会面时,保证"推动以色列"与开罗达成协议。虽然法赫米怀疑基辛格有反阿拉伯倾向,他还是回答称:"我们相信你,基辛格博士。我们对你有信心。"法赫米所相信的并不是美国的善意,这一点他是怀疑的,他所相信的是他知道基辛格在努力维护中东的和平稳定,艰难地平衡以色列和阿拉伯国家间的实力。"我不相信压制我们对你有什么好处。"法赫米解释道。他认定这位美国国务卿会向以色列施加压力,以解决之前美国政治家们所未能搞定的问题。

基辛格明白犹太阴谋论反而提升了阿拉伯的国家形象,甚至提高了对他个人的尊重。1973年10月中旬,战事持续,基辛格准备首次访问中东阿拉伯国家,他注意到埃及政府迫切希望参与到这次访问中。在与国家安全事务特别助理副手布伦特·斯考克罗夫特谈话时,基辛格问:"你听说埃及了吗?他们已经准备迎接我到来了。"

  斯考克罗夫特:太棒了!真有他们的。
  基辛格:在阿拉伯世界,我成了某种神话人物。阿拉伯人还当我是魔术师呢。

斯考克罗夫特：没错，现在是不可能的。

虽然斯考克罗夫特言辞小心谨慎，但基辛格在中东将不可能变成了可能。他与以色列、埃及、沙特阿拉伯、约旦和叙利亚各国领导人建立起个人联系，大力推进外交进程。在20世纪五六十年代与欧洲精英阶层的关系中，以及20世纪70年代早期与北越及中国领导人的交往中，基辛格都把自己定位为不同国家间不可或缺的桥梁人物，在相互退让的共同前提下，传达并协调他们各自的需求。他建立起相互依存的个人关系网，而他是这关系网的核心人物。他们互敬互重，甚至还发展出私交——包括那些质疑他犹太忠诚度的人。虽然饱受批判，基辛格还是让以色列政府相信，自己是他们所能遇到的最富于同情心的美国国务卿。他说服阿拉伯国家领导人相信，仅靠他自己，便可以让这一地区版图发生变化。

对于中东国家来说，基辛格既是政治上的圈外人，又是情感上的自己人。这一复杂但有效的方法，让不同宗教信仰的双方坐到谈判桌上。通过有名的"穿梭外交"，而实际上基辛格也确实是怀揣着各项提议从一个国家的首都到另一个——去宣扬、去诱导，必要时威胁对手接受战略让步。

坚持不懈带来巨大回报。1973年10月末，基辛格帮助阿拉伯-以色列战争双方达成和强化了停战协议，缩短了战争周期。在这一过程中，他将苏联边缘化，并且增强了美国在这一地区的影响力。在基辛格的领导下，美国成为中东地区最突出的国外势力。美国的施压，促成了两位宿敌达成协议，确立稳定的关系。埃及和以色列撤销战备状态，开始和谈。美国为双方国家提供安全保障以及大量的国外援助。叙利亚与以色列间仍保持敌对关系，但两国在直接军事冲突方面有所克制。沙特阿拉伯虽然在1973年战争期间参与了石油禁运，但也同意为埃及和以色列提供支持，以改善各方关系。沙特政权同时成为美国及其盟军可靠的石油来源。在阿拉伯-以色列战争之后，基辛格的外交政策将和平与稳定带到了中东地区，而各方面条款都利于美国的发展。在基辛格的努力下，这一地区实力最强的国家间不再相互争斗——与1956、1967、1973年的情况大不相同。

　　这些是伟大的成就，是美国其他任何政策决策者所不能及的。然而，这还是未能解决阿拉伯-以色列的冲突问题。阿拉伯领导人不断想要收复圣地，破坏以色列国家，还指责美国阻止了他们的行动。以色列继续争夺更多领土，以寻求安全感应对其邻国的侵扰。以色列领导人和民众指责美国阻止了他们的行动。很多美国人民，包括大量非犹太人在内，开始相信美国政府必须向以色列提供绝对保障，以免1973年的事件重演。他们将矛头特别指向了基辛格，认为他妨碍了这一行动。最为重要的是，以色列占领区以及阿拉伯专制统治区的人民开始寻求机会挑战该地区的镇压政治，进行改革。巴勒斯坦和该地区其他人民指责美国支持这些非法政权，破坏政治运动的进程。跟在其他第三世界国家的情况一样，基辛格在这些国家所取得的成就，激发了该地区人民以及美国国内人民的强烈反抗。

　　基辛格的成败皆因同一个特质。他在不同国家间斡旋以及说服铁腕领导人的能力，使他成为20世纪最显赫的中东事务外交家。他将自己的犹太背景转化成为说服以色列和阿拉伯国家的资本。基辛格处理各个国家间问题独创性的方法，让他脱离了在他政策下生存的普通民众。他花费了大量的时间和精力作为美国国务卿穿梭在各国首府，却无法深入群众。他是电视屏幕上、各大报刊中有关阿拉伯、犹太以及美国社会事务的热门人物。人们对他充满了各种幻想和敬畏，却未能获得"普通"民众的信任。这样一来，不论是那些对以色列有偏向的人，还是那些过分顺从非犹太诉求而试图予以过度补偿的人来说，基辛格的犹太身份都成了攻击对象。作为桥梁人物（或者"内行局外人"），基辛格引发了来自各个群体的民族主义者的质疑。

这一现象并非仅在中东出现，也不是只在基辛格担任国务卿之后才有。他的一生都面临着类似的掌权与被排挤的矛盾。从菲尔特地区到耶路撒冷，基辛格的德裔犹太人身份强化了他身上的各项技能，也招致深刻的质疑。基辛格学习将这双重特质转换为优势，尤其是在与外国对手谈判的过程中。通过这种方式，他极大地扩展了美国的全球影响力。但同时，他也激起了对美国的广泛反抗。

以上便是当代中东地区的政策发展——也是基辛格最持久、最错综复杂的遗留问题。他的政策为这一地区未来的稳定局面和冲突的解决确立轮廓。他的行为让人们寄希望于美国的调解，同时也激起了民众对美国插手别国事务的愤恨。基辛格的职业生涯始终面临着对其成就既肯定又怀疑的复杂局面；同样的，在今天，世界各国对于美国也是既被吸引又心怀嫌恶。在基辛格时代，美国在世界上是处于既必不可少又招人憎恨的位置。21世纪，美国充满争议的国际地位，也受基辛格在中东地区的遗留问题的影响。

阿拉伯国家与以色列的战争

跟众多观察家意见一致,基辛格预测会有另一场中东战争,但1973年10月6日上午,当他听说埃及、叙利亚及其盟军发起反击的消息时,还是大为震惊。他不相信他们可以在战场上打败以色列的军事力量。1967年的六日战争已然将阿拉伯国家的弱点暴露无遗。埃及和叙利亚简直是"疯了"才会挑起一场他们不可能获胜的战争,基辛格这样认为。尽管以色列人民没有做好在赎罪日这样一个犹太宗教节日抵御袭击的准备,但我们这位国务卿仍然相信,这次的结果会像1967年一样,以色列军队不出几天便会占上风。

战争爆发前,以色列领导人也是如此低估了阿拉伯国家的军事能力。他们错误估计了对手在战场上挑战自己已被证实的优势的能力。他们甚至还怀疑不同的阿拉伯国家间能否顺利配合有效发动攻击。即使在1973年10月6日凌晨,当埃及和叙利亚武装力量做着最后的战斗准备的时候,以色列总理果尔达·梅厄夫人还是坚持取消了先发制人的军事打击,她的前任在1967年战争中便使用了这一战术。她相信以色列可以击退阿拉伯国家的攻击,而且也意识到保持防御姿态的重要性。"如果我们先发动攻击,"梅厄夫人向她的顾问们解释称,"我们便无法从其他人那里获得援助。"她意图击退阿拉伯国家的入侵,获得美国及其他国家的支持。

阿拉伯军队的战斗力比美国和以色列所预想的要强。战争第一天他们便深入以色列控制的西奈半岛(跨越苏伊士运河)和戈兰高地。他们势头正猛,而且大有扩大胜利范围之势。以色列军队战无不胜的优势很快消失。形势紧迫,毫无组织可言,而且充满不确定性。以色列国防部部长摩西·达扬在调查了本国在战场上的失利情况后提出警示，阿拉伯军队取得的最初的这些胜利将会在阿拉伯国家争取到更多支持。很快他们国家 300 万犹太人将会面临 8000 万自信而狂热的阿拉伯人。"这是一场以色列对战整个阿拉伯世界的战争。"达扬宣称，他担心以色列将淹没在敌军的汪洋之中。

尼克松和基辛格虽然注意到了阿拉伯国家在战场上的胜利，但他们却并不像耶路撒冷政府那样担心。他们相信以色列会打破埃及和叙利亚的优势，最终组织有效的反击。与战场上的具体细节相比，他们更关心美国如何能凭借这次危机进一步维护地区稳定，同时增强美国的影响力。在战争爆发的最初几个小时，基辛格在与总统谈话时说："最关键问题是要停战，然后利用这次机会看能否推进和解。"

> 尼克松：你指的是更大问题上的外交和解？
> 基辛格：是的……我想现在也不可能继续维持现状了。

尼克松和基辛格达成共识，他们应当保持"中立的态度"以促成最终和解。他们试图通过外交渠道在这一地区实现美国主导的和平局面。美国征询了苏联的意见，不会抢先行动"以获得先机"。通过一连串电话及面谈，基辛格与埃及和以色列代表展开了一系列密集的讨论，同时他们还联系了苏联驻美国大使阿纳托利·多勃雷宁。"你们的朋友真是太狡诈了，"基辛格斥责多勃雷宁，"在这件事情上我们非常严肃。如果你能告知你的同志们，我们将非常感激，烦请尽快。"

正如以上评论所表明的，美国保持中立态度，但并不意味着不关心结果。尼克松和基辛格达成共识，不容许任何一方以明显优势获胜。对于以色列的援助请求，美国起初各种拖延。基辛格提出让交战双方相互对抗"一两天，然后他们就会安静了"。之后在耶路撒冷一次次发来急切的援助请求之下，尤其出于对梅厄夫人个人的尊重，1973年10月13日，尼克松下令紧急空运调用军用物资。苏联对阿拉伯国家增加了援助，尤其是对叙利亚，美国的这一举动也是回应了这一点。在接下来的一个月，美国向以色列运送了11000吨弹药、电子设备和其他物资。基辛格原本想在美国与以色列关系上保持低调，但战争的压力迫使美国政府更决断更明显地表明了立场。

在美国供给的帮助下，以色列在回击阿拉伯军队的战争中占了上风。在阿里尔·沙龙的指挥下，以色列军队于10月15日攻破埃及的防线。10月16日晚，以色列士兵开始跨过苏伊士运河，进入埃及。他们还穿越戈兰高地的阿拉伯防线，进入叙利亚的领地。在这一转折事件后，基辛格向总统报告称"事情有所突破"。

撤退中的阿拉伯领导人转向美国，希望达成外交和解。通过这次冲突，美国政府已然获得了特殊的控制杠杆。以色列对美国的军事援助感恩戴德；相反的，因为所支持的阿拉伯国家战败，苏联在很多国家的声誉受损，而且与以色列国家也缺乏正式的联系。"所有人，"基辛格解释称，"中东地区的所有人都知道，想要和平，只有靠我们。"在赎罪日战争最后几天，基辛格准备将美国这一地位利用起来。

正如基辛格长期以来所宣扬的，他将武装力量与外交和谈结合起来——通过核武器威胁促成谈判。10月24日，苏联威胁要向中东地区派兵，随后基辛格将美国核武器和传统武装力量调至更高戒备状态。跟4年前发出的核武器警示一样,这一举动所传达的信息是,如果苏联向美国挑战,那么美国有决心也有能力发动"非理性"行动。基辛格用实际行动示范了他年初向以色列大使伊扎克·拉宾所提出的建议:"我发现,如果想要使用武力,多用30%比少用5%更有效……不管什么时候我们动用武力,都要做得稍微歇斯底里些。"

这一逻辑与1969年尼克松和基辛格打造的美国总统的"狂人"形象相符合。这契合了基辛格自20世纪50年代以来持续推动的在危机时刻使用核武器的策略。尼克松在水门事件丑闻中越陷越深,也强化了总统在动荡时期可能铤而走险的印象。事实上,这一丑闻极大地牵扯了尼克松的精力,他顾及不到核武器演习以及中东地区的整体外交政策。当时基辛格承认,他已然不再具备"总统的功能"。

与1969年10月那次不同,1973年10月美国动用核武器引起了公众的注意,与基辛格所希望的正相反。美国政府将其军队升至"三级戒备状态",仅次于真正发动核武器战争的等级。当被问及时,基辛格明确提到了对该地区稳定的威胁:"美国不会偏向也绝不同意苏美联军进入中东地区……美国甚至反对任何大国的单边介入,尤其是使用核武器,不论那些军事力量是以怎样的伪装和理由进入中东地区。"

最重要的,基辛格宣称美国将动用任何力量来达成这一地区的和解——不惜冒着使用核武器的危险。这是转折点,改变了1973年10月以来美国谨慎的外交政策。这同时也是基辛格在国际舞台上亮相成为中东问题最杰出的政治家的时刻。当阿拉伯和以色列停止敌对状态,所有的交战国以及观察家们都期待基辛格给出和谈解决方案。所有交战国都认可基辛格在确立该地区未来发展道路中的特殊地位——因为他在美国政府的影响力、他的国际视野以及他的背景。当美国总统被困在总统办公室,克里姆林宫的领导人也信誉扫地之时,是基辛格积极填补了这一空缺。

在赎罪日战争结束不到一年的时间,埃及总统安瓦尔·萨达特同时也是阿拉伯对以色列反击行动的主要幕后主导,把基辛格称为"魔术师","在中东地区"重新树立了"美国全新的形象"。"我不喜欢虚无缥缈,"萨达特私底下对基辛格说,"我想要务实。我对你有信心,你知道的。"

萨达特与阿拉伯"温和派"

萨达特是基辛格在中东地区的主要合作对象，以实现美国主导的稳定局面。在基辛格回忆录中，这位美国前国务卿记录了他对这位埃及领导人的赞美之情，二人于1973年11月7日首次会面，在阿拉伯-以色列战争停战仅两周后：

> 萨达特来了，身着卡其色军装，肩上随意披着一件大衣……他比我想象中更高更黑也更具吸引力。他浑身散发着活力和自信。这位农民的儿子身上有着天然的自信，举止高贵，与他的革命历史相匹配，他居高临下而且非常冷静。他神情极为平静。

萨达特向基辛格解释称，他之所以计划1973年10月6日对以色列的攻击，是为了夺回阿拉伯国家的尊严，并且让以色列信服不能仅靠武力来主导这一地区。这位埃及领导人对美国的消极态度表示困惑。1972年7月，他已经将苏联军队驱逐出国，希望美国可以在以色列与阿拉伯国家间调停。萨达特明白，阿拉伯发动战争以及与苏联联盟，只会促使美国加强对以色列的支持。他并不想与美国为敌，反而希望利用美国的影响力。萨达特所推行的策略是鼓励美国促成以色列让步，作为交换他承诺自己的国家将会努力促成该地区和平并且站在亲美派一边。"埃及是阿拉伯世界的头脑，"萨达特如是告知尼克松和基辛格，"我们打算进一步与美国改善关系。美国手中握着所有底牌，以色列应该会跟随美国的步伐。"

在赎罪日战争之后，这位埃及领导人正确预测到通过与美国合作来加强自身力量,与美国追求多中心的世界秩序完全相符。美国政府并不想直接控制中东地区,也不希望将以色列打造成地区霸主,与它的阿拉伯邻国相互隔绝。1973年战争让基辛格明白,中东需要的是多个强国——既有犹太国家又有阿拉伯国家,既富含石油资源又是贫瘠的沙漠——而且军事实力相当。这些国家的领导人要认可取得战争的胜利并不是目标所在,而是要寻求合作关系。根据基辛格长时间对于美国如何管理"灰色地带"的思考,他试图利用美国的实力来维持军事平衡,以稳定以色列与阿拉伯国家的关系。这便是总统先生向议会解释时提到的:"如果你的目标是中东地区的和平以及以色列的生存,那我们便不得不倚靠以色列的邻国。"美国继续在这一地区推进基辛格所谓的"外交革命",以"温和派的胜利"为基础。

萨达特正是基辛格需要的阿拉伯国家的"温和派"。基辛格在回忆录中提到他的时候说:"这人有远见有能力,能够合理地解决问题。"与对梅特涅、俾斯麦和丘吉尔等人的评价相呼应,基辛格解释称:"萨达特与生俱来的刚毅和孤胆气质,促使他推动着世界从他所熟悉的地方朝着未知方向发展。"为了取代宗教偏执与冲突,萨达特与基辛格努力寻求外交"正常化"——包括建立国家间共同治理的相互关系以及不同群体间的政治合作。基辛格坚信这是"化解自以色列建国以来中东地区冷冻态度的最好时机"。

萨达特将基辛格描绘成"真正的美国门面,是我永远希望看到的人"。用他的话说,他和美国国务卿成了"朋友"。"我们在相互理解上没有任何困难。"两人都希望保证埃及的实力,作为抵御阿拉伯极端主义和苏联干预的壁垒;两人都期待着中东地区的稳定,埃及和以色列等地区强国相互制衡,避免爆发战争,并且与美国合作。"我希望我们有所进展;促成完全和平的局面,"萨达特向基辛格以及尼克松总统的继任者杰拉尔德·福特解释道,"我希望由美国来出面,而非苏联。"

在萨达特看来,基辛格是"真正的美国门面",因为他钦佩基辛格的能力,而且他是犹太人。这位埃及领导人认定基辛格是国际上最出色的犹太人物这一地位,使得他对以色列产生独特的影响力。萨达特承诺由他来说服其他阿拉伯国家领导人,而他希望美国向以色列"施加压力"。埃及外长法赫米无视基辛格对于以色列不配合态度的不满,指出以色列总理"拉宾是你的人"。

萨达特希望基辛格让以色列接受把领土"逐渐"转交给埃及。他不仅预料到美国政府会凭借其军事和经济实力影响以色列的政策,而且相信基辛格会发挥他独特的个人影响力。基辛格是中东地区的局外人,可以为萨达特在交战国间斡旋;同时他又是犹太内部人士,可以从内而外推动以色列。基辛格的"内行局外人"特质对于强悍的领导人来说尤为重要,萨达特事件再一次说明了这一点。

基辛格并不否认他对以色列的个人影响力。当法赫米说"拉宾是你的人"的时候,基辛格回应道:"我需要几个月的时间来说服他。"这位美国国务卿承认了他与以色列总理的联系。这段对话的前面,基辛格将拉宾与赎罪日战争期间他的前任果尔达·梅厄夫人做对比:"他没有梅厄夫人的魄力,但他更有智慧。不过我们可以让他走上正轨……我们需要几个月的时间来搞定他。"

基辛格在开罗、耶路撒冷和其他国家首都间"穿梭外交",跟他早年间的跨大西洋关系网一样。他将自己打造成不同领导人之间最亲密最关键的联系人。他将别人对他的偏见转化为优势。最重要的,他让自己成为政治谈判中不可或缺的人物。基辛格需要萨达特,以实现"温和的"美国主导的中东;萨达特需要基辛格作为与以色列关系的中间人。基辛格在寻求地区稳定的过程中,将个人政治、灵巧的外交政策和一贯的伟大战略结合起来。他的形象已经不仅仅是"神秘人物",也是交战国之间的桥梁。

他在21世纪仍旧保持着这一独特的地位。美国政府之外没有其他人能够同时影响阿拉伯国家和以色列。也没有人能够如此接近不同国家的权力中心,同时其忠诚又被多方质疑。

以色列与美国犹太社区

基辛格无法控制以色列领导人,也无法把控美国的犹太社区。萨达特和其同伴对基辛格期待过高。事实上,基辛格不断抱怨不同群体对他的反对。在另一次谈话中,基辛格开玩笑称:"我可能是第一个因为反对犹太而受到指责的犹太人。"

以色列与美国犹太人担心基辛格会因为他的犹太身份给予过度补偿,向阿拉伯国家过分退让,担心他用以色列的安全换取他个人的国际影响力。梅纳赫姆·贝京是以色列利库德集团的领导人,也是未来的总理,他提醒基辛格:"你是犹太人。你不是第一个在居住国达到高职位的[犹太人]。想想之前的例子。有些犹太人因为担心自己对犹太族群发声而受到非犹太人的指责,反而走向另一个极端。""基辛格博士,"贝京警示道:"你要小心,看似客观,实则扭曲。"

美国的犹太人也有相似的担心。来自克利夫兰的拉宾·斯尔文指责基辛格太过卖力向阿拉伯人表现"自己是犹太人并不说明什么"。葛森·雅各布森是在纽约的犹太文学人物,他解释称"基辛格已决意凭借犹太身份赢得阿拉伯人的信任,而这样做是以牺牲以色列为代价"。诺曼·波德霍雷茨是《评论》杂志主编,他告诉基辛格以色列和美国的犹太群体担心他成为说客——另一个"张伯伦"——通过伤害自己的犹太民族来安抚敌人。

基辛格声名远播,是国际社会神坛级人物,但对那些与他有着最密切背景的人来说,他还是太过常人。他似乎是对那些要求以色列胜利的人的背叛。最主要的是,他只关心外交上的退让,而不在意道德情感因素。

伊扎克·拉宾回忆称,基辛格惹怒了犹太群体,他们想要的是政府中为犹太人说话的代表,而不是美国国务卿。

这是基辛格的主要障碍,尤其是当他在中东地区进行谈判的过程中,但也有有利的一面。基辛格是犹太人,他亲历了反犹太主义最恶劣的表现。那些批判他的以色列和美国犹太人从未忘记这一点。虽然他们会指责基辛格为犹太人所做的工作不够,但他始终是他们中的一员。他始终属于犹太大家庭。这一个人经历虽然不能使大家达成政策上的一致,但却是相互信任和同理心的基础。如果美国国务卿不是犹太人,他便不会从与以色列的联结中获利。

亨利·罗索夫斯基在赎罪日战争后,参与了几次基辛格与美国犹太领导人的会谈,回忆中提到这些讨论弥漫着"舒适"与"互尊互敬"的氛围。尽管罗索夫斯基提到了1973年12月美国对以色列支持不足,"这仍旧是犹太人内部的会面,对以色列有着共同的关心和责任"。罗索夫斯基回忆称,他和其他与这位美国首位犹太裔国务卿谈过话的人都知道,"基辛格是不会背叛以色列的"。拉比·亚历山大·辛德勒代表众多美国犹太组织发言,也表达了同样的意思。他和其他犹太领导人对基辛格大加赞扬,"因为我们感受到在他的内心深处,饱含着对以色列和犹太人民的责任。他可能做得是有些太过客观,但绝不会背叛我们。"

基辛格要求情感上的支持。他请求犹太同胞们"理解我们所付出的努力","不要只关注表面口号"。警告大家以色列"将陷入巨大危机",如果它继续保持孤立,将会被好战的敌国所包围,他请求大家支持在领土方面的退让,尤其是在西奈半岛,这样会减少这一地区的冲突。"在犹太群体明智的决策下,在以色列朋友的支持下,或许我们可以做到……有一点可以肯定,美国政府是绝不会参与任何有可能破坏以色列的行动。"

在与以色列领导人的直接谈判中,基辛格采用相似的方法,强调他们之间的联系。在尼克松辞掉总统职位的一个月后,中东和平进程迎来了最艰难时刻,在与以色列总理伊扎克·拉宾会面时,基辛格解释称:"我们见过太多反对意见了。第一,我们之间没有意见分歧。第二,如果有,那也是家人间的讨论。我们为共同的战略而努力,其中一个要素便是以色列的繁荣强大。"基辛格提到了1973年前他俩的私交,那时候拉宾还是以色列驻美国大使。"我们在互信互惠的氛围下共事了五年。"

拉宾肯定了这一点,虽然他非常担心基辛格要求以色列向阿拉伯国家进行妥协:"以色列完全信任我们两国间的友谊。我亲身感受过这友谊,尤其是对你,我们所希望的便是将这友谊继续下去——在此基础上坦诚相待,而这基础便是共同利益与相互理解。"在基辛格的推动下,拉宾同意就以色列从埃及占领地区撤军问题进一步谈判,同时加强与约旦和叙利亚的协商。相对应的,基辛格保证增加美国对以色列的支持,包括扩大军事物资供给和数十亿美元的对外援助。基辛格和拉宾相信对方在共同利益基础上"能够找到建设性的解决方案"。

以色列与美国国内公众的反对意见愈演愈烈,但两国领导人在美国首位犹太裔国务卿任期内却发展出最密切的关系。伊加尔·阿隆是以色列副总理,也曾参与基辛格的哈佛国际论坛,他证实了这一点:"我对他的信任已经达到对外国外交部部长所能达到的最高程度。我相信我们之间的友谊,不过对他的判断不敢苟同。但我从未怀疑过以色列的这位朋友,他以他的方式表达着对以色列的忠诚。"

1977年1月,基辛格离任的时候,他已经成功地重新划分了中东地区的版图。战后阿以两国将陷入长年累月的武装冲突，还有可能牵扯进多个超级大国，在这种情况下，基辛格在中东地区各个强国间确立了和平的基本框架——尤其是在埃及和以色列地区。他进行密集的谈判，要求解除边境的武装冲突、以色列交换在西奈半岛所占领的领地，并且建立起各国间的基本合作。他最大限度发挥美国施加压力的能力去推动和收买对方，以达成最终目的。最重要的，基辛格把美国打造成埃及与以色列中间最受信任的调解人——阿以双方共同信任与依靠的政府。

基辛格的中东政策是他在世界其他地区所推行战略的自然延伸。埃及和以色列政权树立当地权威，而背后是美国远程的间接控制。中东地区的和平无关公正与民主；相反的是通过谈判达成的稳定，是开明而强悍的领导人带领下的基本自由，而非民众共识。这体现了基辛格中东问题的视野，这一地区与梅特涅和俾斯麦时代的欧洲相似，远超宗教预言。这一世界观体现了这位德裔犹太人在政治极端主义中，对自己所珍视的价值——他的传统——的维护。

1977年1月，在与美国犹太组织领导人会谈时，基辛格"打心底里"解释称：

> 我认为从以色列和犹太人民的未来考虑，明确以下几点非常重要。美国政府所采取的行动并非倚靠特殊的个人关系；我们给予以色列的支持并非我个人的偏向而是美国国家利益决定的，不管是在任何时候任何人在我这个位置上，都会做出同样选择。我永远不会忘记在纳粹集中营被迫害致死的13位家人，也不会忘记一个被迫害的少数民族在纳粹德国是怎样的遭遇。然而，我相信以色列与美国

的关系超越了这些个人情感。我不认为人类的道德良心能够接受让以色列在中东地区忍受犹太人贫民区般的存在,一如犹太民族整个历史上在其他各个国家所遭受的待遇一样。对中东地区自由民主的以色列国家的支持,是我们这个时代历任政府都应遵循的,我们愿意支持世界上任何一个爱好自由的民族。

最后基辛格重申了他个人对犹太民族的忠诚以及对以色列的情感:"纵观犹太历史,犹太人始终在对自己说'明年相聚耶路撒冷'。我愿意相信,在不远的将来我们能够真正实现它——那时候将是一个安全的,受到国际社会的认可,和平的以色列。"

复杂的遗留问题

基辛格的战略规划在很多方面都得以实现。2001年9·11事件之前，以色列与埃及始终保持着和平。基辛格所确立的中东版图持续了25年，中间伴随着小规模阿以战争和其他地区冲突。美国担任冲突双方间的调停人，也是"温和派"政权的幕后支持者。美国是中东地区的绝对主导力量——有事实可以证明，美国领导包括阿拉伯国家在内的国际联军击退了萨达姆·侯赛因对石油富国科威特的入侵。伊朗的伊斯兰教革命将美国势力驱逐国外，并且通过延长人质时间让美国蒙羞，但这并没有改变中东地区的版图也没有引发新的阿以战争。貌似直到碳氢化合物用光为止，美国都可以获得廉价石油供应。

中东地区地理版图的稳定，掩盖了其国内的动乱。基辛格的战略加剧了独裁专制和民众的不满。他的政策很明显把美国变成了各国掌权者的后台，包括萨达特和他的继任者胡斯尼·穆巴拉克、伊朗国王、沙特阿拉伯的费萨尔亲王还有1990年前的萨达姆·侯赛因。这些领导人对本国国民的统治都是与美国政府合作。基辛格的政策没有解决1967年后阿拉伯国家和以色列领土上普通民众的愤怒和不满，也无视了他们迫切要求政治改革的声音。在对待以色列问题上，美国政府在巴勒斯坦人民要求下，通过间接经济支持确立了新的以色列版图划分。美国在中东地区所确立的和平，是建立在阿拉伯国家和以色列铁腕领导人的基础上。

基辛格了解这一政策的本质和缺点。他的这一努力并非只表现在中东问题上。基辛格的整个职业都围绕着这一假定，那就是在残忍而暴力的世界，铁腕领导人比民主政策更加能够保障生命安全和自由。对基辛格来说，所谓政治家要能容忍暴力，以便抵御更痛苦的遭遇。卓越的领导人要有勇气做出强悍的决定，两害相权取其轻。这便是他对最近历史事件的解读。20世纪40年代，美国和英国为将欧洲从纳粹德国的种族灭绝中拯救出来，进行了历史上杀伤性极大的战争。德国投降后，面对共产主义的扩张，为求生存，西方国家动用了最致命的武器进行抵御。基辛格认为美国在中东地区也应遵循同样的思路。美国政府要与这些令人生厌的政权合作，防止这一地区沦为民众仇恨的牺牲品。

基辛格认为在埃及和沙特阿拉伯这样的国家强调民主，只能加速战争的爆发。反犹太主义和其他仇恨情绪广泛存在；对于愤怒的民众来说，暴力手段是简单有效的选择。利用萨达特这样的人物来实行专制统治，同时也压制民众反战的声音，难道不是更好吗？默许以色列占据巴勒斯坦的领土，而非让这些地方变成袭击犹太国家的新目标，难道不是更好吗？美国在推行大范围改革之前，首先要建立这一地区可持续的政治稳定。同世界其他地区一样，中东地区需要可靠而理性的地方政权。只有在美国的支持下建立起这些政权，美国政府才能"让历史顺其自然发展"。

在中东地区，历史的确向前发展，但并未以基辛格所希望的方式。1973年后，阿拉伯国家和以色列的领导人依靠美国的援助在这一地区不断进行暴力统治。埃及和沙特阿拉伯政府动用武力压制国内反对力量，同时又资助反对犹太主义力量激起普遍存在的偏见。他们利用对以色列的仇恨分散了对自己战败的注意力。以色列政府对其民众推行民主，但却始终不停地与巴勒斯坦争夺领土。以色列控制加沙地带和约旦河西岸，对民众使用军事力量，而且对待阿拉伯国家的种族主义态度愈发顽固。

基辛格在中东地区寻找出色的领导人和能够发挥作用的铁腕人物。

与拉丁美洲和非洲的情况相似，基本上他们是可靠的合作伙伴。不过他们也没能逃脱仇恨的蔓延以及暴力的升级。如果说有什么区别的话，他们加剧了极端主义趋势。

20世纪70年代以及之后的几十年，中东地区的复杂一如既往。恐怖主义开始抬头。阿拉伯国家统治的地区和以色列占领区的民众，因为被剥夺了公民权利转向准军事暴力行动作为寻求政治改革的途径。除此之外，他们几乎没有别的选择。宗教激进主义和用个人牺牲作为祭祀的方式，对年轻人非常有吸引力，因为强悍的国家领导人阻断了国内改革的机制，普通民众几乎看不到希望。通过武力进行统治，也催生了武力反抗。中东地区稳定的靠山，尤其是美国，成了这些希望改变生存状态的人们的首要目标。

中东地区的恐怖主义散播到其他国家——尤其是西欧国家和美国——也出现了类似情况。作为1973年后中东地区最主要的国外势力，美国成为民众愤怒的中心，也是破坏力最强的对象。针对美国的恐怖主义打击，由一小群恶劣的少数分子实施，赎罪日战争后很多群体不满为国内政策所付出的代价，而这些恐怖分子便受这些群体支持。跟全球其他地区的情况相似，基辛格的战略成就——与萨达特、拉宾等国家领导人合作——激起了来自亚希尔·阿拉法特和奥萨马·本·拉登等无国家人士的新的政治挑战。

2001年袭击美国的9·11事件之后，乔治·W·布什总统试图通过对中东地区推行强有力的民主化政策来解决这些暴力问题的内部根源。"我们达成，"他在第二次就职演说中宣称，"一个结论：我们国家的自由越来越倚靠其他地区的自由进程。对我们国家和平最好的期待，便是将自由扩大到全球各地。"

根据这一无国界的视野，布什参与了伊拉克战争。美国军队在英国和其他国家的有限帮助下，推翻了长期以来破坏中东地区和平的暴力专制政权。美国政府计划在伊拉克建立受其监管的有效的民主政府。这是1973年以来美国中东地区外交政策的根本性转变，也是对基辛格更谨慎、更不民主方式的否定。

布什发现了中东地区缺乏民主的问题所在，但一场计划不周的军事占领并不能成为可行的解决方案。他所谓"自由扩大化"在武装恐怖分子袭击伊拉克普通民众之时，显得空洞虚无。流行的民主制度对暴力事件的刺激反增不少。除了有限的、远距离的美国势力之外，伊拉克迫切需要恢复秩序和强有力的领导人。

这些事件说明，美国无法通过快速民主化达到中东地区的和平，促使美国重新回到基辛格的强调地区稳定和与当地领导人谈判的路子上。虽然"反恐战争"的支持者们最开始希望改变美国与沙特阿拉伯、巴基斯坦和其他当地政府的关系，但很快美国便不得不依赖这些政权。他们提供战争所需的大量资源和支持，他们帮助维护中东稳定，打压地区动荡和叛乱。

基辛格支持这种非民主的方式。在基辛格的整个职业生涯中，他始终坚持反对"将民主本身作为终极手段"。他指出"土耳其等地的非民主政权"的成功案例，凭借稳固的权威力量确定地区稳定和繁荣，最终建立"代表机关以相互制衡"。基辛格重申有关美国实力缺陷的观点，他解释称："那些倡导在美国外交政策中推行民主制度重要性的人，赢得了理论上的胜利。但国际机构的建立要求的不仅仅是制度，还要有文化和历史视野。这样的谦恭态度并不是对美国价值观的否定,反而是实现这些价值观唯一有效的方式。"

当时美国政府焦躁不安而且越来越抓狂,基辛格这套准备充分的观点成功引起了他们的注意。基辛格再一次成为不可或缺的人物,挽救政府于难缠的战争,与当地精英合作,寻求新的政治影响杠杆和新的解决方案。回归依靠地区铁腕人物达成区域和平的模式,证明了基辛格世界观的长远。而这一模式伴随而来的镇压与暴力,尤其在伊拉克地区,激起了围绕着基辛格行动的各种争议。他留下了复杂而长久的遗留问题。

包括本书作者在内的研究基辛格的评论家们分析了基辛格思想中的众多缺点——尤其是他的反民主倾向,导致他将权力赋予代理政权而引起暴力反抗。基辛格的政策加剧了反美倾向,滋生了恐怖主义。尽管如此,在中东地区和世界其他地区问题上,并没有别的可行的战略选择。有关民主的论述无法提供解决暴力和仇恨的道路。国际和平需要的是对方法和目的不断校准,以应对复杂的挑战。这要求有所取舍,而非几句简单的口号。

从德国到耶路撒冷,基辛格为各国决策者们提供了不完美但却实用的战略来处理复杂世界的复杂问题。他提供了实现政策的道路和方法,而不仅仅是理论口号。这是基辛格出色的职业表现的根本,也是他国际影响力的来源,除非其他人提出更有效的外交战略。而这一点,批评家们尚未找到。21世纪等待着基辛格的接班人来临。

致　谢

　　本书缘起对亨利·基辛格的研究，但很快就不止于研究。它是对当今世界深刻而复杂的民主、权力和身份问题的审视。在这一过程中，我陷入了对自己民主观念的思考，以及我对权力的担忧和我自身的复杂身份。在撰写本书过程中，我努力不受这些困扰的影响，但这个项目——以及基辛格本人——已经成为我生命的一部分。

　　这话不是随便说说的。很偶然地，基辛格和我在德国菲尔特地区相遇，之后又在纽约不同地方遇到。与这样一位伟大人物结交，老实说，我非常激动。他的谈话总是那么发人深省又令人备受挫折。要了解他更是个挑战。

　　这本书的故事并不因基辛格本人而开始和结束。在这个项目过程中，已经有成百甚至上千人成为我生活的一部分。一大批档案管理员、一帮帮学生还有数十位朋友协助我熟悉、阅读和解读各式各样的材料。他们中很多人还要耐心地听我分析这样那样的问题。

很多人为我指明方向，极大地推进了我的研究和写作。

我还要感谢我的同事和朋友对全部或部分初稿所提出的建议。他们的反馈各异，但他们都非常睿智非常慷慨。他们的真知灼见是对本书极大的提升。

我要炫耀一下我的编辑，她是业内最棒的。凯瑟琳·麦克德莫特不仅逐字逐句编辑我的稿子，而且在构思、撰写和修改本书的过程中给了我很多帮助。她的指导在这本书诞生的每一步都发挥着无价的作用。这是我们合作的第二本书，如果没有她，便没有这本书。我的经纪人安德鲁·怀利也在项目的规划和最终实现上发挥着关键作用。我非常佩服他对出版领域的理解，很开心他在我身边。哈佛大学出版社的罗斯·安·米勒和凯瑟琳·得鲁迈也给予了至关重要的帮助。我很荣幸第二次与这样的梦之队合作。

我对大家的感激之情无比诚挚，对我家人的感情更加浓烈。是他们支撑我完成这个项目。当我脾气暴躁手忙脚乱的时候，他们给予我爱和关怀；当我心情低落的时候，他们给予我鼓励。是他们让我的生命有了深刻而长久的意义。艾莉森、娜塔莉、扎克利，谢谢你们。